Beate Andres · Hans-Joachim Laewen

Das *infans*-Konzept der Frühpädagogik

Bildung und Erziehung in Kindertageseinrichtungen

verlag das netz
Weimar · Berlin

Bitte richten Sie Ihre Wünsche, Kritiken und Fragen an:
verlag das netz
Redaktion Betrifft KINDER
Kreuzstr. 4
13187 Berlin
Telefon: +49 30.48 09 65 36
Telefax: +49 30.48 15 686
E-Mail: redaktion@verlagdasnetz.de

ISBN 978-3-937785-43-1

Gestaltung: Jens Klennert, Tania Miguez
Druck und Bindung: Druckhaus Gera GmbH
Printed in Germany

Weitere Informationen finden Sie unter: www.verlagdasnetz.de

Inhalt

Ein Wort zuvor

Spätestens seit der gemeinsamen Erklärung der Kultus- und der Jugendminister-konferenzen zur frühen Bildung aus dem Jahr 2004 wird Kindertageseinrichtungen im Bildungssystem der Bundesrepublik Deutschland ein hoher Stellenwert eingeräumt. Die in den letzten Jahren veröffentlichten Bildungs- und Erziehungspläne der Bundes-länder haben den Bildungsauftrag für die Tagesbetreuung von Kindern konkretisiert und damit die politische Grundlage für weitreichende Veränderungen im Aufgaben- und Leistungsprofil der Einrichtungen geschaffen.

Seitdem und als Folge der (späten) Einsicht in die Bedeutung der frühen Bildungs-prozesse haben sich in der öffentlichen Diskussion auch die Erwartungen an die Qua-lität der pädagogischen Arbeit in Kindertageseinrichtungen deutlich erhöht und be-wegen sich gelegentlich in schwindelnden Höhen.

Vor wenigen Jahren noch konnte es als ausreichend gelten, die Kinder von berufs-tätigen Eltern für einige Stunden des Tages zu betreuen und die Kleinen so adrett, wie sie gebracht worden waren, den Eltern wieder auszuhändigen. Heute müsste eine Einrichtung, die sich darauf beschränken wollte, um ihren Bestand fürchten. Öffentlich gefordert werden vielmehr Programme für das frühe Erlernen von Fremd-sprachen ebenso wie zum Erwerb naturwissenschaftlicher Grundkenntnisse, es geht um das Lernen des Lernens, um Sozial- oder Sprachkompetenz, die Förderung der Schulfähigkeit und vieles andere mehr.

In der parallel zu dieser Entwicklung geführten Fachdiskussion wird allerdings bezwei-felt, ob die aktuell zu beobachtende Vielfalt von Forderungen hinsichtlich dessen, was Kindertageseinrichtungen leisten sollten, wirklich sinnvoll ist. Auch erste wis-senschaftliche Untersuchungen zum Beispiel zur Wirksamkeit früher Sprachförder-konzepte, die unter den neuen Vorzeichen vielerorts Eingang in die Arbeit der Kitas gefunden haben, geben Anlass zur Skepsis.[1]

Dennoch müssen unabhängig von der Sinnhaftigkeit aktueller Angebote hohe Erwar-tungen an die Qualität der pädagogischen Arbeit in Kindertageseinrichtungen schon deshalb als gerechtfertigt gelten, weil heute die Bedeutung der frühen Bildungs-prozesse für fast alle späteren Entwicklungen des Kindes nicht mehr ernsthaft

---

[1]   Vgl. u. a. die Publikationen der Landesstiftung Baden-Württemberg 2010: Roos, J. et al.: Abschlussbericht zu EVAS und Gasteiger-Klipcera, B. et al.: Abschlussbericht zur wissenschaftlichen Begleitung des Programms »Sag mal was«

bezweifelt werden kann. Es macht deshalb unter allen denkbaren Perspektiven[2] sehr viel Sinn, in die Grundlagen früher Bildung zu investieren.

Ob der Umfang dieser (notwendigen) Investitionen ausreichend sein wird, muss die Zukunft zeigen. Die Zähigkeit der aktuellen Verhandlungen über den Ausbau des Angebots für Kinder unter drei Jahren lässt dabei erahnen, dass kein leichtes Vorankommen zu erwarten ist, wobei die jüngste Krise des weltweiten Finanzsystems und ihre Folgen die Erfüllung der Aufgaben nicht eben erleichtern. Dennoch sind Prozesse der Veränderung in vollem Gang, auch wenn die Anstöße dazu nicht immer von staatlicher Seite kamen.

Im Bereich der Ausbildung hat vor wenigen Jahren die Robert-Bosch-Stiftung die Initiative[3] ergriffen und an einigen wenigen Standorten in der Bundesrepublik Modellstudiengänge für die Erzieherausbildung an Universitäten und Fachhochschulen gefördert. Damit wurde eine Entwicklung angestoßen, die in fast allen anderen westeuropäischen Ländern bereits vor vielen Jahren zu einer Verlagerung der Ausbildung von Erzieherinnen an die Universitäten und Fachhochschulen geführt hat. In kurzer Zeit haben seitdem mehr als 90 Hochschulen in Deutschland die Anregung aufgegriffen und entsprechende Ausbildungsgänge eingerichtet. Das bedeutet, dass in den nächsten zehn bis 15 Jahren eine wachsende Zahl von Erzieherinnen in den Kindertageseinrichtungen arbeiten wird, die – ebenso wie die Grundschullehrerinnen – über eine Hochschulausbildung verfügt[4]. Das wird zumindest gut sein für ihren Status gegenüber der Schule und für die sehr notwendige Verständigung zur Koordination beider Bereiche des Bildungssystems.

Allerdings werden viele Jahre ins Land gehen, bevor die neuen Ausbildungskonzepte erkennbar Wirkung zeigen können. Denn selbst wenn jede der Hochschulen nach einiger Zeit 100 Absolventinnen im Jahr entlassen könnte und diese alle in die Kindertageseinrichtungen gingen (was keineswegs alle tun), würde nach zehn Jahren weniger als ein Viertel aller Stellen mit ihnen zu besetzen sein. Dabei ist es sehr unwahrscheinlich, dass uns so viel Zeit bleibt.

Neben dem Umsteuern in der Ausbildung des qualifizierten Personals müssen deshalb für die Fachkräfte, die heute und morgen in den Kindertageseinrichtungen arbeiten, Angebote der Weiterbildung geschaffen werden, die ihnen den Weg in eine moderne Frühpädagogik öffnen.

---

2   In einer Zeit der globalisierten Konkurrenz um exzellent (aus-)gebildete Fachkräfte gilt dies auch unter wirtschaftlichen Gesichtspunkten. Ein Nobelpreisträger für Wirtschaftswissenschaften schlug in diesem Zusammenhang bereits im Jahr 2000 vor, die Ressourcen des Bildungswesens auf die Kleinkinder zu konzentrieren, da hier die größten Effekte zu erwarten seien (Interview mit J. Heckman, Wirtschaftswoche Nr. 44 vom 26.10.2000, S. 23-24).

3   Projekt »PIK – Profis in die Kita« seit 2004

4   Über die Qualität dieser Ausbildungsgänge wird zu Recht kritisch diskutiert, und es wird aufmerksam zu verfolgen sein, welche Kriterien auf welche Weise die Qualität der Studiengänge gewährleisten werden. (Siehe hierzu auch Diskowski 2011)

Die aktuelle Initiative der Bundesregierung, das Weiterbildungsproblem systematisch in Angriff zu nehmen (WiFF), ist in diesem Zusammenhang zweifellos ein wichtiger Schritt.[5]

Allerdings bedarf es neben den administrativen und finanziellen Regulierungen in erster Linie inhaltlicher Konzepte der Frühpädagogik, die pädagogische Praxis mit dem Stand des Wissens verknüpfen und eben kein dreijähriges Vollzeitstudium an einer Hochschule erfordern. Sie müssen es den bereits in der Praxis stehenden Erzieherinnen vielmehr ermöglichen, berufsbegleitend den Anschluss an den erforderlichen Stand des Wissens und Könnens zu finden.

Glücklicherweise sind wir in der Lage, heute zumindest die fachlichen Mittel für einen solchen tiefgreifenden Umbau des frühpädagogischen Bereichs bereitstellen zu können. Sie konnten bereits einige Jahre lang in der Praxis erprobt werden und zeigen durchaus vielversprechende Ergebnisse.

Zu diesen in den letzten zehn Jahren entwickelten Verfahren gehören das Konzept der »Bildungs- und Lerngeschichten«, das vom Deutschen Jugendinstitut aus einer Vorlage aus Neuseeland für deutsche Verhältnisse erarbeitet wurde[6], das Konzept der »Early Excellence Centres«[7], das aus Großbritannien adaptiert wurde, und schließlich das *infans*-Konzept der Frühpädagogik, das in diesem Band in überarbeiteter Fassung vorgelegt wird.

Die bislang eher dürftigen strukturellen Bedingungen, unter denen in der öffentlichen Tagesbetreuung von Kindern gearbeitet wird, kann keines dieser Konzepte verbessern. Hier stehen die Bundesländer und Träger in der Pflicht, mittelfristig mehr Geld in diesen Bereich zu lenken. Die aktuell noch sehr begrenzten materiellen Ressourcen (bei deutlichen Unterschieden zwischen den Bundesländern, zum Beispiel beim Personalschlüssel und den Verfügungszeiten) machen die anstehende Innovation zu einem Wagnis für die Fachkräfte, das engagierten Einsatz, eine starke Motivation und jede Berufserfahrung benötigt, die nur aufzubringen ist.

Als eine Art Prämie bietet sich die historische Chance, für den Beruf der Erzieherin endlich das öffentliche Ansehen zu gewinnen, das ihm auf Grund seiner Bedeutung im Bildungssystem längst zukäme. Die Bildungs- und Erziehungspläne der Bundesländer haben dafür – in durchaus unterschiedlicher Weise – politische Grundlagen geschaffen, die allerdings mittelfristig durch eine deutlich erweiterte Finanzierung des Bereichs und eine tiefgreifende Reform der Ausbildung konkretisiert werden müssen.

---

5   Weiterbildungsinitiative Frühpädagogische Fachkräfte (WiFF) – ein Programm des Bundesministeriums für Bildung und Forschung und der Robert Bosch Stiftung in Zusammenarbeit mit dem Deutschen Jugendinstitut e.V.

6   Leu et al.: Bildungs- und Lerngeschichten. 2007

7   Hebenstreit-Müller/Lepenies (Hrsg.): Early Excellence: Der positive Blick auf Kinder, Eltern und Erzieherinnen. 2007

Der konzeptuelle Aufbruch

Neben der Strukturqualität, die in ihren materiellen Grundlagen nur durch staatliches Handeln beeinflusst werden kann, hängen Orientierungs- und Prozessqualität bedeutend stärker von konzeptuellen Veränderungen ab.

Das *infans*-Konzept der Frühpädagogik ist aus unserer Sicht das am weitesten entwickelte und am besten erprobte Konzept, das aktuell zur Verfügung steht. Es ist 2001 in der Bundesrepublik konzipiert worden und hat zwischen 2002 bis 2010 in zahlreichen Kindertageseinrichtungen Brandenburgs und Baden-Württembergs seine Praxisfähigkeit bewiesen.[8] Seine Grundlagen wurden in dem Bundesmodellprojekt »Zum Bildungsauftrag von Kindertageseinrichtungen«[9] erarbeitet, dessen Ergebnisse in zwei Bänden veröffentlicht worden sind (Laewen/Andres (Hrsg.) 2002a, 2002b). Als Einstieg in die Materie sei auch heute noch die Lektüre des Bandes »Forscher, Künstler, Konstrukteure« empfohlen. Der Band »Bildung und Erziehung in der frühen Kindheit« befasst sich ausführlich mit den theoretischen Grundlagen und enthält für Fachkräfte im Aus- und Weiterbildungsbereich Hinweise zur Gestaltung von Fortbildungen zum *infans*-Konzept.

Neben dem *infans*-Konzept verlangen auch die Bildungs- und Lerngeschichten und die Pädagogik der Early Excellence Centres vom pädagogischen Fachpersonal in den Einrichtungen weitreichende Veränderungen in der alltäglichen Praxis und im Kindbild, das der Arbeit zugrunde liegt. Neben der Umgestaltung der Prozesse werden deshalb häufig auch Modifikationen in Einstellung und Haltung notwendig sein. Die Größe der Aufgaben wird dabei weithin unterschätzt, und wir würden wünschen, dass diejenigen, die vor Ort die Hauptlast der Neugestaltung tragen müssen, alle Unterstützung erhalten, die nur möglich ist.

In der folgenden Darstellung werden deshalb die Anforderungen deutlich benannt und die damit verbundenen Aufgaben nicht klein geredet. Dahinter steht unsere Überzeugung, dass die Formulierung der fachlichen Erwartungen der Bedeutung entsprechen muss, die der frühpädagogischen Arbeit tatsächlich zukommt – und die kann gar nicht hoch genug eingeschätzt werden. Wir erwarten, dass dieser Sachverhalt zukünftig die notwendige Anerkennung finden wird.

Beate Andres und Hans-Joachim Laewen
Berlin, Oktober 2011

---

8   Nach unserer Kenntnis arbeiten bei steigender Tendenz zurzeit mindestens 1.200 Kindertageseinrichtungen mit dem infans-Konzept.

9   Das Projekt arbeitete von 1997 bis 2000 und wurde gefördert durch das Bundesministerium für Familie, Senioren, Frauen und Jugend, das Ministerium für Bildung, Jugend und Sport des Landes Brandenburg, das Ministerium für Arbeit, Gesundheit und Soziales des Landes Schleswig-Holstein und das Sächsische Staatsministerium für Soziales, Gesundheit und Familie.

Grundlagen und Kontext

In den letzten beiden Jahrzehnten haben Entwicklungspsychologen ... entdeckt, dass neugeborene und sehr junge Säuglinge eine Reihe kognitiver Kompetenzen haben, die in ihrem äußeren Verhalten nicht unmittelbar in Erscheinung treten. Das gilt für das Verstehen von Dingen, für das Verstehen anderer Personen und für das Verstehen des Selbst.

Michael Tomasello

Der folgende, in fünf Module gegliederte Text beschreibt ein frühpädagogisches Konzept, das die Gesamtheit des pädagogischen Handelns in einer Kindertageseinrichtung und einen erheblichen Teil der organisatorischen Grundlagen dieses Handelns betrifft. Genau genommen enthält der Text den Vorschlag – und eine Anleitung zu seiner Umsetzung in die alltägliche Praxis –, ernst zu machen mit dem Bildungs- und Erziehungsauftrag in Kindertageseinrichtungen und die Arbeit an diesem Ziel neu auszurichten.

Sowohl erfahrene Fachkräfte als auch Berufsanfängerinnen[10] stellt das *infans*-Konzept der Frühpädagogik vor die Herausforderung, ihr Bild vom Kind und von ihrer Profession einer grundlegenden Revision zu unterziehen. Die daraus folgende Umorientierung der pädagogischen Arbeit ist tiefgreifend und erfordert mehr als nur Einarbeitungszeit, die allerdings auch nötig ist. Es geht, um ein Bild zu gebrauchen, nicht um die Renovierung des pädagogischen Hauses, sondern um Abriss und Neuaufbau.

Das *infans*-Konzept stellt für die frühpädagogische Arbeit ein grundlegendes Handlungsmodell zur Verfügung, das nachhaltiges Lernen der Kinder ermöglichen soll, indem es an die Themen und Interessen der Kinder anknüpft und Bildungsprozesse der Kinder – orientiert an definierten Erziehungszielen – auf höchstmöglichem Niveau herausfordert. Es wird als Aufgabe der pädagogischen Fachkräfte angesehen, die Bildungsinteressen und -themen der Kinder aufzugreifen und ihnen herausfordernde Ziele anzubieten.

Die Gründe für den Wandel im Bereich der Frühpädagogik sind einerseits in dem erheblich erweiterten Wissen über die frühen Bildungsprozesse von Kindern und ihre Bedeutung für ihre weitere Entwicklung zu suchen, andererseits in den enorm gewachsenen Ansprüchen an die Leistungsfähigkeit des Bildungssystems. Der sich bereits heute abzeichnende Mangel an gut ausgebildeten Fachkräften in praktisch allen Bereichen des Wirtschaftslebens dürfte wohl den wichtigsten Grund für die politischen Anstrengungen der letzten Jahre in dieser Sache hergeben. Dabei ist es eben inzwischen auch politischer Konsens, dass Bildung nicht erst mit der Schule beginnt, sondern die Kindertageseinrichtungen in vollem Umfang einbezogen werden müssen.

Wir wissen heute, dass Kinder von Beginn an mit großer Energie Wege suchen, um sich in der Welt, in die sie hineingeboren wurden, orientieren und darin handeln zu können. Sie sind dazu in der Lage, weil sie ein ganzes Bündel von Fähigkeiten mitbringen, die in Umfang und Wirksamkeit bislang weit unterschätzt wurden und in der Regel immer noch werden. Allein schon dieses erweiterte Bild vom Kind zwingt zu einer Neuorientierung im pädagogischen Handeln. Denn wenn Kinder von sich aus der Welt zustreben, sich ein Bild von ihr machen und darin handlungsfähig sein wollen,

---

10   Zugunsten einer besseren Lesbarkeit des Textes haben wir uns für die weibliche Form der Berufsbezeichnungen entschieden. Alle männlichen Fachkräfte sind ausdrücklich mitgemeint.

macht es mehr Sinn, sie darin zu unterstützen und herauszufordern, als ihre Anstrengungen zu ignorieren oder gar zu unterminieren.

Das einleitende Zitat von Tomasello weist schon darauf hin, dass die Potenziale, über die Kinder verfügen, nicht immer offensichtlich sind. Um sie zu erkennen, bedarf es besonderer Mittel, wie sie zum Beispiel die wissenschaftliche Forschung zur Verfügung hat, deren Ergebnisse dann den Blick der Pädagogin für das Nicht-Offensichtliche schärfen können.

Dazu gehört unter anderem das Wissen, dass Kinder neben den kognitiven Kompetenzen sehr rasch ihre Fähigkeit entwickeln, Beziehungen zu den Erwachsenen ihrer engsten Umgebung aufzubauen, die unter der Bezeichnung Bindungsbeziehungen bekannt sind und eine große Bedeutung – nicht nur – für die soziale Bildung der Kinder haben.

Der Beitrag des Kindes zum Aufbau eines Netzwerks sozialer Bezüge darf nicht gering geschätzt werden, wenngleich die Potenziale, von denen die Rede war, vom Kind nicht ohne die einfühlsame und kompetente Unterstützung von Erwachsenen im Rahmen eines solchen Netzwerks zum höchstmöglichen Niveau entwickelt werden können. Die aktive Rolle des Kindes bei der Erweiterung seiner kognitiven Strukturen und seiner sozialen Bezüge legt es deshalb nahe, die frühen Bildungsprozesse unter dem Gesichtspunkt der Kooperation von Kindern und Erwachsenen zu sehen.

Die *infans*-Pädagogik ist daher von Grund auf kooperativ angelegt und räumt der Beziehungsebene eine hohe Bedeutung im fachlichen Handeln ein. Pädagogik wird dadurch das, was sie sein sollte: eine sehr persönliche Angelegenheit zwischen einem besonderen Erwachsenen und einem besonderen Kind.

Dass diese Personenbezogenheit in der Frühpädagogik in Bezug auf die Arbeit mit mehreren Kindern durchgehalten werden muss, macht eine der großen Herausforderungen des Berufs aus und erklärt, warum bessere Personalschlüssel von so hoher Bedeutung sind.[11]

Für eine Fachkraft der Frühpädagogik – ob mit oder ohne Hochschulausbildung – hängt deshalb sehr viel davon ab, dass sie die grundlegend veränderte Position ihrer Profession versteht, wie sie sich im Licht der neuen Kenntnisse abzeichnet:

Sie trifft als eine kompetente und vielfältig in ihre Kultur eingebundene Erwachsene auf Kinder, die zunächst von dieser Kultur (und überhaupt von der Welt) nichts wissen. Aber die Kinder verfügen über alle Mittel, sich mit der Zeit ein umfassendes und das Wissen der Pädagogin eines Tages möglicherweise übertreffendes Bild von der Welt und sich selbst zu machen.

---

11   Das gilt allerdings nur, wenn die Qualität der pädagogischen Arbeit hohen Ansprüchen genügen soll, für ein reines Betreuungsverhältnis genügen schlechtere Schlüsselzahlen.

Die Pädagogin lässt sich – wenn alles gut geht – auf eine Beziehung zu jedem einzelnen Kind ein, in deren Rahmen und Schutz sie das Kind entdecken kann und das Kind sie. Die Erzieherin entdeckt das Kind, wenn sie seinen Interessen hin zu seinen Themen folgt, und das Kind entdeckt die Erzieherin, indem es seine Themen bei ihr wiederfindet, aber verwandelt durch die Ausdrucksformen der Kultur und darin eingebettet.

Die Verantwortung der Pädagogin ist es, diese kulturelle Einbettung der Themen und Interessen der Kinder unablässig zu erweitern, eigene Themen an das Kind heranzutragen und fantastische Lösungen zuzulassen. Gelingt das, sind beide – Erwachsene und Kind – (im Glücksfall mit wachsender Faszination) voneinander eingenommen, und die Pädagogin kann im Rahmen einer solchen Beziehung Bildungsprozesse des Kindes auf höchstmöglichem Niveau herausfordern. Aus dieser grundlegenden Position sind drei Konsequenzen direkt ableitbar:

1. Der Weg der pädagogischen Einflussnahme auf Kinder (Erziehung) führt über ihre Interessen und Themen, wenn Bildung das Ziel der pädagogischen Arbeit ist. Sie müssen ernst genommen und als zentrale Positionen in die Arbeit einbezogen werden.

2. Die Erzieherin ist sich ihrer kulturellen Geformtheit bewusst und bietet jedem Kind aus ihrem eigenen Bildungshintergrund kulturell relevante Sachverhalte als Themen an. Sie entwirft und reflektiert zusammen mit ihren Kolleginnen und den Eltern Ziele, an denen sie ihr pädagogisches Handeln ebenso orientiert wie an deren Adäquatheit in Bezug auf die Themen der Kinder.

3. Nicht zuletzt um der Effizienz der pädagogischen Arbeit willen arbeitet die Erzieherin mit der Kraft und dem Wollen der Kinder, anstatt (möglicherweise unwissentlich) dagegen anzukämpfen.

Die Individualisierung der pädagogischen Arbeit durch ihre Orientierung

1. an den Interessen und Themen jedes einzelnen Kindes und
2. an definierten (Erziehungs-)Zielen der Kindertageseinrichtung

verlangt eine Neustrukturierung fast aller Arbeitsabläufe in einer Einrichtung. Schon die Auswahl und Reflexion von Zielen, an denen sich die pädagogische Arbeit orientieren soll, erfordert einen nicht unerheblichen Arbeitsaufwand und ein hohes Maß an Engagement und Authentizität von jeder Erzieherin.

Eine solche Aufgabe ist zu groß für die einzelne Fachkraft. Wenn die oft zitierte Aussage richtig ist, es brauche ein Dorf, um ein Kind zu erziehen, dann braucht es in der Kindertageseinrichtung zumindest die Kooperation des ganzen Teams, das zudem mit den Eltern der Kinder und dem Gemeinwesen in lebendiger Kommunikation stehen sollte. Das *infans*-Konzept ist deshalb ein Teamkonzept und außerhalb eines solchen Rahmens nicht in vollem Umfang praktikabel. Eine vorbehaltlose Unterstützung durch den Träger ist dabei eine wesentliche Bedingung für den Erfolg.

Aus den skizzierten Grundlagen leiten sich weitere Arbeitsschritte ab. Sie werden hier nur benannt und in den späteren Kapiteln ausführlich behandelt:

1. Die Erzieherinnen reflektieren ihre pädagogischen Absichten und formulieren Erziehungs- und Handlungsziele. Sie schaffen damit nicht nur eine Orientierung für das, was sie mit ihrer Arbeit erreichen wollen, sondern zugleich auch die Grundlagen für die Weiterentwicklung des Teams hin zu einer lernenden Organisation mit gemeinsamen Zielvorstellungen. Erst auf dieser Stufe der Organisationsentwicklung kann die Qualität der pädagogischen Arbeit ein höchstmögliches Niveau erreichen und der aktuelle und zukünftige fachliche Input angemessen verarbeitet werden.

2. Es werden Verfahren der systematischen Beobachtung jedes einzelnen Kindes eingeführt, um seine Interessen und seine Themen erkennen zu können. Erst wenn sich das pädagogische Angebot außer an reflektierten und zukunftsfähigen Zielen auch an den Interessen und Themen der Kinder orientiert, erreicht Pädagogik die Ebene des Wollens der Kinder. Neuere Forschung bestätigt die eigene Erfahrung, dass nur dann nachhaltig gelernt wird.

3. Die Beobachtungen werden systematisch dokumentiert und ausgewertet und mit den Erziehungszielen zur Basis für das alltägliche pädagogische Handeln ausgearbeitet, dem sogenannten Individuellen Curriculum. Da Themen und Interessen als Grundlage des Wollens der Kinder immer subjektiv unterschiedlich in deren Welt- und Selbstbild eingebunden sind, ist die Individualisierung der Frühpädagogik zwingend, wenn Bildungsprozesse auf höchstmöglichem Niveau erreicht werden sollen.

4. Die Arbeit wird nach innen und außen transparent gemacht. Insbesondere die Eltern der Kinder, aber auch interessierte Besucher und das Gemeinwesen werden durch übersichtliche Darstellungen in Wort und Bild mit der Arbeit der Einrichtung vertraut gemacht. Die interne Team-Kommunikation genügt höchsten Ansprüchen.

5. Die organisatorischen Voraussetzungen für diese Art der Arbeit werden geschaffen und aufrechterhalten. Dazu gehören unter anderem die Einführung von Controlling-Verfahren ebenso wie die Bereitstellung unterstützender Ressourcen durch den Träger, effiziente Verwaltungsroutinen und eine hohe Leitungsqualifikation.

Die Struktur des Buchs

Der vorliegende Text folgt der Gliederung des Konzepts in fünf Module, die sich in den unterschiedlichen Erprobungsprojekten als sinnvoll herauskristallisiert hat.

Modul 1 befasst sich mit dem Entwurf von Erziehungszielen, ihrer Reflexion im Team, der Einbeziehung der Eltern in diesen Prozess und mit der Technik des Vorgehens.

Modul 2 beschreibt differenziert die verschiedenen Beobachtungsformen und -instrumente, mit deren Hilfe die Erzieherin den Interessen und Themen der Kinder auf die Spur kommt. Es werden Verfahrensweisen der kollegialen Auswertung und ihrer Dokumentation beschrieben.

Modul 3 klärt die Begriffe und die Bedeutung von Interessen und Themen der Kinder und beschreibt die Konstruktion Individueller Curricula, in denen sich Interessen und Themen der Kinder mit den Erziehungszielen der Einrichtung zu pädagogischer Praxis verbinden.

Modul 4 geht auf die Bedeutung und die Struktur der Portfolios ein und verweist auf die Bedeutung der Transparenz der pädagogischen Arbeit nicht nur gegenüber den Eltern, sondern auch gegenüber der regionalen Öffentlichkeit und dem Träger. Am Beispiel von Fotodokumentationen werden Möglichkeiten aufgezeigt, die eigene Arbeit für andere Menschen interessant und nachvollziehbar werden zu lassen.

Modul 5 schließlich beschreibt den organisatorischen Rahmen, den ein so komplexes Konzept benötigt, und verweist auf die Notwendigkeit, die Einrichtung zu einer lernenden Organisation umzugestalten.

Die einzelnen Module stehen in einem zirkulären Zusammenhang. In der Praxis behandelt ein Team die einzelnen Module und Handlungsschritte des Konzepts nie abschließend, sondern bezieht sich in einem spiralförmigen Prozess immer wieder auf die dort beschriebenen Aufgaben.

Entsprechend gibt dieses Buch interessierten Leserinnen und Lesern einen Überblick über das Gesamtkonzept. Zugleich ist es aber auch als Leitfaden für Kita-Teams zu verstehen, der die tägliche Arbeit mit dem *infans*-Konzept begleitet und immer wieder zur Hand genommen wird, um sich über das Vorgehen zu vergewissern und das eigene Verständnis zu vertiefen.

Das folgende Schaubild stellt den zirkulären Zusammenhang der Module noch ein-mal grafisch dar.[12]

Modul 5:
Bedingungen
des Gelingens und
die Vernetzung
nach außen

Das infans-Konzept

Modul 1:
Erziehungs- und
Handlungsziele
formulieren und
reflektieren

Modul 4:
Bildungs- und
Erziehungsprozesse
dokumentieren

Modul 2:
Kindverhalten
beobachten und
fachlich reflektieren

Modul 3:
Themen zumuten
und Themen
beantworten

Zur Erleichterung der ersten Schritte mit dem Konzept wurden zu den einzelnen Modulen Arbeitsblätter verfasst, die Teams zur Umsetzung der einzelnen Handlungs-schritte heranziehen können. Diese Arbeitsblätter sind ebenso wie ergänzende Materi-alien auf der beiliegenden CD gespeichert. Auch die Instrumente des *infans*-Konzepts sind auf der CD zu finden.

---

12 Die hier vorgelegte, überarbeitete Fassung des infans-Konzepts enthält die aktuelle Version der fünf Module und
der Instrumente. Berücksichtigt wurden Ergebnisse und Praxiserfahrungen aus der Erprobungsphase und der Kon-
zeptimplementierung im Rahmen des Projektverbundes »Bildung in der Kindertageseinrichtung«.

Was das *infans*-Konzept leistet, wenn ein Team sich eingearbeitet hat

Weil eine umfassende wissenschaftliche Untersuchung der Effekte, die eine Arbeit mit dem Konzept für die Kinder hat und die wir nach wie vor anstreben, noch aussteht, sind wir vorläufig auf Rückmeldungen anderer Art angewiesen.[13]

Mehr als 20 Kindertageseinrichtungen in Baden-Württemberg und Brandenburg haben ihre Türen für Fachbesucher geöffnet, und die große Mehrzahl der Rückmeldungen der Besucher aus dem In- und Ausland ist eindeutig positiv. Nicht zuletzt dürfte diese Möglichkeit, sich mit eigenen Augen von den Arbeitsergebnissen mit dem *infans*-Konzept zu überzeugen, dazu beigetragen haben, dass so viele Träger sich für die Übernahme des Konzepts entschieden haben. Seit 2009 wird das Konzept in der deutschsprachigen Schweiz erprobt und an die dortigen Bedingungen für die Krippenarbeit angepasst.

Die Stadt Stuttgart ist für die Arbeit ihrer Laboreinrichtungen mit dem *infans*-Konzept in einem bundesweiten Wettbewerb der McKinsey-Gruppe mit einem ersten Preis ausgezeichnet worden.

Schließlich liegen Messergebnisse aus einer Untersuchung mit einem Instrument der Qualitätsfeststellung mit besonderem Gewicht auf bildungsrelevanten Fragen vor (KES-R-E), die von der Gruppe um Wolfgang Tietze von der Freien Universität Berlin in Brandenburg durchgeführt worden ist (Tietze et al. 2005). Einbezogen waren über 80 Kindertageseinrichtungen, darunter auch sechs Kindergartengruppen aus Konsultationseinrichtungen für das *infans*-Konzept. Auf einer siebenstufigen Skala (1 = unzureichende, 7 = ausgezeichnete Qualität) lag der Durchschnitt aller Einrichtungen bei 2,8, der der *infans*-Einrichtungen bei 4,6. Ein Jahr später hatte sich dieser vergleichsweise hohe Wert noch einmal um 0,2 Punkte auf 4,8 erhöht. Die Unterschiede sind auch nach einer Erweiterung der Datenbasis auf zehn *infans*-Kitas hoch signifikant.

In einer Befragung, die von der Stadt Stuttgart mit Erzieherinnen aus acht Kitas, die unter dem Titel »Einstein in der Kita« an der Erprobung teilgenommen hatten, sowie mit Eltern und Lehrerinnen der Grundschulen, die Kinder aus *infans*-Kitas aufgenommen hatten, in Auftrag gegeben wurde, heißt es:

---

13 Im Zeitraum 2009/2011 sind Einrichtungen, die mit dem infans-Konzept arbeiten, in zwei Untersuchungen einbezogen. Die eine Studie wird von der eFH Freiburg als vergleichende Untersuchung unter Einbezug der Effekte auf die Kinder durchgeführt, die andere läuft in der deutschsprachigen Schweiz und wird vom Marie-Meierhofer-Institut in Zürich geleitet. Ergebnisse werden in beiden Fällen Ende 2010 beziehungsweise Mitte 2011 erwartet.

Bei den Kindern sei »eine hohe Anspruchshaltung« festzustellen, was ihnen den Umgang mit Langeweile erschwere. »Besonders gut kämen sie (die Kinder, H. L.) dagegen mit Hausaufgaben und anderen selbstständig zu erledigenden Aufträgen klar, vor allem solchen, die eigene Recherche, Material-Suche und kreative Antworten erfordern.« Dies bestätigten die Lehrerinnen: »Unterschiedliche Wissensquellen können sich Einsteinkinder selbstständiger erschließen. Außerdem widmen sie sich ihren Aufgaben mit größerer Ausdauer.« Sie seien äußerst neugierig und motiviert, im Unterricht besonders ideenreich und aktiv. Ihre Auffassungsgabe sei hoch, sie hinterfragten viel und suchten in allen Aufgaben den Alltagsbezug. Außerdem akzeptierten sie Regeln gut, seien einsichtig und besonders teamfähig. Gruppenarbeit führe bei ihnen zu besten Ergebnissen. Müssten sie dagegen einzeln und still an ihren Plätzen arbeiten, seien sie unruhiger als andere Kinder.

Eltern, Lehrerinnen und Hortleiter bewerteten das Einsteinprojekt als gute Schulvorbereitung. »Es komme den neuen Bildungsplänen und der angestrebten Öffnung für neue Unterrichtsformen entgegen. Wünschenswert sei es, dass alle Kinder eine solche Bildungseinrichtung durchlaufen und die Schule mit ähnlichen Erfahrungen beginnen.« (Stadt Stuttgart 2005, S. 30)

Zusammenfassend können wir sagen, dass alle Hinweise, die vorliegen, eine Verbesserung der Qualität der pädagogischen Arbeit in Kindertageseinrichtungen durch das *infans*-Konzept erwarten lassen.

Modul 1:
Erziehungs- und Handlungsziele
formulieren und reflektieren

Wenn das Leben keine Vision hat, nach der man sich sehnt, die man verwirklichen möchte, dann gibt es auch kein Motiv, sich anzustrengen.

Erich Fromm

Grundlagen und Definitionen

In Erziehungszielen sind persönliche und gesellschaftliche Vorstellungen wünschenswerter menschlicher Verhaltensweisen und Kompetenzen formuliert. Im *infans*-Konzept leiten Erziehungsziele neben den Interessen und Themen der Kinder maßgeblich die pädagogische Planung und das Handeln der pädagogischen Fachkräfte. Die Gestaltung der Räume, die Auswahl des Materialangebots und die Interaktion mit dem Kind orientieren sich wesentlich an den vom Team reflektierten Erziehungszielen der Kindertagesstätte. Zugleich bilden die Erziehungs- und Handlungsziele im *infans*-Konzept neben den Interessen und Themen der Kinder die Basis für die Individuellen Curricula, die ein bis zwei Mal jährlich für jedes Kind erarbeitet werden.

Auch wenn wir Erwachsene die Kinder nicht nach unserem Bild formen können und die Erfahrungen, die den Kindern in der Kindertagesstätte ermöglicht werden, nur ein – wenn auch bedeutsamer – Beitrag zur Entwicklung der Persönlichkeit des Kindes und seiner Fähigkeiten sind: Es ist wichtig, sich Klarheit über die Ziele und Inhalte dieses Beitrags zu verschaffen. Ohne eine solche Zielbestimmung bleibt die pädagogische Arbeit orientierungslos und kann Erfolg nicht von Misserfolg unterschieden werden.

Es ist deshalb eine der wichtigsten Aufgaben von professionellen pädagogischen Fachkräften, sich mit allen Beteiligten über die Erziehungsziele, die in unserer Gesellschaft als legitimierbar und zukunftsfähig gelten, zu verständigen und einen Konsens mit den Kolleginnen im Team, mit den Eltern und dem Träger zu erzielen, was als handlungsleitende Grundlage für erzieherisches Handeln verbindlich sein soll.
Dazu bedarf es eines intensiven Austauschs im Team, in dem die persönlichen Ziele und Ideale jeder Erzieherin, die von der Gesellschaft formulierten Anliegen und die gesetzlichen Vorgaben diskutiert und reflektiert werden und auch die Eltern eingeladen sind, ihre Vorstellungen und ihre Erwartungen an die Kindertagesstätte einzubringen.

Auch die Zielvorgaben, die in den Bildungsplänen der Bundesländer explizit oder implizit enthalten sind, werden einbezogen. Sie bieten eine wichtige Orientierung für die Kindertagesstätten und sollen sicherstellen, dass die Erzieherinnen in ihrer Tätigkeit alle dort aufgeführten Bildungsbereiche berücksichtigen. Die Bildungspläne können jedoch nicht die persönliche Reflexion der Erzieherinnen, den Dialog im Team und mit den Eltern über Erziehungsziele und Erziehungsideale ersetzen.

▼

Zusammenfassende Begründung für die Formulierung von Erziehungszielen

Pädagogisches Handeln braucht Orientierung. Erzieherinnen in Kindertagesstätten müssen sich auf vereinbarte Ziele stützen können, die zusammen mit den Interessen und Themen der Kinder ihre pädagogische Planung und ihr Handeln leiten. Ohne klare Ziele der Fachkräfte bleiben die Bildungsmöglichkeiten der Kinder in den Kindertagesstätten eher zufälligen Konstellationen überlassen und können kaum auf ihre Qualität hin beurteilt werden.

Wie Erziehungsziele gelebt werden

Erziehung ist keine Arbeit wie jede andere. Ob sie gelingt, hängt in starkem Maße von der Person der Erzieherin ab. Es sind die Erzieherinnen selbst, die Bildungsprogramme, gesetzliche und gesellschaftliche Vorgaben in der Kindertagesstätte erst lebendig und wirksam werden lassen. Jede einzelne Erzieherin trägt mit ihrer Person die Bildungskultur in der Kindertagesstätte mit. Wie authentisch sie mit den Kindern umgeht, wie zugewandt und feinfühlig sie ihnen begegnet, die Art und Weise, in der sie ihre Interessen und Leidenschaften für Bildungsinhalte lebt, all dies bestimmt maßgeblich die Erziehungs- und Bildungsqualität in der Kindertagesstätte.

Dabei ist im Handeln der Erzieherin, in ihrem Umgang mit den Kindern ihr professionelles Ich eng mit dem privaten Ich verbunden. Die Erzieherin lebt die Interaktion mit dem Kind als ganze Person. Ihre biografisch begründeten Einstellungen, Vorlieben und Abneigungen sind Teil des pädagogischen Verhältnisses, unabhängig davon, ob sie sich diese Einflüsse bewusst macht oder nicht.

Deshalb kann es in der Kindertagesstätte nicht um die formale Umsetzung von außen gesetzter Ziele gehen. Um der professionellen Erziehungsverantwortung gerecht zu werden, sind neben dem Fachwissen die Reflexion des eigenen Gewordenseins und deren Verknüpfung mit dem professionellen Handeln für Erzieherinnen unerlässlich (Liegle 2006, Musiol 2002).

?

Reflexionsfragen

- Was macht mich aus?
- Wie bin ich zu dem Menschen geworden, der ich bin?
- Welche Personen und Lernumgebungen waren für meinen eigenen Bildungsweg bedeutsam?
- Was hat mich vorangebracht, was behindert und was will ich aufgrund meiner biografischen Erfahrungen mit meiner Arbeit erreichen?

Die gelingende Umsetzung des *infans*-Konzepts hängt von der Bereitschaft der einzelnen Teammitglieder ab, sich die eigene Lebens- und Bildungsgeschichte bewusst zu machen und die reflektierten Lebenserfahrungen für die einzelnen Handlungsschritte zu nutzen.

▲ Für die Umsetzung von Modul 1 gilt deshalb:

* Jede Erzieherin steht zunächst einmal mit ihren eigenen Absichten, Zielen und Idealen im Mittelpunkt.
* Jede pädagogische Fachkraft muss sich die in der Kindertagesstätte gültigen Erziehungsziele, seien es persönliche Ziele der Kolleginnen oder von außen vorgegebene, erst anverwandeln, um sie authentisch leben oder zumindest nachempfinden zu können. Jedes dieser Ziele wird befragt: Was bedeutet dieses von der Kollegin, den Eltern, der Gesellschaft formulierte Erziehungsziel für mich?
* Auch die Operationalisierung der Erziehungsziele, also der Weg zu überprüfbaren Handlungszielen, erfolgt deshalb im Rückgriff auf die authentischen Lebenserfahrungen der Erzieherinnen.

Wie Erziehungsziele reflektiert und formuliert werden

Was in einer Kultur als wichtig und sinnstiftend angesehen wird, findet über die Erziehungsziele Eingang in die Pädagogik. Die Erwachsenen einer Gesellschaft formulieren ihre Erziehungsziele nie unabhängig von der Kultur, in der sie aufgewachsen sind und leben. Entsprechend halten Menschen verschiedener Kulturen unterschiedliche Fähigkeiten, Haltungen und Dispositionen für wichtig. Je fremder Kulturen einander sind, desto mehr unterscheiden sich auch ihre Erziehungsziele.

Andererseits sind mit zunehmender Globalisierung die vom Bedarf der Wirtschaft bestimmten Vorstellungen wünschenswerter Kompetenzen nahezu weltweit präsent. Über kulturelle Grenzen hinweg werden Fähigkeiten, die wirtschaftlichen Erfolg versprechen, von vielen Menschen als erstrebenswert angesehen. Die Erwartungen der Wirtschaft können aber auch regionale und globale Gegenbewegungen hervorrufen und das kritische Nachdenken über gegebene Lebensbedingungen in postindustriellen Gesellschaften befördern.

Daran wird deutlich, dass Vorstellungen von wünschenswerten Haltungen und Kompetenzen mit Blick auf bestimmte Lebenssituationen entwickelt werden, auf die der erwachsene Mensch adäquat reagieren, die er erfolgreich mitgestalten oder verändern soll. Das heißt, Erziehungsziele haben Gültigkeit nur in Bezug auf einen gesellschaftlichen Kontext.

Zugleich unterliegen Erziehungsziele ebenso wie die Gesellschaften, in denen sie gültig sind, dem geschichtlichen Wandel. Verändert sich die gesellschaftliche Wirklichkeit grundlegend, müssen auch die Ziele der Pädagogik überprüft, neu ausgelegt und gegebenenfalls reformuliert werden. So werden Erziehungsziele, die in der Kindheit der älteren Generation große Bedeutung hatten, den heutigen Anforderungen meist nicht mehr gerecht. Ziele wie »Bescheidenheit« und »Gehorsam«, die bis in die 60er Jahre des vergangenen Jahrhunderts in der BRD noch die Inhalte der Erziehung bestimmten, sind heute in den pädagogischen Konzeptionen von Kindertageseinrichtungen kaum mehr zu finden (vgl. Dilthey 1959).

Beziehen sich die pädagogischen Ziele auf Fähigkeiten und Dispositionen, über die heutige Kinder als erwachsene Menschen verfügen sollen, wie dies im *infans*-Konzept der Fall ist, stellt sich darüber hinaus die Frage, ob die gewünschten Eigenschaften und Kompetenzen nach jetzigem Ermessen zukunftsfähig sind, also auch in möglichen künftigen Lebenssituationen Bedeutung haben werden. Pädagoginnen müssen deshalb bei der Reflexion von Erziehungszielen, gleich welcher Kultur sie selbst angehören, die möglichen aktuellen und zukünftigen Lebenskontexte der Kinder mit bedenken.

Was Erziehungsziele von Handlungszielen unterscheidet

In der Formulierung der Erziehungsziele bleibt die praktische Umsetzung, das Wie des pädagogischen Prozesses, noch offen. Es geht zunächst ausschließlich um das, was das Kind erreicht haben soll, wenn es erwachsen ist.

Definition: Erziehungsziele

!

Erziehungsziele beschreiben kein erzieherisches Handeln, »sondern drücken Vorstellungen von bestimmten Zuständen, Fähigkeiten und Dispositionen aus, zu deren Verwirklichung Pädagoginnen mit ihrem Handeln beitragen sollen. Erziehungsziele umschreiben somit Eigenschaften des zu Erziehenden, von denen angenommen wird, dass sie veränderbar sind« (Tarnai 2001, S. 47).

Erziehungsziele geben ein »Ideal« für den zu Erziehenden an und implizieren eine Handlungsaufforderung für den Erzieher (Gudjons 1997).

Darüber hinaus müssen die in Erziehungszielen beschriebenen Vorstellungen legitimierbar und zukunftsfähig sein, also mit den Grundwerten der jeweiligen Gesellschaft und ihrer Verfassung übereinstimmen und, soweit vorhersehbar, auch in zukünftigen veränderten Lebenswelten noch Gültigkeit haben.

> **!** **Definition: Handlungsziele**
>
> In den Handlungszielen wird so konkret wie möglich beschrieben, was die Erzieherinnen in der Kindertagesstätte in Zukunft tun werden, damit die Kinder zu Menschen heranwachsen können, die über die im Erziehungsziel benannte Fähigkeit oder Haltung verfügen. Das Erreichen von Handlungszielen ist empirisch überprüfbar und zeitlich festgelegt.

Handlungsziele beschreiben, bezogen auf das jeweilige Erziehungsziel, die sozialen, räumlichen und materiellen Bedingungen, die in der Kindertagesstätte gegeben sein oder geschaffen werden müssen, damit die Mädchen und Jungen möglichst optimale Voraussetzungen vorfinden, um sich die angestrebten Fähigkeiten, Haltungen und Dispositionen aneignen zu können. Manche dieser Vorbedingungen werden bereits bestehen, andere müssen noch geschaffen werden oder bedürfen der Arbeit der Erzieherinnen an sich selbst, der Selbsterziehung und Selbstausbildung (vgl. Liegle 2006).

Handlungsziele enthalten also immer Herausforderungen für die pädagogischen Fachkräfte. Sie sind in die Zukunft gerichtet und benennen Verhaltensweisen, die zur Anhebung der Qualität der pädagogischen Arbeit beitragen. Bestätigen Handlungsziele ausschließlich die bestehende Praxis, muss bezweifelt werden, ob das Team bereit ist, sich den gesellschaftlichen und globalen Anforderungen zu stellen und das eigene Handeln auf die Bedingungen hin auszurichten, unter denen die Kinder, soweit vorauszusehen, künftig leben werden (zu den Definitionen siehe auch Arbeitsblatt 1 auf der beiliegenden CD).

B *Ein Beispiel zum Unterschied zwischen Erziehungsziel und Handlungsziel:*

In einer Kindertageseinrichtung wurde in einem ersten Versuch das folgende »Erziehungsziel« formuliert: »Wir nutzen die verschiedenen Möglichkeiten (Eltern aus verschiedenen Ländern und Kulturen), um Kindern Akzeptanz und Verständnis für die Verschiedenheit von Menschen, die in unserer Kindertagesstätte zusammenleben, erfahrbar zu machen.«

In dieser Formulierung sind sowohl das Erziehungsziel als auch ein Handlungsziel enthalten. Die Art und Weise, wie versucht werden soll, das Erziehungsziel zu erreichen, »Wir nutzen die verschiedenen Möglichkeiten (Eltern aus verschiedenen Ländern und Kulturen ... um Kindern erfahrbar zu machen«, wird mit der anzustrebenden Haltung »Akzeptanz und Verständnis für die Verschiedenheit von Menschen«, vermischt.

Trennt man das Erziehungsziel zunächst von der Handlungsebene und formuliert es in Bezug auf den späteren erwachsenen Menschen, dann könnte die Formulierung etwa folgendermaßen lauten: Der Erwachsene, der das Kind einmal sein wird, akzeptiert die Verschiedenheit von Menschen und zeigt Verständnis für unterschiedliche Kulturen.

Das darauf bezogene Handlungsziel könnte dann lauten: Wir ermöglichen dem Kind die Begegnung mit Eltern aus unterschiedlichen Ländern und Kulturen, die in unserer Kita vertreten sind, um ihm Verschiedenheit erfahrbar zu machen.

Diese genauere Formulierung lässt sofort erkennen: Man geht auf dieser Stufe der Formulierung davon aus, dass sich das Ziel nicht allein schon aus der Möglichkeit der Begegnung mit Eltern aus anderen Ländern und Kulturen erreichen ließe. Es wird zum Beispiel deutlich, dass auch an die Gestaltung dieser Begegnungen gedacht werden muss. Ferner legt diese Formulierung nahe, auch andere Möglichkeiten (Bücher, Filme, Puppen...) in Betracht zu ziehen. Von einer möglichst genauen Formulierung dessen, was erreicht werden soll und – vor allem Dingen – von einer sorgfältigen Unterscheidung zwischen dem Ziel und den Wegen, es zu erreichen, hängt viel für den (weiteren) Erfolg der Arbeit mit den Kindern ab.

Die Handlungsschritte im Modul 1

Bei der Bearbeitung des Moduls 1 wird zunächst mit der Formulierung und Reflexion von Erziehungszielen geklärt, was erreicht werden soll. Im zweiten Schritt beschreibt das Team in Handlungszielen, wie die in den Erziehungszielen enthaltenen Bildungsinhalte und Kulturgüter für die Kinder erfahrbar gemacht werden sollen.

Am Ende des Klärungsprozesses stehen Erziehungs- und Handlungsziele, die nach einem festgelegten Zeitraum überprüft und gegebenenfalls modifiziert werden. Sie sind eine verbindliche Grundlage für die pädagogische Arbeit in der Kindertagesstätte und kennzeichnen das spezifische Erziehungsprofil der Einrichtung.

Ein Wort vorab

Die Erarbeitung der Erziehungs- und Handlungsziele ist keine leichte Aufgabe. Der mehrstufige Prozess erfordert viel Engagement, und das Thema wird den Diskurs im Team über einen längeren Zeitraum begleiten. Je nach Größe des Teams, dem Umfang der zur Verfügung stehenden Vor- und Nachbereitungszeiten und der Zielstrebigkeit im Vorgehen sollten für den Gesamtprozess zwölf bis 15 Monate eingeplant werden.

Auch hier kommt es auf den Anfang an. Es lohnt sich, zu Beginn mehr Zeit zu investieren. Es bringt den Prozess voran, wenn ein Team mit ein oder zwei Konzepttagen in die Erarbeitung der Erziehungs- und Handlungsziele startet. Das in diesen Tagen geschaffene Fundament motiviert in der Regel, in den darauffolgenden wöchentlichen Teamsitzungen direkt an dem Erreichten anzuknüpfen. Das Verfahren ist in den Köpfen der Erzieherinnen noch präsent, und der Faden kann schnell wieder aufgenommen werden. Insgesamt erreichen Teams so in kürzerer Zeit Zwischenergebnisse, die das Miteinander im Team und die pädagogische Arbeit voranbringen und die Sinnhaftigkeit der Anstrengung belegen.

1. Die persönlichen Erziehungsziele jeder Erzieherin

Jede Erzieherin bringt in ihre Arbeit neben ihrem professionellen Wissen Themen und Vorlieben ein, die für sie im Laufe ihres Lebens wichtig geworden sind. Persönlich bedeutsame Erfahrungen, Annahmen, Werte und Ideale beeinflussen die Kommunikation mit den Kindern, den Eltern und den Kolleginnen. Sich der eigenen, häufig

verborgenen Absichten und Ziele bewusst zu werden, sie gegebenenfalls als persönliche Erziehungsziele zu formulieren und sie damit der Reflexion zugänglich zu machen ist Teil der Selbstbildungsaufgabe jeder Erzieherin und der erste Schritt auf dem Weg zu den Erziehungszielen einer Kindertagesstätte.

Zunächst reflektiert jede Erzieherin ausschließlich vor dem Hintergrund ihrer eigenen Biografie, was ihr wichtig ist und was sie in ihr pädagogisches Tun einbringen will. Fachbücher und Zielvorgaben der Bildungspläne werden zu diesem Zeitpunkt bewusst noch nicht zu Rate gezogen. Der Blick bleibt auf die eigene Lebensgeschichte und die persönlichen Erfahrungen gerichtet. Sich selbst ernst nehmen, in der eigenen Arbeit als Gestalt sichtbar werden, authentisch im Handeln gegenüber Kindern, Eltern und Kolleginnen auftreten – darum geht es in diesem Arbeitsschritt.

Der biografische Blick auf die eigene Tätigkeit ist für viele Fachkräfte ungewohnt und stellt eine besondere Herausforderung dar. Es ist nicht immer leicht, sich seinen verborgenen Überzeugungen zu stellen und sie später im Team zu vertreten. Deshalb braucht es Zeit und eine Umgebung, in der ungestörtes Nachdenken möglich ist. Wenn nur wenige Erfahrungen mit dem biografischen Arbeiten vorliegen, kann es hilfreich sein, sich in einer Fortbildung der eigenen Biografie und ihrer Bedeutung für das professionelle Handeln zu widmen, bevor man mit der Formulierung der Erziehungsziele beginnt.

Reflektieren und Formulieren der persönlichen Erziehungsziele – eine biografische Spurensuche

Wir schlagen vor, dass sich zunächst jede Erzieherin und die Leitung des Teams allein auf Spurensuche begeben und überlegen, welche Eigenschaften, Haltungen und Kompetenzen sie im Laufe ihres Lebens bei anderen Menschen besonders schätzen gelernt haben und welche Begegnungen und Erlebnisse für ihre Entwicklung, ihr Lernen und ihre Bildungserfolge von Bedeutung waren. Dieses In-sich-Hineinhorchen und Nachdenken über die eigenen biografischen Wurzeln und pädagogischen Absichten braucht Zeit und eine Atmosphäre des Sich-Einlassen-Könnens und Bei-sich-Seins. Außerhalb des täglichen Arbeitsplatzes Kindertagesstätte gelingt das manchmal besser. Auch das Gespräch mit einer Freundin oder einem Freund über die eigenen Bildungserfahrungen kann den Reflexionsprozess unterstützen (vgl. hierzu auch Musiol 2002, 2007).

Leitend für das Nachdenken über die eigenen Absichten und Wünsche können die folgenden Fragen sein:

?
- Welche Fähigkeiten und Haltungen schätze ich bei mir selbst besonders?
- Was wünsche ich mir für mich selbst?
- Welche Vorstellungen habe ich von einer Erweiterung meiner Fähigkeiten?
- Was würde ich selbst gern (noch) tun in meinem Leben?
- Über welche Kompetenzen und Haltungen würde ich selbst gern verfügen?
- In welchen Bereichen würde ich mich selbst gern weiterentwickeln?
- Welche sozialen und fachlichen Kompetenzen schätze ich bei meinen Mitmenschen besonders?
- Welche Mitmenschen waren in meinem Leben wichtig für mich? Wodurch zeichneten sie sich aus?

Ausgehend von solchen Fragen werden in der Regel Erfahrungen erinnert, die mit den angesprochenen Eigenschaften, Kompetenzen oder Haltungen zu tun haben und die in einer persönlichen Erzählung formuliert werden können. Es werden dann Episoden ausgewählt, die von besonderer persönlicher Bedeutung sind, und davon ausgehend die eigenen Erziehungsziele reflektiert und formuliert. Dies sollte möglichst zeitnah geschehen, so dass eine Anknüpfung an die persönlichen Erinnerungen leicht möglich ist.

?
- Über welche Fähigkeiten und Kompetenzen, die mir in meiner Biografie wichtig geworden sind, sollten die Mädchen und Jungen aus meiner Sicht verfügen, wenn sie erwachsen sind?
- Wodurch sollten sie sich als Erwachsene auszeichnen?
- Was sollten sie tun?

Ganz bewusst nehmen diese Leitfragen zur Formulierung von Zielen den erwachsenen Menschen in den Blick und sind nicht auf mittelfristig bedeutsame Lebensereignisse ausgerichtet, zum Beispiel den Schuleintritt. Was eine Erzieherin an Bildungs- und Lernmöglichkeiten bereitstellt, wie anregend, unterstützend und herausfordernd sie sich selbst in die Beziehung zum Kind einbringt, hat Einfluss auf die gesamte Lebenszeit des Kindes und keineswegs nur auf seine Schullaufbahn. Dieser Bedeutung der Kindertagesstätte trägt der Blick auf den künftigen Erwachsenen Rechnung.

In Vorbereitung auf den Austausch im Team notiert jede Erzieherin die ihr wichtigsten persönlichen Erziehungsziele. Insbesondere in großen Teams empfiehlt es sich, die Anzahl der möglichen Nennungen zu begrenzen. Jede Erzieherin wählt also aus einer Vielzahl die ihr wichtigsten Erziehungsziele aus und notiert mindestens eines ihrer Erziehungsziele auf eine Moderationskarte.

Da im Zentrum dieses ersten Schrittes die biografischen Erfahrungen jeder Erzieherin stehen, soll der persönliche Zugang in den Formulierungen der Erziehungsziele zum Ausdruck kommen. Eigenwillige Formulierungen sind also nicht nur möglich, sondern erwünscht (Arbeitsblatt 2 auf der beiliegenden CD).

Einige Beispiele verdeutlichen, was mit persönlichen Erziehungszielen gemeint ist: **B**

- *Wenn das Kind einmal erwachsen ist, spielt es in einer Theatergruppe mit.*
- *Er/sie tritt vor einem Publikum auf.*
- *Der Erwachsene flirtet fantasievoll.*
- *Wenn das Kind erwachsen ist, betreibt es Extremsportarten.*
- *Er/sie kleidet sich unverwechselbar.*
- *Der Erwachsene erzählt mit Freude und Ausdruckskraft.*
- *Als Erwachsener führt das Kind einmal eine Dampflokomotive.*
- *Als erwachsener Mensch lebt das Kind auf einem anderen Kontinent.*

2. Die Erziehungsziele des Teams

Nach der individuellen Reflexion kommen alle Erzieherinnen des Teams zusammen und tauschen sich über ihre persönlichen Erziehungsziele aus. Auch dazu braucht es Zeit und Ruhe, so dass ungestörtes Erzählen und aufmerksames Zuhören möglich sind.

Jede Erzieherin stellt ihre persönlichen Erziehungsziele vor und erzählt eine kurze biografische Geschichte, warum gerade dieses Ziel für sie eine besondere Bedeutung hat.
    Die persönlichen Bilder und Geschichten zu den einzelnen Erziehungszielen stellen dabei eine ganz individuelle Perspektive dar. Erzieherinnen berichten, dass die einzelnen Kolleginnen in einem Team während dieses Austauschs ein eigenes Profil bekommen und im Rückblick auf die bisherige gemeinsame Arbeit individuelle Hand-

lungen und Verhaltensweisen wechselseitig besser verstanden werden. Zum Zweiten wird durch die Erzählungen der Kolleginnen deutlicher, was sie jeweils unter dem notierten Erziehungsziel verstehen.

Manchmal wird im Dialog über ein persönliches Erziehungsziel auch klar, dass ein Ziel umformuliert werden sollte, damit es dem, was in der biografischen Geschichte zum Ausdruck kam, besser entspricht und nicht missverstanden werden kann. Eine solche Neuformulierung obliegt gegebenenfalls aber immer der Erzieherin, die das Ziel eingebracht hat. Nur sie kann entscheiden, mit welchen Worten ihr Anliegen am besten zum Ausdruck kommt.

Wichtig ist, dass alle ihre pädagogischen Ziele in Ruhe vorstellen können. Dabei entscheidet jede Erzieherin selbst, was sie veröffentlicht und wie sehr sie ins biografische Detail geht. Verständnisfragen werden erst gestellt, wenn die Kollegin ihre Erzählung beendet hat.

Als Regel für alle gilt darüber hinaus, dass persönliche Erziehungsziele nicht kritisiert werden. Sie beruhen auf biografischen Erfahrungen der jeweiligen Erzieherin und haben für sie lebensgeschichtliche Bedeutung. Ein persönliches Erziehungsziel ist deshalb von den Kolleginnen nicht als »falsch« zu bewerten, auch wenn sie es vielleicht nicht teilen. Der Austausch über die biografischen Hintergründe individueller Ziele setzt Offenheit gegenüber anderen Sichtweisen voraus. Es geht in diesem Schritt nicht um Vereinheitlichung. Vielmehr ist die Vielfalt der lebensgeschichtlichen Zugänge ein Gewinn für die Erziehungszielentwicklung jedes Teams (siehe Arbeitsblatt 3 auf der beiliegenden CD).

Eine wesentliche Voraussetzung für das Gelingen dieses Prozesses ist eine Atmosphäre der wechselseitigen Anerkennung und des Vertrauens im Team. Hier kommt der Leitung der Kindertagesstätte eine besondere Bedeutung zu. Sie muss sich die Kommunikations- und Lernkultur in ihrem Team bewusst machen und einschätzen, ob ihre Mitarbeiterinnen über das nötige wechselseitige Vertrauen verfügen, um erfolgreich in einen offenen Austausch über die persönlichen Erziehungsziele gehen zu können. Zugleich ist sie gefordert, das eigene Führungsverhalten zu reflektieren und gegebenenfalls an der Veränderung ihres Stils zu arbeiten (Frey 2009; vgl. auch Modul 5).

Die Entscheidung eines Teams für das *infans*-Konzept bietet Erzieherinnen und Leitung also gleichermaßen die Herausforderung und die Chance, die eigene Lernkultur und dialogische Gesprächsfähigkeit weiterzuentwickeln. Teams, die sich der Aufgabe gestellt haben, berichten von einem Gewinn für die Zusammenarbeit. Die einzelnen Erzieherinnen lernen sich während des Zieldiskurses besser kennen. Es treten unvermutete individuelle Kompetenzen und Interessen zutage. Die wechselseitige Akzeptanz wächst, und in der Folge zeichnet sich die Kooperation im Team dadurch aus, dass jede einzelne Erzieherin ihre fachlichen und persönlichen Kompetenzen in die Reflexionen und pädagogischen Planungen einbringt und Konkurrenzen in den Hintergrund treten. Das Team beginnt, eine gemeinsame Vision zu entwickeln (vgl. auch Wünsche 2010).

Die Unterscheidung von Erziehungszielen und Handlungszielen

Vor der Weiterarbeit wird zunächst überprüft, ob auf den einzelnen Moderationskärtchen ausschließlich Erziehungsziele notiert wurden oder bereits Handlungsziele enthalten sind, also schon beschrieben wurde, was in der Kindertagesstätte zu tun ist. Ist letzteres der Fall, überlegt die jeweilige Autorin, welches Erziehungsziel hinter dem formulierten Handlungsziel steht, und schreibt ein neues Kärtchen. Weitergearbeitet wird ausschließlich mit Erziehungszielen (vgl. dazu die Definitionen in Arbeitsblatt 1 auf der beiliegenden CD).

Die Legitimierbarkeit und Zukunftsfähigkeit der persönlichen Erziehungsziele

Bevor die persönlichen pädagogischen Absichten auch für die Kolleginnen Gültigkeit erlangen können, bedarf es der gemeinsamen kritischen Überprüfung der in den Erziehungszielen genannten Fähigkeiten, Haltungen und Dispositionen. Deshalb wird zunächst für jedes einzelne Ziel noch einmal entschieden:

> * Kann dieses persönliche Ziel unser pädagogisches Handeln in der Kindertagesstätte bestimmen?
> * Oder gibt es etwas, das gegen dieses Ziel spricht?

Kriterien der Entscheidung sind ausschließlich die Legitimierbarkeit und Zukunftsfähigkeit des Erziehungsziels.

Am Ende dieser kritischen Reflexion stehen Erziehungsziele, die legitimierbar, zukunftsfähig und prinzipiell erreichbar sind und die von allen mitgetragen werden können (siehe Arbeitsblatt 4 auf der beiliegenden CD).

Die Zuordnung der persönlichen Erziehungsziele zu den Bildungsbereichen

Da sich Kindertagestätten an den Erziehungs- und Bildungsplänen ihres jeweiligen Bundeslandes orientieren sollen, bietet es sich an, die persönlichen Erziehungsziele nach den dort aufgeführten (Bildungs-)Bereichen zu sortieren. Bei den meisten Zielen gelingt eine solche Zuordnung. Aber es muss keinesfalls gegen ein persönliches Ziel sprechen, wenn es sich nicht in das vorgegebene Raster einordnen lässt. Scheuen Sie sich nicht, in einem solchen Fall eine Abteilung mit eigenen Kita-Zielen einzurichten, die über die vorgegebenen Bildungsbereiche hinausgehen.

Neben dieser Erweiterungsmöglichkeit werden beim Zuordnen nahezu immer auch Lücken deutlich. Selbst in großen Teams decken die persönlichen Erziehungsziele selten alle Bildungsbereiche zufriedenstellend ab. In der Regel wird schnell klar, dass die Erziehungsziele noch der Ergänzung bedürfen. Gesellschaftliche Ziele und normative Vorgaben müssen hinzugezogen werden (siehe Arbeitsblatt 5 auf der beiliegenden CD).

Verständlichkeit der Erziehungsziele

Ein kritischer Blick auf die Formulierung der Erziehungsziele schließt den ersten Arbeitsschritt ab: Sind die Ziele klar und verständlich formuliert, so dass alle Erzieherinnen des Teams und gegebenenfalls neue Kolleginnen verstehen, was gemeint ist, und gut damit weiterarbeiten können? Nachdem dies geklärt ist, werden die persönlichen Erziehungsziele als erstes Zwischenergebnis dokumentiert. So ist der Prozess auch nach einigen Monaten noch für alle im Team nachvollziehbar und die notwendige Basis für die Weiterarbeit gesichert.

Alle sich nun anschließenden Schritte auf dem Weg zu den Erziehungszielen einer Kindertagesstätte können parallel erfolgen.

3. Die Erziehungsziele der Eltern

Teil einer gelungenen Kooperation mit den Eltern ist der Austausch über die Wünsche, die Mütter und Väter an die Kindertagesstätte haben und die sie mit der Zukunft ihrer Kinder verbinden. Eltern wollen das Beste für ihr Kind, und viele sorgen sich angesichts der rapiden gesellschaftlichen Umbrüche um seine Zukunft. Deshalb ist es den meisten Müttern und Vätern wichtig, dass ihre Kinder in der Kindertagesstätte gefördert werden und Erfahrungen sammeln, die sie in ihrem Lernen voranbringen. Zugleich sollen sie aber auch »Kind sein können«, spielen und sich vor allem in der Kindertagesstätte wohl fühlen.

Ob und wie die Erzieherinnen diesen Erwartungen gerecht werden, sind für Eltern bedeutsame Fragen, und viele schätzen es, wenn sie sich darüber mit den Fachkräften austauschen können. Die Vorstellungen der Eltern und ihre Pläne für die Zukunft ihrer Kinder bieten den Erzieherinnen vielfältige Anknüpfungspunkte für den gemeinsamen Austausch über pädagogische Absichten und Erziehungsziele.

Manchmal sind die Zukunftswünsche der Eltern verschüttet, wenn sie durch die eigene schwierige Lebenssituationen überfordert und nicht mehr in der Lage sind, für sich und ihr Kind viel zu erhoffen. Die Einladung der Kindertagesstätte zu Elterngesprächsgruppen und das damit gezeigte Interesse an den Erwartungen der Mütter und Väter bietet diesen Eltern die Chance, sich verloren gegangener Wünsche für ihr Kind zu erinnern und die eigenen Erwartungen selbst wieder ernst zu nehmen.

Beziehen die Erzieherinnen die Eltern in die Reflexion von Erziehungszielen ein, definieren sie diesen Arbeitsschritt als gemeinsame Aufgabe. Sie signalisieren zugleich, dass die Meinungen der Eltern ihnen willkommen sind und sie die Kooperation mit den Müttern und Vätern schätzen. Eltern fühlen sich von der Kindertagesstätte anerkennt, und nicht wenige antworten mit hohem Engagement auf die Einladung der Kindertagesstätte und bringen ihre Vorstellungen darüber, welche Haltungen und Fähigkeiten ihre Kinder erwerben sollen, gerne ein. Wie die Erfahrungen in unseren Projekten zeigen, gilt dies auch und gerade für Eltern, die eher selten Wertschätzung durch andere Menschen erfahren und die es nicht gewohnt sind, nach ihrer Meinung gefragt zu werden.

Gelingt es Eltern und Erzieherinnen, sich wechselseitig auf die Perspektive des anderen einzulassen, bietet dies eine gute Chance für die weitere Kooperation, die auch dem Kind zugute kommt. Die Zustimmung, das Einverständnis und der Kooperationswille der Eltern unterstützen die Erfolge der Kita-Pädagogik und verbessern damit die Bildungschancen der Kinder. Ebenso hat die Anerkennung der Eltern durch die Erzieherin Auswirkungen auf das Wohlergehen des Kindes und sein Verhalten in der Kindertagesstätte (vgl. Laewen 1994; Lepenies 2005).

Neben den Eltern als den wichtigsten Bindungspersonen sind es in der Kita die Erzieherinnen, die dem Kind mit Rat und Tat zur Seite stehen und ihm die emotionale Sicherheit geben, die es braucht. Das Kind nimmt sensibel wahr, ob sich Eltern und Erzieherin wechselseitig Anerkennung und Achtung entgegenbringen oder ob das Verhältnis von Unstimmigkeiten und Missachtung beherrscht wird. Die Einbeziehung der Eltern in die Formulierung von Erziehungszielen bestätigt die Kooperationsbereitschaft der Erzieherinnen und kann so auch auf das Wohlergehen des Kindes Einfluss nehmen.

Wie Eltern einbezogen werden können

Nachdem das Team bereits Erfahrungen mit der Reflexion und Formulierung von Erziehungszielen gesammelt hat, werden die Eltern eingeladen, um sich miteinander und mit den Erzieherinnen über ihre Vorstellungen und Wünsche auszutauschen.

Dies kann in Form von Elternabenden oder Eltern-Werkstätten geschehen, an denen sich alle interessierten Mütter und Väter beteiligen können. Es sollte in jedem Fall ein Vorgehen gewählt werden, das den persönlichen Dialog zwischen Erzieherinnen und Eltern ermöglicht.

Eine schriftliche Befragung ist in diesem Zusammenhang wenig sinnvoll und bliebe hinter den Möglichkeiten zurück, die in der persönlichen Begegnung liegen. Geht es doch bei der Beteiligung der Mütter und Väter nicht um eine Abfrage der Elternwünsche, sondern um eine Verständigung über Erziehungsfragen. Wenn Eltern erfahren, dass die Erzieherinnen sie in ihren Anliegen und ihrer Sorge um die Zukunft ihrer Kinder ernst nehmen, sind sie – auch dies zeigen Erfahrungen aus dem Projektver-

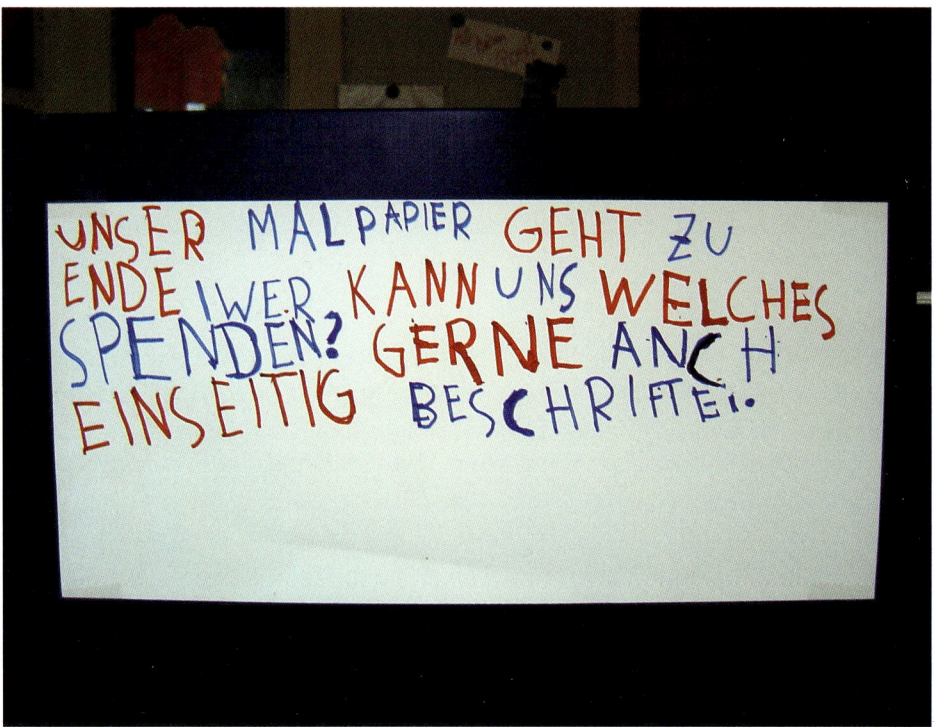

bund »Bildung in der Kindertageseinrichtung« – in der Folge interessierter an den Belangen der Kindertageseinrichtung.

Was bei der Planung zu bedenken ist

Bei der Planung und Vorbereitung der Gesprächsrunden mit den Eltern dient das Vorgehen im Team als Orientierung, und die Erfahrungen, die dabei gesammelt wurden, geben Sicherheit und wecken Interesse am Austausch mit den Müttern und Vätern. Zugleich bedarf es keines so strikten Ablaufs wie bei der Entwicklung der Erziehungsziele des Teams. Auch sollten Eltern nicht durch formale Anweisungen entmutigt werden, sich einzubringen. In erster Linie geht es darum, sich darüber auszutauschen, welche Wünsche die Eltern für die Zukunft ihrer Kinder hegen, was die Kinder nach ihrer Meinung lernen sollen und was die Kindertagesstätte dazu beitragen kann.

Im Mittelpunkt der Gesprächsrunden stehen die Vorstellungen der Eltern. Die Erzieherinnen bringen deshalb ihre eigenen Ziele zunächst noch nicht ein und machen auch keine inhaltlichen Vorgaben. Geht ein Team den umgekehrten Weg und stellt seine bis dahin erarbeiteten eigenen Erziehungsziele an den Beginn des Austauschs, legt es mit diesen Vorgaben eine Orientierung an den Zielen der Fachkräfte nahe. Das Nachdenken der Väter und Mütter über ihre eigenen Vorstellungen und Wünsche wird so von vornherein eingeengt, und die Eltern werden möglicherweise entmutigt, ihre Interessen einzubringen.

Die Erziehungsziele des Teams werden den Eltern selbstverständlich nicht vorenthalten, sondern zu einem späteren Zeitpunkt vorgestellt und diskutiert. Für Eltern und Erzieherinnen ist es meist gleichermaßen spannend, die Erziehungsziele des Teams mit denen der Mütter und Väter abzugleichen. Erfahrungsgemäß unterscheiden sich die Vorstellungen der Eltern nicht allzu sehr von denen des Kita-Teams, zumindest wenn die Mütter und Väter aus demselben Kulturkreis kommen wie die Erzieherinnen.

Wurden von Müttern oder Vätern Erziehungsziele genannt, die einen neuen Aspekt hinzufügen, der bisher von den Erzieherinnen nicht formuliert wurde, werden diese – vorausgesetzt, sie sind legitimierbar und zukunftsfähig – den bereits vorliegenden Teamzielen hinzugefügt. Am Ende des Austauschs mit den Müttern und Vätern stehen Erziehungsziele, die von Eltern und Erzieherinnen gemeinsam getragen werden und so eine gute Basis für das Erziehungshandeln in der Kindertagesstätte und für die weitere Bildungspartnerschaft bieten. Einen Leitfaden zum Austausch über die Erziehungsziele der Eltern findet sich im Arbeitsblatt 6 dieses Moduls auf der beiliegenden CD.

Zu den möglichen Formen des Austauschs

Die Erzieherinnen können für die Gesprächsrunden mit den Eltern unterschiedliche Zugänge wählen. Es kann sinnvoll sein, den Eltern – nach einer kurzen Einführung – zu ermöglichen, sich zunächst einmal miteinander in kleinen Gruppen auszutauschen. Eine solche langsame Annäherung an ein vielleicht ungewohntes Thema kann das anschließende Gespräch mit den Erzieherinnen entspannen. Auch die Erinnerung an die eigene Kindheit erleichtert vielen Müttern und Vätern den Einstieg ins Thema. Wichtig ist hier, dass sich die Erzieherinnen selbst an dem Austausch beteiligen und ebenfalls zum Beispiel über ihre Kindheitserfahrungen erzählen, sich also nicht als neugierige Zuhörerinnen präsentieren, sondern sich selbst als Personen in den Dialog einbringen.

Wenn Eltern die deutsche Sprache (noch) nicht gut sprechen und keine Kollegin aus dem Team übersetzen kann, bieten sich nonverbale Formen des Austauschs an. So können zum Beispiel Bilder gemalt oder Fotocollagen geklebt werden. Vielleicht gibt es aber auch Mütter oder Väter, die sich gern zum Übersetzen zur Verfügung stellen. Dann können die Eltern schon in ihrer jeweiligen Muttersprache eingeladen werden, sich am Austausch über Erziehungsziele zu beteiligen. Auch bei den Treffen selbst können, neben nonverbalen Präsentationen, wichtige Details sprachlich vertieft werden.

Aus den Gesprächsrunden über die subjektiv als bedeutsam erlebten Kindheitserfahrungen in verschiedenen Weltgegenden können Projekte entstehen, die weit über die Entwicklung von Erziehungszielen hinausreichen und zum Beispiel der Verständigung zwischen den Kulturen dienen. So wurde in einer Stuttgarter Kindertagesstätte ausgehend vom Austausch über die Wünsche der Eltern für ihre Kinder ein Ausstellungsprojekt ins Leben gerufen, in dessen Verlauf die Eltern ihre jeweiligen Herkunftsländer präsentierten und die Vielfalt der im Stadtteil präsenten Kulturen für Kinder und Erwachsene weiterhin als erwünschtes Gesprächsthema in der Kita offen hielten.

Zum zeitlichen Rahmen

Für den Diskurs mit den Müttern und Vätern sollten mehrere Treffen eingeplant werden. Beispiele zeigen, dass sich aus der Anfangsfrage nach den Wünschen der Eltern für ihre Kinder ein intensiver Dialog entwickeln kann. In manchen Kindertagesstätten haben sich über einen längeren Zeitraum Elterngruppen zusammengefunden, die miteinander oder mit Erzieherinnen Themen vertieft haben: Was brauchen Kinder, wie lernen sie? Was können wir zu Hause tun, damit unsere Kinder die Ziele erreichen, die wir selbst für wichtig halten?

Ein solcher Prozess kann über mehrere Monate andauern und sollte jederzeit offen sein für neugierig gewordene Mütter und Väter.

Den Zugang sichern

Für die Information über Inhalte und Zwischenergebnisse der Gespräche eignen sich Wandzeitungen oder Litfasssäulen im Eingangsbereich oder im Elterntreff der Kindertagesstätte. So können Mütter und Väter, auch wenn sie nicht an den Gruppenabenden teilgenommen haben, den Stand der Dinge verfolgen. Und die Erzieherinnen können auf diese Weise über den Verlauf und die Ergebnisse ihres Erziehungszielprozesses berichten.

Eltern, die mit ihren Kindern neu in die Kindertagesstätte kommen, sollte ein Mal im Jahr angeboten werden, sich mit den Erzieherinnen über Erziehungsziele zu verständigen. Sie sollten bereits in der Aufnahmephase die Erfahrung machen, dass die Erzieherinnen sich dafür interessieren, was sie sich für ihre Kinder wünschen und welche Erwartungen sie an die Kindertagesstätte haben.

4. Der gesellschaftliche Kontext und die normativen Vorgaben

Der Bildungs- und Erziehungsauftrag der Kindertagesstätten verlangt, den gesellschaftlichen Diskurs über pädagogische Fragestellungen im Blick zu behalten und kritisch zu reflektieren.

Konkret wird deshalb gefragt, welche Fähigkeiten und Haltungen von Mitgliedern unserer Gesellschaft erwartet werden und welche Kompetenzen Menschen brauchen, um sich in die Gesellschaft mitgestaltend einbringen zu können und ihr persönliches Leben erfolgreich und befriedigend zu führen.

Dabei können in den öffentlichen Medien diskutierte gesellschaftliche Ziele durchaus kritisch reflektiert und individuell modifiziert werden. Insbesondere kann es nicht Ziel der Pädagogik sein, sich einseitig zum Beispiel an den von der Wirtschaft formulierten Qualifikationserfordernissen auszurichten. Vielmehr sollte ebenso die befriedigende Lebensorientierung des Individuums Berücksichtigung finden. Dazu gehört unter anderem seine Fähigkeit, Krisensituationen zu begreifen, Zusammenhänge zu verstehen und sich in einer Welt der Umbrüche zurechtzufinden (vgl. hierzu Negt 2003).

Auch Visionen von einer besseren Gesellschaft können eingebracht werden und Überlegungen zu einem glücklichen Leben. Ethische Fragen sollten ebenso eine Rolle spielen wie die kritische Reflexion von gesellschaftlichen Zielen vor dem Hintergrund der deutschen Geschichte.

Für diesen Arbeitsschritt können aktuelle Veröffentlichungen in Tages- und Wochenzeitungen, Fachzeitschriften und Fachbüchern, Befragungen oder Verlautbarungen von Gremien und Interessenverbänden, Fernseh- oder Radiobeiträge und verlässliche Informationen aus dem Internet genutzt werden. Alle Erzieherinnen sind eingeladen, Materialien zu sammeln und beizusteuern. Sollte die Lust am Recherchieren im Team eher gering sein, werden die Zuarbeiten verteilt.

Manchmal werden im Diskurs über aktuelle gesellschaftliche Erziehungsziele auch Meinungen und Bilder wachgerufen. Sie sollten ebenfalls eingebracht werden. Bleiben individuelle mentale Modelle, die solchen gesellschaftlichen Erwartungen widersprechen, unausgesprochen und unreflektiert, kann dies die Umsetzung der Erziehungsziele gefährden. Um Vereinbarungen über Erziehungsziele, die für das zukünftige pädagogische Handeln verbindlich sein sollen, nicht scheitern zu lassen, ist es deshalb notwendig, die individuellen »inneren Bilder vom Wesen der Dinge an die Oberfläche zu holen« (Senge 1996, S. 213).

In den Gesprächen über die geltenden gesellschaftlichen Normen und Erziehungsziele können keine einfachen und abschließenden Antworten gefunden werden. Dies gilt insbesondere angesichts der Umbruchsituation, in der wir uns heute befinden. Die Reflexion der gesellschaftlichen Debatte kann deshalb keine einmalige Aufgabe sein, sondern sollte immer wieder kritisch aufgegriffen werden (siehe Arbeitsblatt 7 auf der beiliegenden CD).

Zum Grad der Konkretisierung von Erziehungszielen

Erziehungsziele können auf einer eher abstrakten Ebene angesiedelt oder sehr präzise formuliert sein. Bei der Formulierung persönlicher Erziehungsziele ist es absolut erwünscht, möglichst anschaulich Kompetenzen oder Haltungen zu beschreiben, die von den eigenen Lebenserfahrungen abgeleitet werden. Damit bringen sich die einzelnen Erzieherinnen unverwechselbar ins Team ein und tragen dazu bei, dass das gemeinsame Tun von einem neuen Selbstverständnis getragen wird. Auch Eltern sollten Wünsche für ihre Kinder detailliert beschreiben können und nicht durch formale Vorgaben eingeschränkt werden.

Nun zeigt aber die Erfahrung, dass viele Teams sich nicht in der Lage fühlen, im Rahmen ihrer Zeitressourcen über die persönlichen Erziehungsziele hinaus auch bei allen anderen Zielen so detailliert vorzugehen. Diesen Teams schlagen wir alternativ vor, alle weiteren Erziehungsziele auf einem mittleren Abstraktionsniveau zu formulieren.

Erziehungsziele, die von gesellschaftlichen Werten, normativen Vorgaben und Bildungs- und Erziehungsprogrammen abgeleitet werden, können übergreifende Ziele sein, die einen mittleren Grad von Eindeutigkeit aufweisen und sich an zentralen Inhalten der Bildungsbereiche orientieren. Dabei sollte allerdings darauf geachtet werden, dass die Erziehungsziele auf hohem Niveau formuliert werden.

▲ Ein solches eher abstraktes Erziehungsziel im Bildungsbreich Sprache wäre zum Beispiel: Der Erwachsenen verfügt über eine hohe Sprachkompetenz.
Präzise Erziehungsziele auf einem niedrigen Abstraktionsniveau, auch Feinziele genannt (siehe Definition in Arbeitsblatt 1 auf der beiliegenden CD), könnten im Bildungsbereich »Sprache« unter anderem wie folgt lauten:
- Der erwachsene Mensch, der das Kind einmal sein wird, kann komplexe politische Zusammenhänge verständlich erklären.
- Der Erwachsene schreibt seinen Freunden regelmäßig Briefe oder E-Mails.
- Er/sie erzählt ausdrucksstark Geschichten.
- Sie veröffentlicht selbstgeschriebene Gedichte.

Diese Feinziele enthalten mögliche Merkmale eines Menschen, der über eine hohe Sprachkompetenz verfügt.

Nun kann man befürchten, dass bei der Formulierung übergreifender Erziehungsziele, die auch Grobziele genannt werden, wichtige Details, wie sie in den oben genannten Feinzielen beschrieben sind, verloren gehen und entsprechend auch die davon abgeleiteten Handlungsziele für die Qualitätsentwicklung der Kindertagesstätte wenig Gewinn bringen.

Die Gefahr einer solchen Nivellierung ist allerdings gering, wenn im weiteren Verfahren bei der Entwicklung von Handlungszielen nach Merkmalen gefragt wird, die einen Menschen kennzeichnen, der über eine bestimmte Kompetenz oder Haltung verfügt. Wird diese Frage sorgfältig und unter Einbeziehung der im Team versammelten Lebenserfahrung beantwortet, fächern sich die im Grobziel enthaltenen Verhaltensalternativen wieder auf.

Das hier vorgestellte, leicht modifizierte Vorgehen schließt selbstverständlich nicht aus, dass Teams weiterhin alle Erziehungsziele möglichst präzise formulieren.

Wie die normativen Vorgaben einbezogen werden

Nicht zuletzt sind die Erzieherinnen in ihrer Tätigkeit auch den gesetzlichen Vorgaben und der Rahmenkonzeption des Trägers verpflichtet. Entsprechend müssen sich die dort benannten Erziehungsziele unter denen der Kindertagestätte wiederfinden und im pädagogischen Handeln berücksichtigt werden. Es geht in diesem abschließenden Arbeitsschritt also darum, die bislang im Team und mit den Eltern zusammengetragenen persönlichen und gesellschaftlichen Erwartungen auf der Folie der normativen Vorgaben gegen den Strich zu bürsten und gegebenenfalls zu ergänzen. Im Rahmen dieses Arbeitsschrittes wird auch sichergestellt, dass alle im jeweiligen Landesplan zur Bildung- und Erziehung in Kindertageseinrichtungen genannten Ziele und Bildungsbereiche in den Erziehungszielen der Kindertagesstätte zu finden sind. Das Vorgehen ist dem im vorangegangenen Schritt vergleichbar (vgl. Arbeitsblatt 8 auf der beiliegenden CD).

Für gewöhnlich kann ein Team diesen Arbeitsgang in relativ kurzer Zeit abschließen. Eine Auswahl von Zielen ist nicht zu treffen, da alle Vorgaben für die Erzieherinnen verbindlich sind und ein Team, das den Diskurs über die persönlichen und gesellschaftlichen Ziele ernsthaft geführt hat, sich mit den meisten Inhalten bereits auseinandergesetzt haben wird. Es geht also in der Hauptsache darum, sicherzustellen, dass alle normativen Vorgaben in den Erziehungszielen der Kita berücksichtigt werden. Mit diesem Schritt ist der Prozess abgeschlossen.

> ▼
> Es liegen nun Erziehungsziele vor, die von allen Erzieherinnen reflektiert wurden und authentisch vertreten werden können, an deren Zustandekommen die Eltern beteiligt waren und die somit auch von den Müttern und Vätern mitgetragen werden. Diese Erziehungsziele sind verbindlich für die pädagogische Arbeit in der Kindertageseinrichtung und behalten für einen festgelegten Zeitraum, nach dem sie überprüft und gegebenenfalls verändert werden sollten, ihre Gültigkeit.

5. Erziehungsziele strukturieren – ein Vorschlag

Vor dem Einstieg in die Operationalisierung der Erziehungsziele stellt sich für viele Teams die Frage, in welcher Reihenfolge sie vorgehen sollen. Für welche Erziehungsziele sollten als erstes Handlungsziele erarbeitet werden?

Es erleichtert die Entscheidung, wenn bei den formulierten Zielen zunächst unterschieden wird zwischen:

- A: persönlichen Erziehungszielen der Erzieherinnen

  In dieser Gruppe werden alle persönlichen Erziehungsziele zusammengefasst, von allen Erzieherinnen und der Leitung des Hauses jeweils mindestens eines.

- B: Erziehungszielen, deren Inhalte von zentraler, übergeordneter Bedeutung sind und die deshalb täglich in der Interaktion mit allen Kindern gelebt werden. Diese Ziele sollten von allen Kindern erreicht werden.

  Dazu können Erziehungsziele gehören, die sich mit Grundlagen für das demokratische Miteinander, dem Sich-Einbringen in eine Gemeinschaft und lebenslangem Lernen befassen, zum Beispiel:
  - anderen Menschen Wertschätzung und Anerkennung entgegenbringen, Selbstvertrauen besitzen, Selbstbewusstsein haben, sich als Mitglied einer Gemeinschaft begreifen, sich an Entscheidungsprozessen beteiligen;
  - sich ausdrücken können, sich mit anderen Menschen verständigen können und weitere Ziele im Bereich der Sprachkompetenz.

- C: Erziehungszielen, die ebenfalls wichtig, aber nicht von übergeordneter Bedeutung sind. Sie sind in den Räumen und in der Interaktion präsent, so dass jedes Kind die Chance hat, ein Interesse für die darin enthaltenen Kompetenzen oder Haltungen zu entwickeln und/oder bereits vorhandene Kompetenzen zu vertiefen. Es wird aber nicht erwartet, dass alle Kinder diese Ziele auf hohem Niveau erreichen.

  Hierzu gehören zum Beispiel alle Erziehungsziele, die sich mit Sachkompetenzen befassen. Nicht jedes Kind muss zum Beispiel Chemiker oder Musiker werden, aber jedes Kind sollte die Chance haben, das zu erreichen. Das schließt aber nicht aus, dass Kindertageseinrichtungen auch Ziele dieser Art in ihre übergeordneten Ziele aufnehmen und damit ihrer Arbeit ein besonderes Profil geben.

Der Philosophie des *infans*-Konzepts folgend, schlagen wir vor, mit den persönlichen Zielen des Teams zu beginnen, in denen die primären pädagogischen Interessen von Mitarbeiterinnen und Leitung gebündelt sind.

Im nächsten Schritt werden für die Erziehungsziele, die von übergeordneter Bedeutung sind und deshalb täglich mit den Kindern gelebt werden sollen, Handlungsziele erarbeitet.

Abschließend werden alle Erziehungsziele operationalisiert, die in Gruppe C zusammengefasst sind. In welcher Reihenfolge das geschieht, wird jedes Team in Orientierung an seinem Konzept und den pädagogischen Schwerpunkten entscheiden.

Die persönlichen Erziehungsziele und die Ziele mit übergeordneter Bedeutung werden vom Gesamtteam weiter bearbeitet. Die Ziele, die Sachkompetenzen beschreiben, können in einem großen Team auch in Teilgruppen ausgearbeitet werden, in denen sich die Erzieherinnen zusammenfinden, die sich für das entsprechende Gebiet interessieren oder die über spezifische Fachkenntnisse verfügen (siehe Arbeitsblatt 9 auf der beiliegenden CD).

6. Die Erarbeitung von Handlungszielen

Bis zu diesem Punkt haben die Erzieherinnen in den Erziehungszielen formuliert, was sie mit dem eigenen pädagogischen Handeln bewirken wollen. Noch nicht beschrieben ist, was sie konkret tun wollen, damit jedes Kind die Chance hat, sich bestimmte Kompetenzen und Haltungen anzueignen. Es gilt also, von den Erziehungszielen zur Ebene des konkreten pädagogischen Tuns zu kommen und als Orientierung für die tägliche pädagogische Praxis Handlungsziele zu entwickeln.

Mit der Entwicklung von Handlungszielen wechseln die Erzieherinnen zugleich vom Kind zur Erzieherin als dem Subjekt ihrer Überlegungen. Enthalten die Erziehungsziele Vorstellungen und Wünsche der Erwachsenen, was aus dem Kind einmal werden soll, werden in den Handlungszielen Erwartungen formuliert, die die Erzieherinnen selbst und ihr konkretes Handeln betreffen. Zur Vorbereitung der Erarbeitung von Handlungszielen im Team kann das Arbeitsblatt 10 auf der beiliegenden CD dienen.

Das Verfahren zur Erarbeitung von Handlungszielen

Im *infans*-Konzept führen vier Schritte von den Erziehungszielen zu den Handlungszielen. Nun zeigen die Rückmeldungen aus der Praxis, dass die Entwicklung der Handlungsziele als zeitintensiv und aufwendig erlebt wird. Gelegentlich folgt daraus, dass dieser Arbeitsschritt nicht die nötige Aufmerksamkeit erfährt und einige Teams über lange Zeit mit nur wenigen Handlungszielen arbeiten. Damit fehlt zugleich eine breite und qualifizierte Basis zur Erarbeitung Individueller Curricula für die Kinder der Kindertagesstätte. Aus diesem Grund wurde inzwischen neben dem bisherigen Verfahren eine zweite Variante des Vorgehens entwickelt, die sich insbesondere an Einsteigerinnen in die Arbeit mit dem *infans*-Konzept richtet.

In beiden Versionen wird zunächst im ersten und zweiten Schritt konkretisiert, was unter dem jeweiligen Erziehungsziel verstanden werden soll. Ebenso wie beim Einstieg in die Entwicklung der Erziehungsziele werden dabei die Lebenserfahrungen der einzelnen Teammitglieder genutzt. Im dritten Schritt wird möglichst genau beschrieben, was die Erzieherinnen sich vornehmen zu tun. Im vierten Schritt wird dann geklärt, ob wissenschaftliche Kenntnisse vorliegen, die es bei den Handlungszielen zu berücksichtigen gilt.

Die nachfolgend beschriebenen Vorgehensweisen beziehen also sowohl die Fach-

kompetenz der Erzieherinnen als auch ihre persönlichen Erfahrungen ein. Wir haben dazu Fragen formuliert, die einen systematischen Zugang zu den Ressourcen des Teams ermöglichen und einen Weg zur Handlungsebene öffnen können.

Variante I: Der 1. Schritt

Stellen wir uns vor, in einem Team wurde das folgende persönliche Erziehungsziel formuliert: Der erwachsene Mensch, der das Kind einmal sein wird, tritt des Öfteren vor einem Publikum auf.

Im ersten Schritt wird nun konkretisiert, wodurch sich ein Mensch erkennbar auszeichnet, der des Öfteren vor einem Publikum auftritt. Beantwortet wird die folgende Zugangsfrage:

?

1. Woran merke ich/habe ich (in der Vergangenheit) gemerkt, dass ein Erwachsener des Öfteren vor einem Publikum auftritt?

Die Hervorhebungen verweisen auf zwei Regeln, die beim Beantworten dieser Frage beachtet werden sollten:

1. Jede Erzieherin beantwortet die Frage ausschließlich vor dem Hintergrund der eigenen Erfahrungen, die sie im direkten Umgang mit Menschen oder Dingen gesammelt hat (Primärerfahrungen) oder die Bücher, Filme und andere Medien ihr vermittelt haben (Sekundärerfahrungen).
2. Sie beschreibt Merkmale, die zu sehen, zu erkennen, also zu merken sind.

Bei der Beantwortung ist es wichtig, sich (noch) nicht auf die Ebene der Kinder zu begeben, sondern die gesamte berufliche und private Erfahrung zu nutzen, die eine Erzieherin in ihrem bisherigen Erwachsenenleben bezogen auf die Fähigkeit, vor einem Publikum aufzutreten, gesammelt hat. Es wird also gerade nicht unter dem (manchmal eingeschränkten und einschränkenden) pädagogischen Blick geantwortet, sondern zusammengetragen, an welchen Merkmalen die einzelnen Fachkräfte festmachen, dass ein erwachsener Mensch über eine bestimmte Kompetenz oder Haltung verfügt.

Da das Erziehungsziel »Der erwachsene Mensch, der das Kind einmal sein wird, tritt des Öfteren vor einem Publikum auf« selbst als Merkmal zum Beispiel des übergeordneten Ziels »Sprachkompetenz« genannt werden könnte, also ein gewünschtes Handeln bereits detailliert beschreibt, werden bei der weiteren Ausdifferenzierung wahrscheinlich eher wenige Merkmale zusammenkommen. Denkbar wären Merkmale wie:

• Er geht während einer Tagung ans Mikrofon und stellt den Referenten Fragen.
• Er hält während einer Geburtstags- oder Trauerfeier eine Rede.
• Er spricht laut und deutlich.

Die Runde wird dann beendet, wenn keine neuen Merkmale mehr genannt werden. Kann eine Kollegin bei einem bestimmten Erziehungsziel nicht auf eigene (primäre oder sekundäre) Erfahrungen zurückgreifen, beteiligt sie sich an diesem ersten Arbeitsschritt nicht.
   Bei den gesellschaftlichen Zielen und normativen Vorgaben dürfte das selten vorkommen. Aber bei einem persönlichen Erziehungsziel wie zum Beispiel »Das Kind übt als erwachsener Mensch eine Extremsportart aus« können sich wahrscheinlich eher wenige Kolleginnen einbringen. Grundsätzlich gilt, dass bei Erziehungszielen, die auf einem mittleren Abstraktionsniveau formuliert sind, zum Beispiel »Der erwachsene Mensch bewegt sich sicher«, mehr Merkmale benannt werden können und sollten, um eine differenzierte Basis für die Weiterarbeit zu schaffen, als bei Zielen, die bereits sehr detailliert beschriebene Fähigkeiten enthalten.

In der Regel werden durch die Vielfalt der individuellen Zugänge viele verschiedene Verhaltensmerkmale zusammengetragen, die einen Menschen kennzeichnen, der über eine bestimmte Kompetenz verfügt. Dadurch wird erfahrungsgemäß ein sehr komplexes Bild eines Menschen gezeichnet, der – in unserem Fall – des Öfteren vor einem Publikum auftritt. Das Erziehungsziel wird damit konkretisiert.

Sehr kleine Teams haben bei diesem Arbeitsschritt einen Nachteil, da naturgemäß eine kleinere Anzahl von Merkmalen zusammenkommt. Eine Lösung kann hier die Vernetzung mit anderen kleinen Kindertagesstätten eines Trägers und das gemeinsame Erarbeiten der Handlungsziele sein. Bei großen Teams von 16 und mehr Mitarbeiterinnen wiederum bietet es sich an, die ersten beiden Schritte zum Handlungsziel in zwei Untergruppen zu erarbeiten. Kleiner sollten die Arbeitsgruppen nicht sein, würde doch sonst der Vorteil eines großen Teams der Zeitökonomie geopfert.

Alle Merkmale werden so, wie sie genannt wurden, auf ein Flipchart geschrieben und nicht bewertet oder auf ihre Sinnhaftigkeit hin diskutiert. Zweck des Verfahrens ist es, eine Vielfalt von Merkmalen zusammenzutragen und nicht durch Harmonisierungstendenzen oder den Ausschluss ungewöhnlicher Beiträge dafür zu sorgen, dass ein Erziehungsziel nur eingeengt konkretisiert wird. Auch hier gilt wieder: Die persönlichen Erfahrungen und unterschiedlichen Zugänge sind Ressourcen, die den Arbeitsprozess voranbringen.

Variante I: Der 2. Schritt

Nachdem geklärt ist, was unter dem Erziehungsziel zu verstehen ist, wird im zweiten Schritt eine Brücke zu den Handlungszielen gebaut und die Frage beantwortet:

> **?**
>
> 2. Was muss/musste an äußeren Bedingungen gegeben sein, damit ich selbst als erwachsener Mensch die (unter 1. aufgelisteten) einzelnen Merkmale eines Erwachsenen, der des Öfteren vor einem Publikum auftritt, zeigen beziehungsweise (weiter-)entwickeln kann?

Zusammengetragen werden nun die Bedingungen, die für die einzelnen Teammitglieder Voraussetzung sind, die unter 1. aufgelisteten Merkmale erwerben oder zeigen zu können.

Unter dem Gesichtspunkt lebensgeschichtlicher Erfahrungen gibt es ebenso wie bei der Formulierung persönlicher Erziehungsziele keine »richtige« oder »falsche« Sichtweise. Im Gegenteil: Es ist von Vorteil, wenn die unterschiedlichen Menschen im Team auch sehr unterschiedliche Bedingungen nennen, die dann Vorlage für die Entwicklung von Handlungszielen sind. Damit steigt die Wahrscheinlichkeit, dass die Erzieherinnen in ihrem Tun den Unterschiedlichkeiten der Jungen und Mädchen entsprechen. Selbstverständlich muss aber auch hier, wie bei den vorangegangenen Schritten, gewährleistet sein, dass die Fragen nach den eigenen Erfahrungen ernsthaft und authentisch beantwortet werden.

Variante I: Der 3. Schritt

Das Ergebnis des zweiten Arbeitsschrittes bildet die Basis für den Übergang zu den Handlungszielen. Auf der Grundlage der von den Erwachsenen für wichtig gehaltenen äußeren Bedingungen, unter denen sie selbst bestimmte Merkmale zeigen können, wird die dritte Zugangsfrage beantwortet:

> 3. Was müssen wir als Erzieher/innen tun, damit die Kinder in unserer Kindertagesstätte die (unter 2. genannten) Bedingungen vorfinden, die wir selbst brauchen, um die (unter 1.) genannten Merkmale zeigen beziehungsweise entwickeln zu können?

Punkt für Punkt werden nun die unter der zweiten Frage aufgeführten eigenen Erfahrungen der verschiedenen Teamkolleginnen in den Blick genommen und auf die Kindertagesstätte übertragen. Gefragt wird, wie die Erzieherinnen in der Kindertagesstätte für die Kinder die Bedingungen herstellen können, die sie selbst benötigen, um das Merkmal, um das es gerade geht, zeigen oder entwickeln zu können.

Die Herausforderung in diesem Schritt liegt darin, jede genannte Bedingung, die man nach den eigenen Erfahrungen als Erwachsener braucht, als Vorlage für das eigene Handeln in der Kindertagesstätte ernst zu nehmen.

Grundlage des von uns vorgeschlagenen Vorgehens ist die Annahme, dass die unterschiedlichen Persönlichkeiten in einem Team auf der Erwachsenenebene die Vielfalt an Temperamenten, Ausdrucksformen und Aneignungsformen repräsentieren, die auch in der Kindergruppe gegeben ist.

Wenn zum Beispiel in einem Team als Bedingung, um über die eigenen Gefühle sprechen zu können, genannt wird: »Ich brauche eine kleine Gruppe von Menschen, die ich kenne«, dann ist zu überlegen, wie mit den einzelnen Kindern in der Kindertagesstätte eine entsprechende soziale Umgebung geschaffen werden kann, wenn nicht sofort, dann mittelfristig.

Nicht legitim wäre es, mit Blick auf eine Stammgruppe von 25 Kindern und beengte Räumlichkeiten kurzerhand zu konstatieren, dass diese Bedingung in der eigenen Kindertagesstätte nicht geschaffen werden kann. Würde man doch damit den Kindern die Bedingungen, die man selbst braucht, nicht zugestehen.

Andererseits nennen Erwachsene manchmal auch Bedingungen, die nicht direkt auf die Kinderebene übertragen werden können. Würde in einem Arbeitskreis jemand auf die Frage »Was müsste für mich an äußeren Bedingungen gegeben sein, damit ich mich entspannen kann?« zum Beispiel antworten: »Ein Glas guten Cognacs«, dann ist diese Bedingung selbstverständlich nicht pädagogisch umsetzbar, da der Einsatz von Suchtmitteln nicht legitimierbar ist. In solchen Fällen bedarf es der Transformation auf für Kinder angemessene Gegebenheiten.

Es wird zunächst nachgefragt und reflektiert, wie der Kontext dieser Entspannungssituation aussieht. Von da ausgehend wird überlegt, wie in der Kindertagesstätte Rituale geschaffen werden können, die für die Kinder vergleichbar entspannende Gegebenheiten schaffen.

Am Ende kann die Absicht stehen, einen ansprechenden Ort zu schaffen, an dem die Erzieherinnen mit den Kindern in angenehmer Atmosphäre Tee trinken und Gespräche führen können. Detaillierte Handlungsziele beschreiben im nächsten Schritt, was konkret zu tun ist, zum Beispiel schöne Teegläser und Sitzkissen beschaffen.

Teams, die auch Kinder unter drei und über sechs Jahren betreuen und erziehen, werden den verschiedenen Altersgruppen gerecht, indem sie prüfen, ob ihre Handlungsziele für alle Altersgruppen gleichermaßen Gültigkeit haben, was beispielsweise für das Handlungsziel gilt »Wir begrüßen jedes Kind, wenn es am Morgen in die Kita kommt«. Ist dies nicht der Fall, werden für die Gruppe der jüngeren und der älteren Kinder jeweils Handlungsziele formuliert, die ihren jeweiligen Bedürfnissen entsprechen.

Bei der Formulierung der Handlungsziele ist von allen Beteiligten eine hohe Genauigkeit gefordert. Die Erfahrungen aus dem Projektverbund »Bildung in der Kindertageseinrichtung« zeigen, dass unpräzise Aufzeichnungen, die sich zum Beispiel auf Stichpunkte oder Spiegelstrichlisten beschränken, die Weiterarbeit stark behindern können. Es sollte deshalb bei jeder Formulierung kontrolliert werden, ob sie so präzise ausfällt, dass Zielvereinbarungen getroffen werden können und der Erfolg geprüft werden kann.

Die notwendige Überprüfbarkeit der Handlungsziele macht deutlich, dass die Erarbeitung von Vereinbarungen über das künftige Handeln an die Grundsätze der eigenen Pädagogik rührt. Es gilt, individuell bedeutsame Erfahrungen ernst zu nehmen und in geeigneter Weise auf den Umgang mit den Kindern zu übertragen – auch dann, wenn zunächst strukturelle Gegebenheiten oder fachliche Grenzen der Umsetzung im Weg zu stehen scheinen. Die einzelnen Erzieherinnen müssen Stellung beziehen und für die Umsetzung ihrer Ziele Verantwortung übernehmen (siehe Arbeitsblatt 10 und 11 auf der beiliegenden CD).

Unterscheiden zwischen Status quo und dem, was in Zukunft erreicht werden soll ▼

Grundsätzlich sind die in den Zielen formulierten Handlungen in die Zukunft gerichtet. Es geht also um Verhaltensweisen, die sich von den gegenwärtigen unterscheiden und die Qualität der pädagogischen Arbeit anheben.

Neben diesen tatsächlichen Handlungszielen können aber auch in der Kindertagesstätte bereits praktizierte Vorgehensweisen den Bedingungen entsprechen, die von den Erzieherinnen als nötige Voraussetzung genannt wurden, um eine bestimmte Verhaltensweise zu zeigen. Auch diese Handlungsweisen können dokumentiert werden, sollten dann aber deutlich von den Handlungszielen zu unterscheiden sein, indem sie zum Beispiel in einer anderen Farbe geschrieben oder markiert werden.

Auch Handlungsziele werden früher oder später realisiert sein und damit zu erreichten Zielen. Im Rahmen der jährlichen Überprüfung der Erziehungs- und Handlungsziele werden dann auch die erreichten Handlungsziele entsprechend gekennzeichnet.

Für die Erarbeitung eines Individuellen Curriculums werden sowohl die noch zu erreichenden als auch die bereits realisierten Handlungsziele herangezogen. Die noch zu erreichenden Handlungsziele werden gegebenenfalls also im Kontext der Umsetzung eines Individuellen Curriculums realisiert.

Variante I: Der 4. Schritt

Auch wenn die Wissenschaft die Zusammenhänge zwischen dem Gewordensein eines erwachsenen Menschen und den Bedingungen seines Aufwachsens noch nicht annähernd (vollständig) beschreiben kann, so liegt doch in einzelnen Teilbereichen der menschlichen Entwicklung und Sozialisation Wissen vor, dessen sich die Pädagogik bedienen kann und das auch für Erzieherinnen handlungsleitend sein sollte. Im letzten Schritt geht es deshalb darum, dieses Wissen, soweit es zugänglich ist, in die Handlungsziele zu integrieren.

Hilfreich und unterstützend sind eine gute Fachbibliothek in der Kindertagesstätte und Kolleginnen, die sich in ihrer Ausbildung oder in Weiterbildungen entsprechende Kenntnisse angeeignet oder die gelernt haben, auch wissenschaftliche Literatur zu nutzen und zu interpretieren.

Festzustellen ist aber auch, dass es hier an übersichtlichen und nutzerfreundlichen Zusammenfassungen fehlt. Diese für die einzelnen Bildungsbereiche zu erstellen stellt sich als Aufgabe auch für Transferinstitute.

Variante II

Werden Handlungsziele nach der vorab beschriebenen Variante I erarbeitet, ergibt sich in der Regel ein vollständigeres und differenzierteres Bild der im Erziehungsziel benannten Kompetenz oder Haltung als in der nachfolgend beschriebenen Variante II. Zugleich wird das bisherige Vorgehen aber gelegentlich als mühsam erlebt, und insbesondere Anfängerinnen lassen sich leicht entmutigen. Deshalb schlagen wir Neueinsteigerinnen ein verkürztes Verfahren vor, bei dem die Erzieherinnen sich im zweiten Schritt an ihren Interessen orientieren können und nicht alle Merkmale weiter bearbeiten.

Zunächst werden auch bei Variante II Erziehungsziele formuliert wie oben beschrieben, und eine entsprechende Zuordnung der Ziele zu den Gruppen A, B und C wird vorgenommen.

Ebenso werden, bezogen auf jeweils ein Erziehungsziel, Merkmale gesammelt, durch die im Erziehungsziel angesprochene Haltungen oder Kompetenzen für andere Menschen erkennbar werden. Dazu wird, ebenso wie in Variante I, die Frage beantwortet:

? 1. Woran merke ich/habe ich (in der Vergangenheit) gemerkt, dass ein Erwachsener über die im Erziehungsziel genannte Haltung oder Kompetenz verfügt?

Im nächsten Schritt wählen die Erzieherinnen aus den genannten Merkmalen diejenigen aus, zu denen ihnen Situationen oder Anlässe einfallen, in oder an denen sie selbst Interesse hätten, dieses Merkmal zu zeigen oder zu entwickeln.

Das heißt, nicht alle Merkmale werden weiter bearbeitet, sondern nur diejenigen, die das Interesse der Erzieherinnen wecken. Die Frage lautet also:

? 2. Welcher Anlass/welche Situation könnte mein Interesse wecken, eines der unter 1. genannten Merkmale zu zeigen oder zu entwickeln? Welche Situation kann ich mir vorstellen, in der ich mir wünschen würde, ein unter 1. genanntes Merkmal zeigen zu können?

Nun wird die Situation oder der Anlass, die/der das Interesse der Erzieherin wecken würde, möglichst genau und vielleicht verbunden mit einer kleinen Geschichte beschrieben und dokumentiert.

Im nächsten Schritt wird dann gefragt, wie in der Kindertagesstätte vergleichbare Situationen oder Anlässe geschaffen werden können:

3. Was müssen wir als Erzieher/innen tun, damit die Kinder in unserer Kindertagesstätte einen vergleichbaren Anlass/eine vergleichbare Situation erleben, der/die ihr Interesse weckt, die genannten Merkmale zu zeigen beziehungsweise (weiter) zu entwickeln? **?**

»Interesse wecken« ist dabei nicht zu verwechseln mit kurzfristigem »Motivieren«, zum Beispiel im Rahmen eines Angebots, bei dem die Kinder zwar veranlasst werden, mitzutun, aber für sich keine intrinsisch motivierten Interessen entwickeln können.

Variante II des Verfahrens führt zu einer begrenzten Auswahl von Situationen, die für die Entwicklung eines der Merkmale, durch die die Erziehungsziele repräsentiert werden, förderlich ist. Das ist zugleich der Vorteil dieser Variante: Sie führt wesentlich schneller zu Ergebnissen als Variante I.[14]

Zugleich wird der Zeitaufwand drastisch reduziert, da für jedes Merkmal frei gewählt werden kann, ob und – wenn ja – wie viele Situationen, die für das Merkmal förderlich wären, herangezogen werden.[15]

Wenn Sie in der Erarbeitung von Handlungszielen bereits geübt sind, können Sie auch, je nach Merkmal, also nach Beantwortung der 1. Frage des Verfahrens, entscheiden, welche Variante Sie anwenden, um zu detaillierten Handlungszielen zu kommen (siehe Arbeitsblatt 12 auf der beiliegenden CD).

Vereinbarungen treffen oder Wer tut was bis wann?

Mit der Formulierung von Handlungszielen allein ist es nicht getan. Sie müssen als Vorgabe ernst genommen und realisiert werden. Abschließend wird deshalb in beiden Varianten des Verfahrens verabredet, wer für die Umsetzung der einzelnen Handlungsziele verantwortlich ist und wann überprüft wird, ob das Ziel oder Zwischenschritte auf dem Weg dorthin erreicht wurden.

---

14 In Variante I muss für jedes genannte Merkmal eine Reihe von äußeren Bedingungen genannt werden, so dass beispielsweise bei zehn Merkmalen und je sieben äußeren Bedingungen ein Katalog von 70 Handlungszielen resultieren würde.

15 Wenn zum Beispiel aus zehn Merkmalen, die ein Erziehungsziel repräsentieren, sieben ausgewählt werden, zu denen den Erzieherinnen jeweils zwei Situationen einfallen, in denen sie Interesse hätten, das Merkmal zu zeigen, blieben 14 Möglichkeiten, um Handlungsziele auszuarbeiten, also deutlich weniger als die 70 in Variante I.

Es lässt sich nicht pauschal festlegen, sondern richtet sich nach der zu bewältigenden Aufgabe, wann eine solche Überprüfung angemessen ist. Es empfiehlt sich jedoch, solche Zwischenüberprüfungen nicht in allzu weite Ferne zu legen. So bleibt das Ziel im Blick und der Prozess für alle transparent und lebendig (vgl. Ziesche/Gebauer-Jorzick 2002).

Mögliche Stolpersteine bei der Formulierung von Handlungszielen

Die Erarbeitung der Handlungsschritte fällt nicht immer leicht. Nicht selten wird zunächst in die Handlungsziele hineingeschrieben, was in der Kita bereits gängige Praxis ist. Es gelingt dann nicht, Ziele zu formulieren, die (möglicherweise) von der bisherigen Pädagogik weit entfernt sind. Zwar fühlen sich Kita-Teams bei einem solchen Vorgehen zunächst sehr bestätigt und anerkannt in ihrem bisherigen Tun, aber die Erfahrung zeigt, dass im fortschreitenden Prozess häufig Unzufriedenheit oder gar Langeweile aufkommt.

Offensichtlich ist es ungewohnt, begründbare Visionen zu entwickeln und über das, was ist, hinauszublicken. Auch Schwierigkeiten, die befürchtet werden und die eine Umsetzung unmöglich erscheinen lassen, können bereits beim Aufscheinen einer Idee das Aussprechen verhindern.

Unsicherheiten werden regelmäßig ausgelöst, wenn ein Team sich auf neue Vorgehensweisen verständigt. Auch die Sorge, ein in der Vergangenheit erarbeitetes und erfolgreiches Konzept und damit einen Teil der beruflichen Identität zugunsten neuer Ziele und eines neuen Vorgehens aufgeben zu müssen, kann das offene Nachdenken über Erziehungs- und Handlungsziele behindern.

Vor diesem Hintergrund ist es sinnvoll, sich im Team zu vergewissern, ob die bisherige Praxis – bezogen auf die aktuellen Erziehungs- und Handlungsziele – bereits tragfähig ist. Keine Erzieherin und kein Team fangen beim Punkt Null an. Deshalb sollte deutlich sichtbar gemacht und einbezogen werden, was sich als gute Basis für das Lernen und die Bildung der Kinder bereits bewährt hat und worauf aufgebaut werden kann. Dadurch wird eine Verortung des Neuen in einer bereits (zumindest teilweise) tragfähigen Praxis möglich. Dieser Prozess ist als eigener Schritt auch in der Ist-Analyse eingeplant, die als Teil der Qualitätsentwicklung und des Controllings in Modul 5 beschrieben wird.

7. Die Dokumentation der Erziehungs- und Handlungsziele

Bereits zu Beginn der Entwicklung von Erziehungszielen wird ein Ordner für die Dokumentation des Teamprozesses und seiner Ergebnisse angelegt. Nach jedem Entwicklungsschritt werden die auf Moderationskärtchen und Wandzeitungen festgehaltenen Erziehungsziele abgetippt, ausgedruckt und im Erziehungszielordner abgeheftet.

In der Dokumentation der persönlichen Erziehungsziele werden zum besseren Verständnis in kurzen Geschichten auch die biografischen Hintergründe der Ziele festgehalten. Für die Ziele der Eltern, die gesellschaftlichen Ziele und die normativen Vorgaben wird je eine eigene Rubrik angelegt, ebenso für die abschließenden Erziehungsziele der Kindertagesstätte.

Auch der Teamprozess von den Erziehungszielen zu den Handlungszielen wird dokumentiert. Wenn eine Aktualisierung oder Anpassung der Handlungsziele notwendig wird, kann so auf die Zwischenergebnisse des zweiten Schrittes zurückgegriffen werden, und von dort aus können Handlungsziele auf höherem Niveau entwickelt werden.

In großen Teams macht es Sinn, zumindest die Ergebnisse des Prozesses, also die Erziehungs- und Handlungsziele, zu kopieren, so dass sie in den verschiedenen Bereichen der Kindertagesstätte zur Verfügung stehen und allen Erzieherinnen ein schneller Zugang möglich ist.

Viele Teams unseres Projektverbundes präsentieren ihre Erziehungsziele und eine Auswahl von Handlungszielen darüber hinaus für die Eltern und Besucher auch im Eingangsbereich ihrer Häuser und machen so die Grundlagen ihres Handelns transparent.

Die Anstrengung lohnt sich

▼

Die dokumentierten Erziehungs- und Handlungsziele sind Arbeitsgrundlage für die Erzieherinnen und die Leitung. Sie enthalten Vereinbarungen, auf die sich alle in ihrer pädagogischen Planung und in ihrem Handeln stützen können. Im Dialog mit den Kindern bieten die Handlungsziele Orientierung. Für die Gestaltung der Räume und die Beschaffung von Material, die Beantwortung der Interessen und Themen der Kinder und die Entwicklung von Individuellen Curricula sind die vereinbarten Handlungsziele eine unverzichtbare Basis. Schon aus diesem Grund lohnt es sich für die Erzieherinnen einer Kindertagesstätte, Zeit und Energie in die Entwicklung von pädagogischen Zielen zu investieren.

Zugleich bietet die Erarbeitung eigener Erziehungs- und Handlungsziele für ein Team auch die Chance, sich im fachlichen Dialog zu üben und sich als lernende Organisation (weiter) zu entwickeln. In einer wertschätzenden Umgebung werden die einzelnen Mitarbeiterinnen ermuntert, ihre Potenziale einzubringen und zu neuem Denken beizutragen. Die wechselseitige Anerkennung der persönlichen Lebenserfahrungen und fachlichen Anliegen führt in einem gelingenden Teamprozess zu neuen gemeinsamen Erkenntnissen und gemeinsamen Visionen (vgl. Senge 1998; Wagner 2009).

8. Zur Geltungsdauer und zur Aktualisierung von Erziehungszielen

Kommt eine neue Kollegin in ein Team, bringt auch sie sich mit ihren pädagogischen Zielsetzungen ein. Zu Beginn ihrer Tätigkeit in der Kindertagesstätte reflektiert sie, welche Vorstellungen und Erwartungen ihr pädagogisches Handeln leiten, notiert ihre persönlichen Erziehungsziele und stellt sie den Kolleginnen in einer Teamsitzung vor. Mindestens eines ihrer Erziehungsziele wird zusammen mit ihrer persönlichen erläuternden Geschichte in den Erziehungszielordner der Kita eingefügt.

Das Team seinerseits gibt der neuen Mitarbeiterin einen Einblick in seine bestehenden Erziehungsvereinbarungen und Gelegenheit, sich mit den Zielen der Kindertagesstätte vertraut zu machen. Neben dem Gespräch im Team gibt der Erziehungszielordner, in dem der Entwicklungsprozess dokumentiert wird, der neuen Kollegin einen Überblick über die aktuellen Erziehungsziele der Kindertagesstätte und deren fachliche und persönliche Hintergründe.

Auch wenn eine Erzieherin mit ihren eigenen pädagogischen Absichten keine neuen Inhalte zu den bereits vorhandenen Erziehungszielen hinzufügt, ist der Austausch über ihre persönlichen Erziehungsziele ein wichtiger Schritt, der die inhaltliche und persönliche Integration in den neuen Arbeitszusammenhang unterstützt. Das Team zeigt, dass es sich für die pädagogischen Ziele der neuen Kollegin interessiert, für die erfolgreiche Umsetzung des Bildungs- und Erziehungsauftrags in der Kindertagesstätte die Ressourcen aller Erziehrinnen braucht und die Mitgestaltung durch das neue Teammitglied ausdrücklich wünscht.

Aktualisierung und Anpassung der Erziehungs- und Handlungsziele an neue Bedingungen

Ebenso wie die Konzeption einer Kindertagesstätte müssen auch die Erziehungsziele in bestimmten Abständen überprüft und modifiziert werden. Nach maximal zwei Jahren sollte im Team geklärt werden, ob die Erziehungs- und Handlungsziele den Erfordernissen der Kindertagesstätte noch entsprechen. Dazu dienen folgende Fragen:

?
- Ist das Spektrum der einzelnen Bildungsbereiche in den Erziehungs- und Handlungszielen enthalten?
- Sind die Handlungsziele differenziert genug formuliert?

Wie sich während der Erprobung des Konzepts zeigte, kommt es durchaus vor, dass die Handlungsziele den Interessen, Fähigkeiten, Themen und Stärken der Kinder nicht entsprechen. Bei der Entwicklung eines Individuellen Curriculums (Modul 3) werden dann unter den vorliegenden Handlungszielen keine den Kindern angemessene Herausforderungen gefunden, da die formulierten Handlungsziele unter dem anspruchsvollen Niveau der Kinder liegen.

Die Reaktion eines Kindes auf die Angebote und zugemuteten Themen der Erzieherinnen kann dann durchaus verhalten sein. Deshalb schlagen wir vor, nachdem ausreichend Erfahrungen mit den Zielen vorliegen auch zu fragen, ob die in den Handlungszielen formulierten Herausforderungen einem höchstmöglichen Niveau entsprechen oder die Mädchen und Jungen in ihren Kompetenzen unterschätzt wurden und die Handlungsziele der Erzieherinnen hinter den Möglichkeiten der Kinder zurückbleiben.

Zusammenfassende Darstellung des *infans*-Verfahrens zur Formulierung von Erziehungs- und Handlungszielen

1. Jede Erzieherin formuliert für sich Ziele, die sie persönlich für bedeutsam hält.

2. Die persönlichen Ziele werden im Team zusammengetragen, durch Geschichten oder Anekdoten, die sich damit verbinden, konkretisiert und auf ihre »Zukunftsfähigkeit« und »Legitimierbarkeit« hin geprüft.

3. Die persönlichen Ziele werden nach Bildungsbereichen sortiert.

4. Die Eltern der Kinder werden eingeladen, sich an der Entwicklung von Erziehungszielen zu beteiligen. Reichen die Ziele der Eltern über die des Teams hinaus, wird der Zielkatalog der Erzieherinnen erweitert, nachdem geprüft wurde, ob die Ziele legitimierbar und zukunftsfähig sind.

5. In weiteren parallelen Schritten werden die Ziele des Trägers, gesetzliche Vorgaben und Themen aus der öffentlichen Diskussion herangezogen, kritisch reflektiert und, falls sie einen bislang noch nicht berücksichtigten wichtigen Aspekt enthalten, eingefügt.

6. Die Ziele werden den Kategorien A, B und C zugeordnet.

7. Jedes Erziehungsziel wird anhand von vorgegebenen Fragestellungen (Variante I oder II folgend) konkretisiert, und Handlungsziele werden abgeleitet.

8. Abschließend werden Fachkenntnisse zum Beispiel aus der Pädagogik und Entwicklungspsychologie einbezogen, die Hinweise auf eine mögliche Förderung der Zielkompetenz enthalten.

9. Die Erziehungs- und Handlungsziele werden nach spätestens zwei Jahren überprüft und gegebenenfalls überarbeitet.

Modul 2:
Kindverhalten beobachten
und fachlich reflektieren

Die wahre Entdeckungsreise liegt nicht darin, neue Länder zu erkunden, sondern die Wirklichkeit mit neuen Augen zu sehen.

Marcel Proust[16]

16   Nach Hartkemeyer J./Hartkemeyer, M. 2005

In der öffentlichen Diskussion über Notwendigkeit und Richtung einer Reform der frühpädagogischen Praxis in Kindertageseinrichtungen stehen die Forderungen nach der Einführung von Verfahren der systematischen Beobachtung von Kindern und der Dokumentation im Zentrum aller Hoffnungen auf Veränderung. Dabei entsteht fast zwangsläufig der Eindruck, als ob Beobachtung und Dokumentation bereits Kennzeichen von guter Qualität der Bildungs- und Erziehungsarbeit in Kindertageseinrichtungen sein könnten.

In der Tat enthalten alle aktuellen Konzepte einer modernen Frühpädagogik beide Verfahren als unverzichtbare Methoden. In den »Bildungs- und Lerngeschichten« werden Beobachtungen über die Kinder aufgezeichnet, diskutiert und dokumentiert. Auf dieser Basis sind die Erzieherinnen aufgefordert zu entscheiden, was das Kind als nächstes braucht und welche Angebote sie ihm machen sollten (u. a. Leu et al. 2007).

Auch das Konzept der »Early Excellence Centres« kommt ohne Beobachtung und Dokumentation nicht aus, und die intensive Kooperation von pädagogischem Fachpersonal und Eltern wäre ohne diese Elemente nicht denkbar (Whalley 2001; Kater 2003). Nicht zuletzt dienen die beiden Verfahren auch den Pädagogen und Pädagoginnen in den städtischen Kindergärten und Krippen in Reggio Emilia als Grundlage für ihren Erkenntnisgewinn und die Weiterentwicklung ihrer Pädagogik.

Aber ebenso wenig wie das Vorhandensein von Antriebswellen und Lenkrad – beides zweifellos unverzichtbare Elemente eines Autos – bereits ein Urteil über die Qualität eines Fahrzeugs erlaubt, macht die Verwendung von Beobachtungs- und Dokumentationsverfahren für sich genommen schon eine gute Pädagogik. Ebenso wie Antriebswellen und Lenkrad ihren Sinn erst im Zusammenhang mit dem »System Auto« gewinnen, können die beiden Methoden erst durch ihre Einbindung in ein frühpädagogisches Konzept zu einer qualifizierten Pädagogik der frühen Jahre beitragen.

Wenn also über Fragen der Beobachtung und Dokumentation sinnvoll geredet werden soll, kann dies nur im Zusammenhang mit einer pädagogischen Konzeption geschehen, aus der beide Verfahren erst ihren Sinn gewinnen.

Was unter Beobachtung, Dokumentation und Interpretation zu verstehen ist[17]

Beobachtung und Dokumentation in der Bedeutung, die wir hier verhandeln, sind zielgerichtete, auf einen definierten Kontext bezogene Tätigkeiten beziehungsweise Verfahrensweisen im pädagogischen Handlungsfeld. Sie sind nicht Selbstzweck und ohne relativ genaue Vorstellungen darüber, welche Ziele damit erreicht werden sollen, eigentlich sinnlos.

Darüber hinaus haben wir es bei Beobachtungskonzepten grundsätzlich mit zwei sehr verschiedenen Formen zu tun, die sich aus unterschiedlichen Zielsetzungen ergeben: Zum einen die Beobachtung als Messinstrument, das heißt, über in aller Regel vorformulierte Fragen wird das beobachtbare Verhalten von Kindern auf die Übereinstimmung mit Normvorstellungen überprüft.

Im *infans*-Konzept benutzen wir auf diese Weise das Grenzsteininstrument von Michaelis und Haas (1994) als Frühwarnsystem für große Entwicklungsrückstände. Bis zu einem gewissen Grad folgt auch das Instrument »Bildungsbereiche/Zugangs-formen« dieser Logik.

Zum anderen kann Beobachtung der nicht-normativen Beschreibung von Verhalten dienen. Dazu gehören Verfahren, die zum Beispiel in der ethologischen Forschung benutzt werden oder auch allgemein in explorativen Forschungsvorhaben in den Sozialwissenschaften.

Das zentrale Instrument des *infans*-Konzepts – der Bogen »Bildungsinteressen/Bildungsthemen« – entspricht diesem Muster. Das Instrument dient gleichzeitig der Dokumentation der Beobachtung und enthält Verfahren zur Interpretation der festgehaltenen Texte.

Im *infans*-Konzept geht es dabei in einem ersten Schritt darum, eine Beschreibung des Verhaltens eines Kindes und den Kontext seines Handelns schriftlich festzuhalten. Dazu können sowohl die Alltagssprache oder auch – sofern vorhanden – fachlich definierte Begriffe benutzt werden. In einem zweiten Schritt wird der so entstandene Text mit dem allgemeinen Ziel analysiert, den Sinn der Handlungen des Kindes zu verstehen. Darüber hinaus soll herausgefunden werden, ob in den Handlungen des Kindes Interessen oder Themen zum Ausdruck kommen.

---

17 Wer sich mit dem Thema »Beobachtung in der Pädagogik« intensiver auseinandersetzen möchte, kann auf ein breites Spektrum von neuerer Literatur zurückgreifen. Wir schlagen unter anderem den Band von Viernickel/Völkel (2005) und für eine sehr differenzierte Beobachtungsweise die Publikation von Schäfer/Strätz (2005) vor.

Mit dem Begriff »Sinn« sind dabei zwei verschiedene Bedeutungen angesprochen. Erstens wird danach gefragt, was das Kind mit seinem Verhalten erreichen oder ausdrücken wollte (sein subjektiv gemeinter Sinn). In diesem Auswertungsschritt werden – soweit vorhanden – in aller Regel auch die Interessen des Kindes erfasst.

Zweitens kann das Verhalten des Kindes nach kulturellen Maßstäben interpretiert werden. Das meint – wenn man die Aufgabe vereinfacht darstellt –, dass gefragt wird, was das Verhalten des Kindes bedeuten würde, wenn ein Erwachsener das im Beobachtungstext beschriebene Verhalten zeigen würde. In dieser Auswertungsstufe wird zugleich auch nach einem Thema des Kindes gesucht, das hinter seinen Interessen stehen könnte.

Das zentrale Anliegen, das dem Einsatz von Beobachtungsverfahren im *infans*-Konzept zugrunde liegt, besteht also darin, den Sinn des Verhaltens jedes Kindes zu verstehen, seine Interessen und Themen zu identifizieren und damit einen Zugang zu seinen Bildungsprozessen zu gewinnen. Dem Instrument »Bildungsinteressen/Bildungsthemen« kommt dabei eine besondere Bedeutung zu.

Das Verstehen, von dem hier die Rede ist, ist dabei ein besonderes: Es geht nicht um ein selbstgenügsame Verstehen, das es dem Beobachter ermöglicht, sein Bild von einem Kind nur für sich selbst zu vervollständigen. Es geht vielmehr um ein diskursives Verstehen, das erstens nicht allein gewonnen werden kann und zweitens als mit den Kolleginnen in der Kindertagesstätte ko-konstruierter Sachverhalt auch nicht Privatsache der Beobachterin bleibt.

Im weiteren Verlauf dieses Kapitels wird klar werden, dass die vollständige Auswertung der Beobachtungen aus dem Instrument »Bildungsinteressen/Bildungsthemen« nicht von einer Erzieherin allein geleistet werden kann, sondern – vergleichbar mit der Erarbeitung von Erziehungszielen – eine kollegiale Zusammenarbeit im Team erfordert. Erst eine Bündelung der Fähigkeiten und Kenntnisse der Kolleginnen aus dem Team ermöglicht einen aussichtsreichen Zugang zu den Sinnstrukturen des Handelns der Kinder. Das stellt erhebliche Ansprüche an das Zeitmanagement in einer Einrichtung.

Aber die (dokumentierte und interpretierte) Beobachtung soll ja als Grundlage für das pädagogische Handeln in der Einrichtung dienen – einerseits für die pädagogisch inspirierte Interaktion zwischen Erzieherin und Kind, andererseits für die räumliche Gestaltung und materielle Ausstattung. Dieser Zusammenhang verweist zwar auf die Bedeutung und die Legitimation sowohl für die Beobachtung selbst und ihre Dokumentation als auch für ihre Interpretation. Aber geht das nicht auch einfacher?

Warum dieser Aufwand? Vom Nutzen, Erfahrung in Text zu verwandeln

Immer wieder stellt sich dieselbe Frage: Woher nehmen wir die Zeit? Wahrscheinlich ist es so, dass während der Arbeitszeitanalyse und der anschließenden Bewertung nicht gründlich genug vorgegangen wurde. Da sind immer diese kleinen Zeitkontingente, die unbedingt benötigt werden: für die Vorbereitung von Festen, das Basteln, Backen und Schmücken, die Aufführungen mit den Kindern, die Geschenke für die Eltern, die Laternen für den Umzug, die Muttertage, die Schulvorbereitungen, die Sprachprojekte... Da bleibt einfach nichts übrig. Oder doch zu wenig, um noch Interessen oder gar Themen der Kinder herausfinden zu können.

Das heißt aber nur, dass – insbesondere während der Übergangszeit – immer wieder einmal die Entscheidung ansteht, ob die Kita nun Bildungseinrichtung sein soll oder nicht. Was weiter oben über das Lernen der Kinder gesagt wurde, gilt auch für das pädagogische Fachpersonal: Die Kolleginnen müssen das wollen. Wenn nicht, dann geht's nicht, und die anfänglichen Schwierigkeiten werden nicht wirklich überwunden.
   Und die fehlende Zeit ist ja nicht die einzige Schwierigkeit. Schon die Beobachtung selbst ist nicht so einfach. Auch wenn man eigentlich die Zeit hätte, tut man lieber etwas anderes, als sich hinzusetzen und aufzuschreiben, was ein Kind tut. Es ist so mühsam.

Dagegen lässt sich nichts sagen. Beobachten ist mühsam, weil Erleben in Worte gefasst werden soll. Jeder Schriftsteller kennt das Problem. Das, was gesehen und gehört wird, muss in eine symbolische Form gebracht werden, Worte müssen gefunden werden, die repräsentieren können, was erfahren wurde. Eine Auswahl ist nötig, weil nicht alles auf diese Weise erfasst werden kann, nicht nur mengenmäßig.

Aber die größte Herausforderung ist es, das, was sinnlich erfahren wurde, mit Hilfe von Sprache zu formulieren. Das muss man sich als einen sehr komplexen Transferprozess vorstellen, der höchste Ansprüche an unsere kognitiven Fähigkeiten stellt.

Bloße Erfahrung gewinnt aber auf diese Weise eine neue Qualität: Sie wird mitteilbar, diskutierbar, wird dem Bewusstsein und dem Denken zugänglich, kann zusammen mit anderen Menschen bearbeitet werden, kann analysiert werden. Der Schriftsteller und Philosoph Peter Bieri schreibt: »Sprache gibt uns eine begriffliche Organisation von Erfahrung. Begriffe sind Prädikate, also Wörter in Aktion. Sie helfen uns, das Erfahrene zu klassifizieren. Anschauung ohne Begriffe und also ohne Sprache ist blind … Sprache gibt uns ein System von Kategorien, das gedankliches Licht auf die Dinge wirft.« Und weiter heißt es dort: »Was genau wir denken, wünschen und empfinden wissen wir erst, wenn es uns gelingt, die Inhalte des Geistes in Worte zu fassen.« (Bieri 2007)

Erfahrung wird auf diese Weise zum Ausgangsmaterial von pädagogischer Arbeit, die Ziele erreichen will. Der Weg von der Erfahrung zur Formulierung als Text ist unvermeidbar, jede Pädagogin, jeder Pädagoge muss ihn gehen.

Das verlangt zu Beginn Selbstdisziplin, Kraft, Nerven und ein unterstützendes Umfeld. Es verlangt Mut und Ausdauer. Wer durchhält, sich täglich übt, wird belohnt. Nach einigen Wochen wird die Last leichter, die eigenen Fähigkeiten, Beobachtungstexte zu verfassen, wachsen mit jedem Tag, die Vorteile des Vorgehens werden erkennbar und bieten Kompensation für die Mühen.

Beobachtung, Verstehen und Verständigung

Neben der Klarheit der Gedanken und des Empfindens durch die Formulierung dessen, was in der Beobachtungssituation erlebt wurde, geht es um Verständigung.

Es geht um die Verständigung zwischen Erwachsenen und Kindern, die – so behaupten wir – vorerst ohne diese Verfahren nicht erreicht werden kann.

Was meint Verständigung in diesem Zusammenhang? Und weshalb müssen so distanzierte Formen des sozialen Umgangs wie die Beobachtung und ihre Auswertung dazu verwendet werden? Wenn wir Erwachsene uns verständigen wollen, würde ein solches Vorgehen geradezu kontraproduktiv sein. Wollen wir uns verständigen, reden wir miteinander, wählen vielleicht eine geeignete Situation dafür aus, aber wir beobachten uns für gewöhnlich nicht.

Es sei hier vorangeschickt, dass (systematisch geführte und in der Regel aufgezeichnete) Gespräche bei älteren Kindern zunehmend die Beobachtung ersetzen werden. Spätestens bei Schulkindern werden die hier beschriebenen Verfahrensweisen angepasst werden müssen. Dazu gibt es bereits Vorschläge (Landeshauptstadt Stuttgart/Jugendamt 2008).

Bei jüngeren Kindern sind Unterschiede zu beachten, die unter anderem darin bestehen, dass uns Erwachsenen eine Vielfalt von Optionen zur Verfügung steht, wie wir andere Erwachsene »verstehen« und uns selbst verständlich machen können. Das gilt zumindest dann, wenn wir die gleiche Sprache sprechen und über ein gemeinsames Referenzsystem kultureller Bedeutungen verfügen. Dieses ermöglicht es uns, Gesten, Körperhaltungen, Kleidung, Sprachmelodie, Stimmmodulation, Blickkontaktverhalten, Situation, Gesprächsstruktur, Wortwahl und anderes bei der Interpretation dessen, was der andere Mensch sagt, zu verwenden.

Kinder beherrschen dieses komplexe Signalsystem nicht oder nicht in vollem Umfang, was sowohl für Kinder als auch für Erwachsene zu Verständigungsproblemen führen kann. Und wenn die Kinder sehr jung sind, steht ihnen nicht einmal eine differenzierte Sprache zur Verfügung. Darüber hinaus – schwerwiegender noch – müssen wir damit rechnen, dass die Kinder – je jünger sie sind, um so mehr – die Welt und sich selbst erheblich anders wahrnehmen und infolgedessen anders beschreiben, als wir Erwachsene das tun. Ihr Referenzsystem ist noch stark subjektiv strukturiert, hängt von ihren – noch sehr begrenzten – Erfahrungen ab und den Möglichkeiten der Verarbeitung, die sie zuvor entwickelt haben. Sie interpretieren die

Welt und sich selbst auf der Grundlage eines »mitlaufenden Weltmodells«, dessen Inhalt und Struktur zunehmend komplexer werden, sich aber doch erheblich von dem Weltmodell Erwachsener unterscheiden kann.

Nun hat das, was wir über die Konstruktion dieses »mitlaufenden Weltmodells« wissen, sehr viel mit den Zielen zu tun, die der Pädagogik als Aufgabe gestellt sind: Die Welt, in die ein Kind hineingeboren wird, ist immer eine kulturell gedeutete, und es geht in der Pädagogik ganz sicher darum, dem Kind das System von Weltdeutungen verfügbar zu machen, das für die Kultur, in die es hineingeboren ist, bestimmend ist.

Dies geschieht einerseits dadurch, dass sich das Kind selbst mit der ihm zugänglichen Welt aktiv auseinandersetzt und seine Erfahrungen mit ihr in die Konstruktion seines Weltmodells einfügt. Daraus resultiert unter anderem die Notwendigkeit einer bewussten und begründbaren räumlichen Gestaltung der Kindertageseinrichtung und ihrer Ausstattung.

Andererseits konstruiert es in der Interaktion mit anderen Kindern und mit Erwachsenen Welt- und Selbstdeutungen, die wir in unserer Konzeption mit den Begriffen »Interessen und Themen der Kinder« in Verbindung gesetzt haben.

Wenn diese Konstruktionen jedoch Aktivitäten des Kindes sind und wir ferner davon ausgehen, dass der Erwachsene seine bereits vorhandenen Weltdeutungen nicht in das Kind hineinfüllen kann wie Wasser in ein Fass, dann enthält die Aufgabe von Pädagogik, den Kindern die kulturell gedeutete Welt für ihre Konstruktionen verfügbar zu machen, ein Verständigungsproblem.

Nicht nur muss das Kind die Kommunikation des Erwachsenen verstehen, sie also mit Hilfe seines »mitlaufenden Weltmodells« interpretieren können, sondern auch der Erwachsene muss verstehen, was der subjektiv gemeinte Sinn des kindlichen Beitrags sein könnte, welches Thema es anspricht, um darauf sinnvoll antworten zu können. Erst wenn die Pädagogin das verstanden hat, kann sie dem Kind den kulturellen Bedeutungshorizont seines Beitrags als Erfahrung anbieten.

Die Verständigung, die zwischen Erwachsenen – trotz aller möglichen Missverständnisse, die es auch bei ihnen gibt – fast automatisch funktioniert, gerät im Gespräch mit Kindern zum Forschungsprojekt.

Die damit verbundenen Schwierigkeiten haben vielleicht dazu beigetragen, dass Kindern in der Vergangenheit überhaupt die Kompetenz zur sinnvollen Kommunikation abgesprochen wurde, weshalb Pädagogen das Recht zu haben glaubten, ohne Verletzung fachlicher Regeln Kindern gegenüber Monologe halten zu dürfen, die von vornherein nicht auf Antworten der Kinder angelegt waren. Allenfalls – das soll es heute noch geben – waren »richtige«, also erwachsenengerechte Antworten zulässig, die dem Monolog des Erwachsenen entnommen worden waren.

Nicht zuletzt wegen dieser Tradition in der Pädagogik, die für heutige Erwartungen unzureichende Ergebnisse hervorbringt, muss es als vordringliche Aufgabe angesehen

werden, die Rolle der Kinder als ernstzunehmende Partner im pädagogischen Prozess zu akzentuieren. Das kann nicht bloß durch den Ausdruck guten Willens geschehen, sondern insbesondere dadurch, dass die Forschungsfrage »Mit welchen Themen sind die Kinder befasst und wie formulieren sie sie?« in Kindertageseinrichtungen immer wieder aufs Neue beantwortet wird.

Das geht nicht ohne Forschungsarbeit, und das heißt: nicht ohne Beobachtung, nicht ohne Dokumentation und nicht ohne Interpretation. Der Beobachtung, der Interpretation des Beobachteten und seiner Dokumentation fiele damit die Aufgabe zu, Interessen und Themen der Kinder zu identifizieren, ihren subjektiven Sinn zu entschlüsseln und darauf sinnvolle pädagogische Interaktionen zu gründen.

Es ist nun so, dass allein schon dieser Drei-Schritt – Beobachtung, Dokumentation, Interpretation – eine massive Umstrukturierung der Arbeitsabläufe in allen Einrichtungen, die mit dem *infans*-Konzept arbeiten, notwendig gemacht hat. Damit sind nicht unerhebliche Schwierigkeiten verbunden, wenngleich sie in der Regel gemeistert wurden.

Darüber hinaus hat die Arbeit mit dieser neuen Form der Pädagogik trotz der enormen Zumutungen an die Flexibilität, die Kreativität und die Nervenstärke der Kolleginnen in den Kindertagesstätten außerordentlich positive Resultate hervorgebracht, die inzwischen auch in einer ganzen Reihe von Kindertageseinrichtungen in Brandenburg, Baden-Württemberg und der Schweiz besichtigt werden können.

Wir wenden uns deshalb an dieser Stelle vom »Warum das alles?« ab und der Frage »Wie soll das gehen?« zu.

Beobachtung im *infans*-Konzept
Worauf wird geachtet? Was kann erreicht werden?

Wir unterscheiden in unserem Konzept pädagogischen Handelns die beiden Seiten des pädagogischen Spannungsbogens. Auf der einen Seite steht die Erziehung als Aktivität der Erwachsenen. Dazu gehören als erste Schritte die Formulierung und Reflexion von Erziehungszielen und – auf diesen Zielen aufbauend – die Gestaltung der Umwelt des Kindes und die Gestaltung der Interaktionen mit dem Kind.

Auf der anderen Seite des Spannungsbogens steht die Bildung als Leistung des Kindes. Wissens- und Kompetenzerwerb ist immer eine Aktivität des Kindes, die mit seinen Interessen und Themen verbunden ist. Pädagoginnen würden Gefahr laufen, mit ihren Angeboten an den Kindern gleichsam »vorbei zu reden«, wenn sie keinen Zugang zu diesen Themen und Interessen finden würden. Sie müssen sie deshalb identifizieren, aufgreifen und sich damit auf die eigenwillige Gedankenwelt jedes einzelnen Kindes einlassen (vgl. Laewen/Andres 2002a; 2002b).

Es muss jedoch damit gerechnet werden, dass jedes Kind auch Erfahrungen und Anstöße, die ihm seine soziale Umgebung bietet, eigensinnig interpretiert und verarbeitet. Da wir Erwachsene nie genau wissen können, mit welchen subjektiven Weltmodellen und Deutungen ein Kind umgeht, sollten Erzieherinnen – wie oben bereits angesprochen – sich immer als Forschende verstehen.

Forschende Erzieherinnen gehen nie davon aus, dass sie bereits alles über ein Kind wissen. Vielmehr wird ihr Handeln getragen von einer offenen Haltung gegenüber jedem Jungen und Mädchen. Sie versuchen mit Ernsthaftigkeit, die Hypothesen des Kindes über die Welt und deren Beschaffenheit zu verstehen. Sie sind bereit, sich auf die jeweiligen individuellen Ausdrucksformen und Bildungswege einzulassen.

Jede Erzieherin dokumentiert systematisch Aktivitäten und besondere Interessen der Kinder. Auch wer Freunde und Freundinnen der Kinder sind und wie sie insgesamt eingebunden sind in die Kindergruppe ist Gegenstand der Beobachtung. Denn neben den Erwachsenen kommt den anderen Kindern eine große Bedeutung zu. Insbesondere die Möglichkeit, sich mit anderen Kindern, die sich auf einer vergleichbaren Ebene des Weltverstehens befinden, verständigen zu können, mit ihnen gemeinsam Sinn konstruieren zu können, ist für die Bildungsmöglichkeiten jedes Kindes sehr wichtig (vgl. Völkel 2002).

Durch genaue Beobachtung jedes einzelnen Kindes und ihre Auswertung können Erzieherinnen Bildungsthemen erkennen, an denen die Kinder aktuell »arbeiten«, und auf eine Weise »beantworten«, die den Kindern die Weiterführung ihrer Themen erlaubt und sie zugleich über die Grenzen ihres jeweiligen Erfahrungshorizontes hinausführt (vgl. Modul 3).

Von Zeit zu Zeit wird überprüft, welche Zugänge zur Welt ein Kind bevorzugt nutzt und welche Interessen dabei systematisch im Vordergrund stehen könnten. Dazu dient das Instrument »Bildungsbereiche/Zugangsformen«.

Über die im engeren Sinn pädagogische Beobachtung hinaus wird mit dem Instrument »Grenzsteine der Entwicklung« zugleich systematisch darauf geachtet, dass besonderer Förderbedarf bei einzelnen Kindern gegebenenfalls frühzeitig erkannt wird.

Die Erfahrungen mit den verschiedenen Beobachtungsinstrumenten zeigen: Die Erzieherinnen lernen die Kinder durch die Beobachtungen besser kennen, sie nehmen die Interessen und Themen der einzelnen Jungen und Mädchen, die ihnen zuvor nicht aufgefallen waren, besser wahr. Daraus resultiert insgesamt ein anderer Blick auf die Kinder.

Eigene Vorurteile über die Kinder werden durch die systematische Beobachtung sichtbar und können reflektiert werden. Bereits nach kurzer Zeit werden die Erzieherinnen auch außerhalb der Beobachtungszeiten aufmerksamer gegenüber den Kindern und entwickeln eine geschärfte Wahrnehmung.

Um Fortschritte in einer angemessenen Zeit erreichen zu können, müssen die systematischen Beobachtungen mit dem Instrument »Bildungsinteressen/Bildungsthemen« täglich geübt werden. Das ist anfangs wohl die schwerste Hürde, denn es muss in eigenen Worten ausdrücklich formuliert werden, was sonst mehr oder weniger beiläufig wahrgenommen wird. Darauf wurde oben schon hingewiesen. Dagegen spüren die meisten Erzieherinnen zunächst Widerstände, die täglich neu überwunden werden müssen. Nach einigen Wochen stellt sich dann allmählich der Übungseffekt ein, und nach wenigen Monaten können sie sich kaum noch vorstellen, wie die Arbeit ohne Beobachtungen überhaupt möglich war.

Bevor mit den Beobachtungen begonnen wird, müssen einige organisatorische Vorbereitungen getroffen werden, die nachfolgend noch einmal genauer beschrieben werden. Dazu gehört, dass die Kinder der Einrichtung jeweils einer Erzieherin zugeordnet werden. Sie führt dann auch verantwortlich die Portfolios der Kinder, in denen alle Beobachtungen, ihre Auswertung und die pädagogische Planung zusammengeführt werden.

Die Portfolios sind breite Ordner, die beschafft werden müssen und für die ein (datenschutztauglicher) Ort der Aufbewahrung gefunden werden muss. Die Instrumente müssen in ausreichender Zahl kopiert und zugänglich sein, interne Kommunikations- und Controllingsysteme müssen eingerichtet und die Zeitpläne für die Auswertung der Beobachtungen nebst pädagogischer Planung müssen ausgearbeitet und eingehalten werden.

Dieser organisatorische Teil des Vorgehens sollte nicht unterschätzt werden, da unter anderem sowohl die Unterstützung des Trägers (zum Beispiel Kopien der Instrumente) als auch räumliche und zeitliche Änderungen in den Abläufen notwendig werden.

Die Instrumente des *infans*-Konzepts im Überblick

▼ Dokumentationen zu den Bildungsprozessen und zur sozialen Einbindung des Kindes

- Bildungsinteressen/Bildungsthemen (*infans*),
- Bildungsbereiche/Zugangsformen für drei- bis vierjährige und ältere Kinder (nach Gardner/Feldman),
- Interessen/Bevorzugte Tätigkeiten (in Anlehnung an Gronlund/Engel),
- Bildungsgeschichten des Kindes aus seiner Familie (in Anlehnung an Gronlund/Engel),
- Freunde und sonstige Beziehungen (in Anlehnung an Gronlund/Engel),
- Soziogramm.

Die Instrumente werden ergänzt durch

- Kurznotizen,
- kommentierte Fotos,
- kommentierte Werke des Kindes.

Planung individueller Herausforderungen und Dokumentation des pädagogischen Dialogs

- Individuelles Curriculum

Risiken erkennen

- die Grenzsteine der Entwicklung (Michaelis/Haas)

Zum Vorgehen bei der Beobachtung

Die Organisation

Zunächst einmal ist eine Reihe organisatorischer Vorkehrungen zu treffen, die gewährleisten, dass die Arbeit zwischen den Kolleginnen angemessen aufgeteilt wird, alle Kinder der Kindertagesstätte in das System der Beobachtungen einbezogen sind und bleiben und die Beobachtungen systematisch in Portfolios dokumentiert werden (siehe Arbeitsblatt 1 auf der beiliegenden CD).

Die Eltern

Sobald das Team einer Kindertagesstätte und der Träger sich für die Arbeit mit dem *infans*-Konzept entschieden haben, werden die Eltern über diese Entscheidung informiert. Danach dient ein Elternabend zum Thema der genaueren Information und gibt den Müttern und Vätern Gelegenheit zu einem vertiefenden Gespräch mit den Erzieherinnen.

Die Mütter und Väter sollten schon während des Informationsabends zum *infans*-Konzept erfahren, dass sie eingeladen werden, sich an der Erarbeitung von Erziehungszielen der Kindertagesstätte zu beteiligen und ihre Kooperation bei der Umsetzung des *infans*-Konzepts ausdrücklich gewünscht ist.

Sie sollten auch auf mögliche Veränderungen im Tagesablauf der Kindertagesstätte vorbereitet werden. Sorgen der Eltern, ihren Kindern könnte durch den Zeitaufwand, den die Beobachtungen und Dokumentationen verlangen, zukünftig zu wenig Aufmerksamkeit entgegengebracht werden, müssen ernst genommen werden. Hier wird es sehr darauf ankommen, ob es gelingt, die Philosophie des Konzepts zu verdeutlichen, die dem neuen Vorgehen erst seinen Sinn gibt.

Die Verständigung betrifft insbesondere das »Kindbild«, das die Erzieherinnen in ihrem Handeln leitet. Im Zentrum des Gesprächs mit den Müttern und Vätern steht dabei die Frage, wie Kinder lernen und sich bilden und wie die Erwachsenen durch komplexe und angemessene Bildungsmöglichkeiten die Mädchen und Jungen dabei unterstützen können. Die oben vorgebrachten Argumente, warum Beobachtung und Auswertung notwendig sind, können auch für die Information der Eltern herangezogen werden.

Wenn in einer Kindertagesstätte mit der Dokumentation individueller Bildungsprozesse begonnen wird, sollten die Eltern also bereits Gelegenheit gehabt haben, sich
mit den Erzieherinnen über die Bedeutung der Arbeit mit dem *infans*-Konzept und
insbesondere über die Beobachtung ihrer Kinder zu verständigen.

In der Vorbereitung von Elternabenden oder Gesprächsrunden zum Thema empfiehlt es sich, zur Ansicht einen Ordner mit allen Instrumenten vorzubereiten, die für
die Dokumentation in der Kindertagesstätte zukünftig genutzt werden. Ein solcher
Ansichtsordner dient später auch der Information neuer Eltern.

Wenn die technischen Möglichkeiten der Kindertagesstätte es erlauben, bieten sich
für die Elternabende auch Overhead-Präsentationen der Blanko-Beobachtungsbögen
an. So können die einzelnen Instrumente mit allen anwesenden Müttern und Vätern
detailliert besprochen werden. Zentral ist für viele Eltern dabei die Frage, was dokumentiert wird. Nicht wenige sorgen sich, dass Entwicklungsdefizite oder »nicht erwünschtes« Verhalten ihres Kindes festgehalten werden und auf dieser Grundlage ein
Vergleich mit anderen Kindern erfolgen soll.

Der Verlauf eines solchen Gesprächs wird sehr von der Beziehung zwischen Eltern
und Erzieherinnen abhängen. Davon, ob sie eher von wechselseitiger Anerkennung und
Offenheit gekennzeichnet ist oder von Misstrauen. Wenn die Erzieherinnen authentisch
und glaubhaft die Gründe für das veränderte Vorgehen darlegen können, gelingt es
in aller Regel, die Zustimmung der Mütter und Väter zu gewinnen, nicht selten auch
ihr Interesse zu wecken.

Allerdings überwiegen häufig zu Beginn die Sorgen der Eltern. In der Regel sind es dann die ersten positiven Erfahrungen, die die Eltern überzeugen. Deshalb sollte das Erzieherinnenteam bemüht sein, den Eltern möglichst zeitnah fachlich kommentierte Fotodokumentationen (vgl. Modul 4) oder auch Videosequenzen zugänglich zu machen. So wird für die Eltern nachvollziehbar, welche Erkenntnisse über die reflektierte Beobachtung gewonnen werden können.

Halten die Eltern nach einiger Zeit das Portfolio ihres Kindes in Händen, in dem Lern- und Bildungsprozesse für sie nachvollziehbar werden, und erleben sie in Gesprächen mit der Erzieherin, wie gut diese über die Interessen, Kompetenzen und sozialen Beziehungen ihres Kindes Bescheid weiß, so möchten die meisten auf diese Form der Erziehungs- und Bildungspartnerschaft nicht mehr verzichten. Die Erfahrung zeigt, dass nach anfänglicher Besorgtheit die große Mehrheit der Eltern Vertrauen in die neue Praxis fasst.

Die Kinder

Die Beobachtungen sollten nie »heimlich« vorgenommen werden. Wir empfehlen, die Kinder bewusst einzubeziehen, ihnen zu sagen, dass sie beobachtet werden, und das eigene Interesse am Tun und an den Gesprächen der Kinder offen anzusprechen. In der Regel genießen die Kinder die Aufmerksamkeit und Anerkennung, die ihnen entgegengebracht werden, auch wenn manche ein wenig Zeit brauchen, um sich an die ungewohnte Beobachtungssituation zu gewöhnen.

Nicht selten sind insbesondere ältere Kinder daran interessiert zu erfahren, was die Erzieherin aufgeschrieben hat, und manchmal wollen sie noch etwas für sie Wichtiges ergänzen. Andere Kinder holen sich selbst einen Stift und ein Blatt Papier und beginnen damit, die Erzieherin zu beobachten und »Notizen zu machen«. Die Beobachtung wird also zum gemeinsamen Thema von Kindern und Erwachsenen in der Kindertagesstätte.

Wenn einzelnen Jungen oder Mädchen in bestimmten Situationen nicht beobachtet werden wollen, sollten Erzieherinnen darauf Rücksicht nehmen und gegebenenfalls auf die geplante Beobachtung verzichten. Hält die Ablehnung eines Kindes über einen längeren Zeitraum an, ist es sinnvoll, gemeinsam im Team die Situation zu diskutieren. In den Erprobungsprojekten kam es sehr selten zu solch länger anhaltender Verweigerung. Im Austausch mit den Erzieherinnen stellte sich in diesen Fällen meist heraus: Das Kind hatte Angst vor Beurteilung oder Bewertung und fürchtete, nicht alles »richtig« zu machen.

Es war dann zu überlegen, woher diese Ängste kommen könnten und welche Möglichkeiten die Erzieherinnen haben, die Sorgen des Kindes zu mindern. Vielleicht verweist eine solche Reaktion aber auch darauf, dass etwas in der Beziehung zwischen

Erzieherin und Kind nicht stimmt und die Vertrauensbasis hergestellt oder verbessert werden muss. Auch eine nicht gelungene Beobachtung kann also wichtige Hinweise geben und dazu beitragen, ein Kind besser kennenzulernen – vorausgesetzt, die Erzieherinnen gehen achtsam mit den Kindern um (vgl. hierzu auch Kazemi-Veirasi 2004).

Sobald Fotodokumentationen öffentlich zugänglich sind, zeigen die Mädchen und Jungen ein hohes Interesse daran. Gemeinsam mit den Eltern, aber auch mit Besuchern betrachten sie die Dokumentationen und kommentieren sie. Auch das Portfolio selbst wird nicht selten Ausgangspunkt und Inhalt eines regen Gesprächs zwischen Eltern und Kindern.

Das Team

Eine gelingende Kooperation im Team einer Kindertagesstätte ist eine grundlegende Bedingung für die erfolgreiche Umsetzung des hier vorgestellten Vorgehens. Die Arbeit mit dem *infans*-Konzept würde eine Erzieherin allein in jedem Fall überfordern. Ein so komplexes Vorhaben kann nur gelingen, wenn alle ihre Kenntnisse, Erfahrungen und Fähigkeiten in den Prozess einbringen. Geht es doch darum, eine Atmosphäre lebendigen Lernens zu schaffen und zu erhalten, in der die Erwachsenen ihre eigenen Perspektiven, Gedanken und Handlungen ebenso reflektieren wie die der Kinder.

Die kontinuierliche Dokumentation und Auswertung individueller Bildungsprozesse erfordert aber auch aus organisatorischer Sicht die Aufmerksamkeit und das Engagement aller Erzieherinnen der Kindertagesstätte. Nur wenn alle zum Gelingen der gemeinsamen Sache beitragen, können für jede einzelne Kollegin Zeitfenster für Beobachtung und Dokumentation gefunden werden. Auch über einige Wochen mit einem Kind gemeinsam bei seinen Themen zu bleiben, mit ihm zusammen Fragen nachzugehen gelingt nur, wenn alle im Team ihre Kenntnisse und Beobachtungen zur Verfügung stellen, auch dann, wenn sie selbst nicht für das Portfolio dieses Kindes verantwortlich sind.

Insbesondere wenn in einem Haus das Konzept der »offenen Arbeit« praktiziert wird und Fachfrauen in den jeweiligen Funktionsräumen in der Regel nur einen Ausschnitt der Aktivitäten und Interessen der Kinder wahrnehmen können, ist der fachliche Austausch über die individuellen Beobachtungen der einzelnen Erzieherinnen unverzichtbar. Im Detail wird auf die Kooperation im Team in Modul 5 eingegangen.

Jede Erzieherin muss darauf vertrauen können, dass sie auf die Ressourcen der Kolleginnen zugreifen kann, um ihre Aufgaben erfüllen zu können. Das geht nicht ohne eine gemeinsame Vision, der sich alle verpflichtet fühlen. Schon die Durchführung einer Beobachtung verlangt Kooperation.

Die Beobachterin

Für die Zeit der Beobachtung sollte sichergestellt werden, dass eine andere Kollegin als Ansprechpartnerin für die Kinder zur Verfügung steht. Die beobachtende Erzieherin kann sich dann voll und ganz auf das Geschehen und »ihr« Beobachtungskind konzentrieren. Ältere Kinder stellen sich recht schnell auf diese Situation ein und wenden sich mit ihren Fragen oder Bedürfnissen an andere Kolleginnen. Voraussetzung dafür ist, dass sie über die Beobachtungen Bescheid wissen.

In Gruppen mit jüngeren Kindern ist darauf zu achten, dass die Mädchen und Jungen zu dieser zweiten Erzieherin eine vertrauensvolle Beziehung aufgebaut haben. Eine den Kindern fremde Kollegin wird von ihnen meist nicht akzeptiert, und sie wenden sich dann doch an »ihre« beobachtende Erzieherin.

Selbstverständlich sind solche Signale der Kinder ernst zu nehmen. Manchmal reicht ein Nicken, ein Lächeln oder eine kurze Antwort bereits aus, und das Kind wendet sich zufrieden wieder seiner Tätigkeit zu. Braucht es aber eine längere und intensivere Zuwendung oder sucht es Trost im Körperkontakt, wird die Beobachtung unterbrochen und, mit einem entsprechenden Vermerk versehen, später weitergeführt.

In Kindertagesstätten, die nicht nach einem offenen oder halboffenen Konzept arbeiten, ist es für Erzieherinnen oft nicht zu realisieren, sich aus der direkten Interaktion herauszuziehen und das Geschehen vom Rand aus zu beobachten. In diesen Kindertagesstätten ist es häufig schwierig, Beobachtungen durchzuführen und das Handlungskonzept Realität werden zu lassen. Die Erzieherinnen müssen dann in der Beobachtungssituation ihre Aufmerksamkeit teilen und ansprechbar für die Kinder bleiben. Manche wörtliche Rede oder Detailbeschreibung fällt dann diesem Umstand zum Opfer.

In diesen Fällen sollte man im Team darüber nachdenken, durch welche Formen einer zumindest teiloffenen Arbeit die Möglichkeiten der internen Kooperation verbessert werden könnten.

Die Bedeutung und Handhabung der Instrumente[18]

1. Die Beobachtung zu den Bildungsinteressen und Bildungsthemen des Kindes

Der Beobachtungsbogen zu den Bildungsinteressen und -themen des Kindes zielt darauf ab, den Beobachtungsblick nicht einzuengen und nicht auf bestimmte Verhaltensweisen oder Fertigkeiten der Kinder festzulegen. Das Instrument ermöglicht ein wahrnehmendes Beobachten (vgl. hierzu auch Schäfer 2005) und unterstützt die Erzieherin in einer interessierten, offenen und respektierenden Haltung gegenüber dem Kind.

Wir gehen dabei davon aus, dass das Tun des Kindes in jeder Situation einem Sinn folgt, auch wenn sich der vom Kind subjektiv gemeinte Sinn der Betrachterin nicht immer unmittelbar erschließt. Hier nicht vorschnell der eigenen oder einer vermeintlich objektiven Deutung zu folgen ist eine besondere Herausforderung für jeden Erwachsenen, der sich auf Kinder einlassen und sich mit ihnen verständigen will.

Mit der Gliederung des Bogens zu den Bildungsinteressen und Bildungsthemen des Kindes wollen wir die Beobachterin darin unterstützen, zwischen ihren eigenen Sinndeutungen und den möglichen Interessen und Themen des Kindes zu unterscheiden. Dazu gehört die Reflexion der eigenen Gefühle und biografisch bestimmter Bilder und Gedanken ebenso wie das empathische Einfühlen in die Situation des Kindes und seine Empfindungen. Im Einzelnen gliedert sich das Instrument wie folgt:

	Beobachtung und persönliche Auswertung der zuständigen Erzieherin
Beschreibung	Was geschieht? Was tut/sagt das Kind allein und in Interaktion mit anderen Kindern oder Erwachsenen? (Möglichst genaue Beschreibung und Mitschrift der wörtlichen Rede)

---

18 Kopiervorlagen aller Instrumente sind auf der beiliegenden CD zu finden.

Persönliche Auswertung 1 Selbstreflexion: Welche inneren Bilder leiten mich in meiner Wahrnehmung und in meinem Tun?	Was macht diese Situation mit mir? 1. Welche Reaktionen (körperlich, emotional, zum Beispiel Anspannung, Freude, Ärger, Vermeidung, Langeweile, Angst) werden bei mir wachgerufen? 2. Was berührt mich, ruft Bilder/Erinnerungen wach oder löst Gedanken/Ideen aus? 3. Worauf springe ich an?
Persönliche Auswertung 2 Die Position des Kindes einnehmen	Perspektivenübernahme Wie fühlt sich das Kind aus meiner Sicht?
Persönliche Auswertung 3	Die Engagiertheit des Kindes Wie engagiert ist das Kind in seinem Tun? Fachliche Reflexion mit Kolleginnen
Auswertung im Team 1 Bilder, Gefühle, Erinnerungen	Welche ersten Assoziationen ruft das Verhalten des Kindes hervor?
Auswertung im Team 2 Interessen	Werden Interessen des Kindes in der beobachteten Situation deutlich? Wenn ja, welche?
Auswertung im Team 3 Subjektiver Sinn Objektiver Sinn	Was macht das, was das Kind tut, zu einer sinnvollen Handlung? Aus Sicht des Kindes Aus kultureller Sicht/In hermeneutischer Interpretation
Auswertung im Team 4 Den Blick auf das Kind weiten	Gibt es weitere Informationen oder Hinweise, die zum Verständnis der aktuellen Beobachtung beitragen können?
Auswertung im Team 5 Pädagogisches und (entwicklungs-) psychologisches Fachwissen hinzuziehen	Welche fachlich begründeten Schlüsse ziehen wir aus der Beobachtung? Wie deuten wir das, was das Kind tut, aus fachlicher Sicht?
Auswertung im Team 6 Weitere Fragen und pädagogische Schlüsse des Teams	Gibt es erste Hypothesen zu Themen des Kindes? Ergeben sich für uns weitere Fragen aus der Beobachtung? Worauf wollen wir gegebenenfalls in den Beobachtungen besonders achten? Welche Schlüsse ziehen wir daraus für unser pädagogisches Handeln? Zielvereinbarungen

In welcher Situation beobachtet werden sollte

Eine allgemeingültige Regel, wann beobachtet werden soll, kann es nicht geben, da die Angemessenheit einer Situation davon abhängt, was mit der Beobachtung erreicht werden soll.

Die Dokumentation von Bildungsprozessen mit dem Instrument »Bildungsinteressen/ Bildungsthemen« ist eingebunden in einen Prozess, in dessen Verlauf die beobachtenden Erzieherinnen wechselnde Ziele verfolgen. Geht es zunächst darum, dem Kind und seinem Tun mit größtmöglicher Offenheit zu begegnen, um besser zu erkennen, womit sich das Kind in einem bestimmten Zeitraum bevorzugt beschäftigt, so können sich im weiteren Verlauf die Ziele konkretisieren.

Das geschieht zum Beispiel dann, wenn das Team im fachlichen Diskurs davon ausgeht, aktuelle Themen des Kindes erkannt zu haben, und für die nachfolgenden Beobachtungen spezifische Aufmerksamkeitsrichtungen verfolgt. Solchen Phasen, die eher von Leitfragen bestimmt werden, folgen dann wieder Beobachtungen, die weniger von spezifischen Fragestellungen bestimmt sind. Das kann zum Beispiel der Fall sein, wenn ein Kind das erste Mal in einem Bildungsbereich beobachtet wird, für den es bisher wenig Interesse zeigte.

Entsprechend schlagen wir vor, zu Beginn ausschließlich Situationen auszuwählen, in denen das beobachtete Kind selbst entscheiden kann, was es allein oder mit anderen Kindern tut. Damit ist die Freiheit des Kindes, »seine« Themen einzubringen oder zu bearbeiten und seinen Leidenschaften zu folgen, größer als in Situationen, die von Erwachsenen gelenkt werden. Angebotsphasen im Tagesverlauf scheiden also zunächst ebenso als ungeeignet für die Beobachtung aus wie klar strukturierte Essens- oder Pflege- und Bringesituationen.

Soll jedoch anhand der Beobachtung bestimmten Fragen nachgegangen werden, die während der Auswertung im Team entstanden sind, ist die Auswahl der Situation nicht beliebig. Vielleicht bietet sich dann gerade das gemeinsame Essen oder das Zähneputzen im Waschraum zur Beobachtung an. Auch Fragen, die in enger Verbindung mit einzelnen Bildungsbereichen stehen, sind nur zu beantworten, wenn das Kind bei einer entsprechenden Tätigkeit beobachtet wird. Die Erzieherin muss in diesen Fällen also flexibel reagieren und dann zu Papier und Stift greifen, wenn sie das Kind gerade in einer geeigneten Situation wahrnimmt. Sie kann dann nicht einem festgelegten Zeitplan folgen.

Wann und wie häufig mit dem Bogen »Bildungsinteressen/Bildungsthemen« beobachtet wird

Es sind verschiedene Vorgehensweisen denkbar und in der Praxis erprobt. Insbesondere in der Anfangsphase, wenn die Erzieherinnen die Handhabung des Beobachtungsbogens noch üben, ist es sinnvoll, jeden Tag ein anderes Kind in den Fokus der Wahrnehmung zu nehmen. Ein solches Vorgehen kann selbstverständlich auch später beibehalten werden. Manche Teams haben sich aber bewusst dafür entschieden, ein Kind über mehrere Tage hinweg zu beobachten, um viele Informationen in kürzerer Zeit zu sammeln und an dem Thema des Kindes »dranzubleiben«. In jedem Fall wird täglich von jeder Erzieherin ein Kind mit dem Bogen »Bildungsinteressen/Bildungsthemen« beobachtet.

In der Regel beobachtet eine Erzieherin ein Kind. In Kindertagesstätten, die nicht nach einem offenen Konzept arbeiten und in denen eine Erzieherin im Gruppenraum mit »ihrer« Kindergruppe allein ist, ist dies auch gar nicht anders möglich. In halboffen oder offen strukturierten Einrichtungen bietet es sich an – zumindest ab und zu – zu zweit parallel ein Kind zu beobachten und direkt im Anschluss in den fachlichen Austausch zu gehen.

Den einzelnen Erzieherinnen ermöglichen solche Parallelbeobachtungen die Überprüfung ihrer eigenen Wahrnehmungen. Solche Erfahrungen gemeinsamer Beobachtung erleichtern die Verständigung im Team, vergleichbar der gemeinsamen Auswertung einer Videosequenz.

Wie viel Zeit für die Beobachtungen zu den »Themen des Kindes« veranschlagt werden sollte

Mit dem offenen Beobachtungsbogen zu den Bildungsinteressen und Bildungsthemen des Kindes wird täglich etwa 5 Minuten beobachtet, wobei einige Erzieherinnen die Beobachtungsdauer abhängig von der gegebenen Situation verlängern und entscheiden, einen Handlungsbogen oder eine begonnene Aktivität bis zu ihrem Abschluss zu dokumentieren. Zusammen mit der Reflexion zu den eigenen Erinnerungen und Gefühlen, zu den Empfindungen und der Engagiertheit des Kindes müssen realistischerweise cirka 20 Minuten veranschlagt werden.

In fünf Schritten beobachten und reflektieren

Das Instrument »Bildungsinteressen/Bildungsthemen« gibt eine Schrittfolge vor, die ein reflektiertes Nachdenken zunächst der einzelnen Erzieherin und dann des Teams über das, was das Kind tut, unterstützten soll. Nachdem aufgeschrieben wurde, was das Kind in der Situation gesagt oder getan hat, versucht die beobachtende Erzieherin bei sich nachzuspüren, was ihre spontanen Reaktionen auf das Tun des Kindes sind (Was macht die Situation mit mir?).

Im nächsten Schritt geht es dann darum, sich empathisch auf die Seite des Kindes zu begeben und zu überlegen, wie sich das Kind wohl in der beobachteten Situation gefühlt haben könnte (Perspektivenübernahme).
   Danach soll eingeschätzt werden, ob die beobachtete Aktivität für die Bildungs- und Lernprozesse des Kindes bedeutsam war (Engagiertheit des Kindes).

Für die Auswertung der Beobachtungssequenz werden abschließend die Kompetenzen der Kolleginnen im Team genutzt. Gemeinsam wird über die Bedeutung des Beobachteten nachgedacht, erste Schlüsse werden gezogen für das weitere Vorgehen und gegebenenfalls noch offene Fragen formuliert.

1. Schritt: Was geschieht? Was tut und sagt das Kind allein oder in Interaktion mit anderen Kindern oder Erwachsenen?

Zunächst wird auf dem Bogen zu den Bildungsinteressen/Bildungsthemen so genau wie möglich dokumentiert, was die Kinder in der Beobachtungssituation sagen und tun. Auch Details, die auf den ersten Blick nicht wichtig erscheinen, sind hier bedeutsam.
   Welchen Sinn das Zielkind mit seinem Tun verbindet, lässt sich in der späteren Auswertung häufig nur dann verstehen, wenn Handlungsabläufe oder Dialoge der Kinder für alle Kolleginnen im Team nachvollziehbar sind, das heißt möglichst detailliert dokumentiert wurden.

Auch die Handlungen der anderen Kinder – soweit sie in direkter Interaktion mit dem Zielkind stehen – werden so genau wie möglich in die schriftliche Aufzeichnung übernommen. Denn gerade wenn es um Ko-Konstruktionen der Kinder miteinander geht, also um die gemeinsame Verständigung über bestimmte Sachverhalte oder Vorstellungen, kann das, was die anderen Jungen und Mädchen beitragen, wichtige Hinweise auf die Themen des Zielkindes geben.

Zugleich sollte sich jede Beobachterin von der Vorstellung frei machen, alles, was geschieht, notieren zu können. Jeder Mensch wird in seiner Wahrnehmung von dem geleitet, was ihm bedeutungsvoll erscheint. Er wird also – trotz bester Absichten – einen Teil des Geschehens gar nicht »sehen«.

Beobachtungen sind immer subjektiv. Die eigene Biografie hat ebenso Einfluss auf die Wahrnehmung der Beobachterin in der aktuellen Situation wie ihre bisherige Beziehung zum Kind. Urteile, die sie bereits über das Kind getroffen hat, können dazu führen, dass sie ihre Aufmerksamkeit verstärkt auf Verhaltensweisen richtet, die sie stören, oder auf vermeintliche Defizite. Hier gilt es, sich bewusst zu machen, warum beobachtet wird.

Ziel ist es, das Kind besser verstehen zu lernen, eine Basis für die Verständigung mit ihm zu finden, an seine Themen anknüpfen zu können. Im Mittelpunkt stehen daher die Leidenschaften und Interessen jedes Kindes und die feste Überzeugung, dass in dem, was ein Kind tut, ein subjektiver Sinn enthalten ist, auch wenn er sich nicht sofort erschließt.

Zugleich ist es nicht einfach, Bewegungsabläufe, das Manipulieren mit Gegenständen, den Entstehungsprozess eines Bildes – um nur einige Beispiele zu nennen – genau zu beschreiben. Einige Erzieherinnen haben sich, wenn ihnen die Worte fehlten, damit geholfen, dass sie kleine Skizzen in den Text einfügten oder mit der Fotokamera das Geschehen ergänzend festhielten.

Dennoch bleibt es nicht aus, dass während des gemeinsamen Nachdenkens im Team Fragen entstehen, die unbeantwortet bleiben müssen. Wenn Erzieherinnen gerade mit dieser Art der Beobachtung begonnen haben, wird das öfter vorkommen. Nach einigen Monaten des Übens werden die Aufzeichnungen erfahrungsgemäß immer inhaltsreicher. Die Wahrnehmung wird von vorangegangenen Beobachtungen und wachsendem Verstehen geleitet sein, und es gelingt den Teams dann auch eher, Hypothesen über mögliche Themen des Kindes zu entwickeln.

Wichtig ist, während des Aufschreibens nicht zu bewerten, was die Kinder tun. Auch das fällt zunächst nicht leicht, sind wir doch in unserem Alltagshandeln und in der Interaktion mit anderen Menschen darauf angewiesen, das Verhalten unseres Gegenübers unmittelbar im Geschehen zu deuten, um entsprechend »richtig« reagieren zu können.

Auch im Instrument »Bildungsinteressen/Bildungsthemen des Kindes« wird die Interpretation nicht ausgeklammert. Es wird jedoch der Versuch unternommen, diese Deutungen als gesonderte Schritte vorzunehmen und sich ihrer damit bewusst zu werden.

2. Schritt: Was macht die Situation mit mir?

Die beobachteten Szenen können bei der Erzieherin Gefühle, Gedanken und Erinnerungen wachrufen. Auch wenn vermeintlich gar nichts empfunden und nur Leere und Langeweile wahrgenommen wird, hat das Auswirkungen auf die subjektive Beurteilung der Situation. Deshalb werden alle diese Empfindungen und spontanen Ideen aufgeschrieben. Sie helfen, sich der eigenen Handlungsmuster und (Vor-)Urteile bewusst zu werden. Ein Beispiel mag verdeutlichen, worum es geht:

B *Einige vierjährige Jungen sind dabei, aus Holzbauklötzen und Brettern eine Rampe zu bauen, über die sie Kugeln rollen und fliegen lassen. Verschiedene Beobachterinnen könnten bei dieser Szene je unterschiedliche Empfindungen haben. Die eine mag selbst ganz engagiert bei der Sache sein und – getragen von eigenem Interesse – würde gerne mit den Jungen gemeinsam erforschen, wie die Flugbahn der Kugeln von der selbstgebauten Rampe verläuft und durch welche Veränderungen sie zu verkürzen oder zu verlängern ist. Eine andere zeigt vielleicht weniger Interesse an der Aktion der Jungen und ist eher gelangweilt. Wenn sie ihre Langeweile wahrnimmt, hat sie die Chance nachzuspüren, ob ihre Empfindungen sie vielleicht dazu führen, bei dieser oder einer vergleichbaren Aktion der Jungen die Möglichkeiten der Kinder, sich vertiefend mit der Sache zu befassen, einzuschränken. Eine dritte Kollegin hat möglicherweise eher Angst, die Dinge könnten »aus dem Ruder laufen« oder es könnte etwas kaputt gehen, und würde am liebsten eingreifen.*

Erst wenn solche Hintergründe bewusst werden, können eigene Handlungsmuster verändert werden oder gegebenenfalls gemeinsam mit den Teamkolleginnen Lösungsmöglichkeiten gefunden werden.

Selbstbeobachtung und biografische Spurensuche (vgl. Musiol 2002) gehören zur beruflichen Qualifizierung einer Erzieherin, da sie dem Kind immer als ganze Person gegenübertritt. Das Bewusstsein der eigenen Kompetenzen, aber auch der Schwierigkeiten, die man mit bestimmten Situationen und Kindern hat, sind die Voraussetzung für die Weiterentwicklung des eigenen beruflichen Handelns. Zugleich ist für die Auswertung der konkreten Beobachtung wichtig, sich als Beobachterin zu vergegenwärtigen, welche inneren Bilder die eigene Wahrnehmung geleitet haben.

Aber nicht nur sich selbst lernt man damit besser verstehen. Die eigenen Gefühle und (Kindheits-)Erinnerungen können auch helfen, sich in die Kinder hineinzuversetzen, einen Zugang zu ihrem Tun zu bekommen und Hypothesen über ihre Vorstellungen zu entwickeln.

3. Schritt: Wie fühlt sich das Kind aus meiner Sicht?

Zugleich ist es wichtig, in der individuellen Reflexion der Beobachtungsszene zu unterscheiden zwischen den Empfindungen, die man als Beobachterin bei sich selbst wahrnimmt, und den Gefühlen, die man im Verhalten der Kinder, ihrer Gestik und Mimik erkennen kann. Die beobachtende Erzieherin wird deshalb im dritten Schritt aufgefordert, auf Distanz zu ihren eigenen Erinnerungen oder Gefühlen zu gehen und die Perspektive des Kindes zu übernehmen, also zu versuchen, sich empathisch in das Kind hineinzuversetzen. Sie soll sich bewusst machen, dass ihre eigenen Gefühle nicht notwendigerweise denen des Kindes entsprechen.

Aufgeschrieben werden die Empfindungen, die man aufgrund der Verhaltensweisen des Kindes bei ihm zu erkennen glaubt. Auch wenn die Beobachterin in ihrer Deutung (notwendigerweise) subjektiv bleibt, wird doch erwartet, dass durch diesen Analyseschritt die unreflektierte Übertragung der eigenen Empfindungen auf die beobachteten Kinder erschwert wird und entsprechend seltener erfolgt.

4. Schritt: Wie engagiert zeigt sich das Kind in der Situation?[19]

Im vierten Schritt des Instruments »Bildungsinteressen/Bildungsthemen des Kindes« wird das Engagement des Kindes in der beobachteten Situation eingeschätzt. Wir stützen uns dabei auf das international anerkannte Konzept der Engagiertheit, das an der Universität Leuven in Belgien maßgeblich von Ferre Laevers entwickelt wurde (Laevers 1997).

Der Ausgangspunkt dieses Konzepts ist die Annahme, dass Aktivitäten, die durch ein hohes Maß von Engagiertheit charakterisiert sind, auf ernsthafte Bildungsbemühungen des Kindes hinweisen. »Dies wird garantiert durch die Charakteristiken von Engagiertheit: Eine engagierte Person nutzt das gesamte Potenzial ihrer Möglichkeiten und ist hoch motiviert. Veränderungen, die in solchen Momenten geschehen, sind von fundamentaler Art.« (Laevers 1997, S. 7)

Nach Laevers ist die intrinsische Motivation die bedeutendste Charakteristik für Engagiertheit. Das meint, dass das Kind in seiner Aktivität seinen Forschungsdrang zu befriedigen versucht und nicht mittels seines Tuns nach oberflächlicher Anerkennung oder materiellem Erfolg strebt. Bei der intrinsisch motivierten Engagiertheit wird deutlich, dass das Kind fasziniert und begeistert ist von seinen Aktivitäten, sich selbst hinein gibt und gefangen genommen wird, unabhängig vom möglichen Nutzen oder Ergebnis. »Ein allgemein bekanntes Signal dieses Zustandes ist die veränderte, verzerrte Zeitwahrnehmung: die Zeit fliegt vorbei.« (Ebd., S. 7)

---

19 Der Text zum 4. Schritt »Die Engagiertheit des Kindes« basiert in weiten Teilen auf einem Papier von Julia Koch, die als wissenschaftliche Mitarbeiterin im Projektverbund »Bildung in der Kindertageseinrichtung« tätig war.

!

Was unter Engagiertheit verstanden wird

Engagiertheit meint diese Intensität des Erfahrungsprozesses und wird von Laevers wie folgt definiert: »Aufgabenbezogenes Engagement ist eine besondere Qualität der menschlichen Aktivität, die an Konzentration erkannt werden kann. Sie ist gekennzeichnet durch Motivation, Interesse und Faszination, durch Offenheit für Reize und Erfahrungsintensität sowohl im Sinnes- als auch im kognitiven Bereich sowie durch tiefe Befriedigung und einen starken Energiefluss auf körperlicher und geistiger Ebene.« (Laevers, S. 239)

Bei der Einschätzung der Engagiertheit ist die Beobachterin aufgefordert, sich in die Situation des Kindes zu versetzen und aus dieser heraus die Bedeutung, die die Aktivität für das Kind hat, einzuschätzen. Es geht dabei nicht um die Bewertung dessen, was das Kind kann oder noch nicht kann, sondern darum, wie das Kind sich mit einer bestimmten Aufgabe oder Herausforderung auseinandersetzt.

Zusammenfassend kann gesagt werden, dass ein hoher Grad an Engagiertheit, mit der ein Kind seine Tätigkeit verfolgt, es also engagiert »bei der Sache« ist und an die Grenzen seiner bisherigen Fähigkeiten stößt, darauf hinweist, dass das Kind ein zentrales Bildungsthema verhandelt und für die Erzieherinnen hier ein Anknüpfungspunkt für ihre weiteren Überlegungen zum pädagogischen Handeln liegt.

Die Fragen zur Engagiertheit im Instrument »Bildungsinteressen/Bildungsthemen des Kindes«

Im Rahmen des Instruments »Bildungsinteressen/Bildungsthemen des Kindes« wird der Grad der Engagiertheit, mit dem ein Kind sein Tun verfolgt, eingeschätzt, um damit auf die Bedeutung der Aktivität für die Bildungsprozesse des Kindes schließen zu können. Im Anschluss an das Konzept der Engagiertheit von Laevers gehen wir davon aus, dass Situationen, in denen ein Kind engagiert ist, bedeutsam für sein Lernen sind und es in seinem Weltverstehen voranbringen. Die Einschätzung der Engagiertheit gibt den Erzieherinnen also einen Hinweis darauf, ob die von ihnen beobachtete Sequenz für das Kind als bildungsrelevant zu bewerten ist oder ob das Kind mit wenig Mühe und Energie eher routiniert eine Sache erledigt.

Zu diesem Zweck wurde der Beobachtungsbogen »Bildungsinteressen/Bildungsthemen« um Fragen erweitert, die auf der Engagiertheitsskala von Laevers basieren. Damit wird es den Erzieherinnen erleichtert, sich ein differenziertes Bild von dem Grad der Engagiertheit, mit dem ein Kind seine Tätigkeit verfolgt, zu machen und fundiert zu entscheiden, ob die beobachtete Tätigkeit sich für eine Auswertung im Team zu den Bildungsthemen des Kindes eignet (siehe Arbeitsblatt 2 auf der beiliegenden CD).

Wenn von einem Kind ausschließlich Beobachtungen vorliegen, in denen sich keine oder nur wenige Anzeichen von Engagiertheit gezeigt haben, ist es sinnvoll und hilfreich, das Kind einmal über einen ganzen Tag hinweg beobachtend zu begleiten. Ist doch grundsätzlich davon auszugehen, dass jedes Kind aktuell Interessen hat oder mit ihm wichtigen Themen beschäftigt ist, auch wenn diese auf den ersten Blick manchmal nicht zu erkennen sind. Es gilt also, neugierig zu bleiben und auf die Potenziale des Kindes zu vertrauen.

Falls diese »Suche« ohne Hinweise bleibt, ist es die Verantwortung des Teams, gemeinsam zu überlegen, ob es allen Kindern in der Kindertageseinrichtung ausreichende Erfahrungsmöglichkeiten und Herausforderungen in den verschiedenen Bildungsbereichen bietet (vgl. hierzu auch die Ausführungen zu dem Instrument »Zugangsformen/Bildungsbereiche«). Möglicherweise fehlen einem Kind, das sich über einen längeren Zeitraum wenig oder nicht engagiert zeigte, Materialien, die es in seinem Thema weiterbringen, fehlt ein Freund, mit dem es seine Fragen besprechen und verhandeln kann, oder eine Erzieherin, die sich für seine »Leidenschaften« interessiert. Von einer anerkennenden und empathischen Haltung gegenüber dem Kind getragen, sollten die Erzieherinnen nach Möglichkeiten und Alternativen suchen, die das Verhaltern des Kindes erklären könnten, und auf dieser Basis darüber nachdenken, wie sie das Kind im sozialen Miteinander, durch das Materialangebot oder die Raumgestaltung unterstützen und herausfordern könnten.

Die Einschätzung der Engagiertheit eines Kindes bei einer Tätigkeit hilft, darüber zu entscheiden, welche Beobachtungen sich als Grundlage für die intensive Reflexion im Team über die aktuellen Weltkonstruktionen des Kindes und seine Themen eignen.

Sie gibt zugleich – zusammen mit dem Bogen »Bildungsbereiche/Zugangsformen« – Hinweise darauf, ob in der Kindertagesstätte alle zentralen Bildungsbereiche, wie sie zum Beispiel in den Bildungsplänen der Bundesländer benannt sind, für die Kinder erfahrbar sind. Es geht darum, ob entsprechende Materialien bereitgestellt sind oder ob die Erwachsenen bei der Gestaltung der Umgebung und in der Interaktion an aktuellen Interessen und Fragen einiger Kinder vorbeigehen.

5. Schritt: Die fachliche Reflexion mit den Kolleginnen

Der fünfte Schritt im Beobachtungsbogen »Bildungsinteressen/Bildungsthemen« zielt darauf ab, besser zu verstehen, worauf das Kind seine Aufmerksamkeit und seine Bildungsinteressen richtet, und so mögliche Themen zu erkennen, mit denen das Kind in der beobachteten Situation befasst ist. Dabei ist die Mitwirkung der Kolleginnen unumgänglich.

Das vorliegende Beobachtungsmaterial wird immer gemeinsam mit anderen Erziehe-rinnen aus dem Team ausgewertet, da die Perspektive nur einer Erzieherin notwen-digerweise eingeschränkt ist.

Ausgehend von den Annahmen über die Interessen und Themen des Kindes wird dann überlegt, was zu tun ist, damit das Kind seine Themen vertiefen kann. Einbezogen in diese Überlegungen werden alle bereits vorliegenden Erziehungs- und Handlungsziele.
Entschieden wird, ob die bereitgestellten Materialien erweitert werden sollen und wie die Erzieherinnen in der Interaktion mit dem Kind seine Themen aufgreifen und gemeinsam mit ihm weiterführen können. Eine solch differenzierte pädagogische Pla-nung erfolgt nach jeder Beobachtungsauswertung.

Eine Ausnahme von dieser Regel ist möglich, wenn ein Team sich dafür entschieden hat, die Kinder jeweils über mehrere aufeinanderfolgende Tage mit dem Themenbogen zu beobachten. In einem solchen Fall muss nicht bei jeder einzelnen Auswertung eine detaillierte pädagogische Planung erfolgen. Vielmehr kann dann für die verschiedenen ausgewerteten Beobachtungen im Gesamtüberblick überlegt werden, was für die päda-gogische Arbeit daraus folgt. Die gilt auch, wenn in Vorbereitung eines Individuellen Curriculums mehrere Beobachtungen zeitlich nah aufeinanderfolgend ausgewertet wer-den (siehe Modul 3). In allen Fällen muss die pädagogische Planung zeitnah erfolgen.

Für die Reflexion gilt immer, dass viele Erzieherinnen mehr »sehen« als eine allein. Wenn grundsätzlich auch jede Erzieherin in der Kindertageseinrichtung die Auswertung einer Beobachtungssequenz allein vornehmen könnte, so sind damit die Möglich-keiten einer facettenreichen und dadurch auch realistischeren Interpretation der auf-geschriebenen Handlungssequenzen doch deutlich eingeschränkt.

Jede Erzieherin deutet auch in diesem Schritt das, was das Kind tut, ausgehend von ihrer individuellen Biografie, von ihren subjektiven Erfahrungen, ihren Vorlieben und Abneigungen. Ihre Annahmen über das Kind und den Hintergrund seines Handelns werden notwendigerweise Teilansichten sein.

Zudem sind die Themen der Kinder in der Regel von komplexer Natur, und je älter die Kinder sind, umso mehr. Begeben sich mehrere Kolleginnen gemeinsam in den Verstehensprozess, wächst die Chance, die verschiedenen Facetten und Aspekte eines Themas auch wahrzunehmen, da die einzelnen Kolleginnen mit ihren je fachlichen Schwerpunkten und persönlichen Biografien unterschiedliche Zugänge zum Geschehen haben und entsprechend verschiedene Aspekte betonen.

Es sollte also immer versucht werden, gemeinsam mit anderen Kolleginnen Beobachtungssequenzen zu den Themen der Kinder zu reflektieren. In größeren Häusern lässt sich dies leichter realisieren als in kleinen. Aber auch in kleinen Kindertageseinrichtungen sollte jeder Erzieherin der regelmäßige fachliche Austausch mit mindestens einer weiteren Kollegin ermöglicht werden. Nur so kann sie ihre eigenen Deutungen und fachlichen Einschätzungen überprüfen und läuft nicht Gefahr, ihren Blick auf die Kinder immer weiter zu verengen (siehe dazu auch Modul 5, Organisation des fachlichen Diskurses).

Zur Form des fachlichen Diskurses

Wenn Beobachtungen im Team ausgewertet werden, ist es sehr wichtig, dass alle am Diskurs Beteiligten ihre Meinungen, Überlegungen, Schlüsse offen darlegen können und nicht vorschnell bewertet wird, was die anderen einbringen. Es geht also nicht darum, die eigene Meinung gegen die anderen durchzusetzen, sondern die Deutungen aller Kolleginnen im Team anzuerkennen und zunächst einmal nebeneinander stehen zu lassen. Der Diskurs muss dem dialogischen Prinzip folgen.

Grundsätzlich gilt für jeden fachlichen Diskurs im Team, gleich, ob er (nur) eine Beobachtungssequenz zum Gegenstand hat oder sich auf einen längeren Zeitraum bezieht:

- Die Verständigung über die Themen der Kinder und ihre Bildungsprozesse ist nie abgeschlossen. In einem Teamgespräch gefundene Deutungen und Antworten sind immer vorläufig.
- Der fachliche Diskurs zu den Bildungsinteressen und Bildungsthemen des Kindes ist Teil eines spiralförmigen Prozesses, in dem die Erzieherinnen forschend interessiert beobachten und ihre Wahrnehmungen reflektieren. Es wird gemeinsam überlegt, wie dem Kind auf seine Themen angemessen geantwortet werden könnte, welche Unterstützung oder Herausforderung es braucht und in welchen Interessen und Kompetenzen es bestärkt werden sollte.
- Die Hypothesen der Erzieherinnen werden in der Interaktion mit dem Kind überprüft.

- Die Antworten/Reaktionen des Kindes auf die Hypothesen der Erzieherinnen, auf ihre Angebote und zugemuteten Themen werden wieder zum Gegenstand des fachlichen Austauschs mit den Kolleginnen, und es wird auf einer neuen Ebene des Verstehens gemeinsam weitergedacht. Es gilt, sich eine kritische Haltung gegenüber den eigenen Hypothesen zu bewahren und sich in erster Linie als Forschende zu verstehen. Die Erzieherinnen sind sich bewusst, dass auch ihr gemeinsames Nachdenken keine absoluten Wahrheiten generieren kann und jeder Erkenntnisgewinn vorläufig ist.

! Exkurs: Was kennzeichnet einen Dialog?

Im Dialog weiten die Beteiligten den eigenen Blick. Der Zweck des Dialogs besteht darin, »über die Grenzen des individuellen Verstehens hinwegzukommen« (Senge 1999, S. 293).

Die Sichten der Sprechenden stehen nebeneinander, nicht gegeneinander. »Am Ende steht nicht unbedingt das Ergebnis, die unzweideutige oder richtige Antwort, sondern die Erkenntnis, dass man, um vorwärts zu kommen, immer wieder von vorn anfangen muss...« (Thürmer-Rohr 1997, S. 3).

Der Dialog ist eine Diskursform, die von wechselseitiger Anerkennung bestimmt wird. Empathisches Zuhören ermöglicht dem Gegenüber, seine eigenen Erfahrungen, Beobachtungen und Einschätzungen offen zu äußern und auch emotionale Reaktionen nicht zu verschweigen.

Zugleich wird im regelmäßig geführten Dialog auch die Verantwortlichkeit der einzelnen Erzieherinnen herausgefordert. Alle im Team denken im Dialog gemeinsam nach und wirken so an der Konstruktion eines gemeinsamen Sinns mit.

Ob dieses Nachdenken über ein Thema im Ergebnis von allen mitgetragen werden kann, ist nicht zuletzt abhängig davon, ob alle Beteiligten sich im dialogischen Prozess eigene Urteile bilden, eigene Standpunkte erarbeiten und ihre jeweiligen Sichtweisen einbringen. Es geht darum, mögliche eigene Vorbehalte zu benennen und sich nicht vorschnell der Meinung des Gegenübers anzuschließen. Gefordert ist: Selbst denken und selbst urteilen.

Der Dialog wird getragen von
- der Bereitschaft, eigene Positionen in Frage zu stellen, nicht als Wissende aufzutreten, sondern eine fragende, forschende, von interessierter Neugier getragene Haltung einzunehmen;
- der Anerkennung der Verschiedenheit der Menschen und der Pluralität von Welt;
- der Offenheit gegenüber anderen Sichtweisen und anderem Erleben.

(Ausführlich in: Andres 2002)

Zur Struktur des Diskurses

Es hat sich bewährt, beim fachlichen Diskurs einer klaren zeitlichen und inhaltlichen Struktur zu folgen. Diese Struktur wird zum einen bestimmt von den Fragen zur Reflexion und zum weiteren Vorgehen im Instrument »Bildungsinteressen/Bildungsthemen des Kindes«. Zum anderen kann die Anlehnung an eine Systematik der kollegialen Beratung hilfreich sein. Eine solche Vorgehensweise unterstützt ein Wechselspiel zwischen der Erzieherin, die ein Beispiel einbringt, und ihren »mitdenkenden« Kolleginnen und hilft, das Thema im Blick zu behalten (siehe Arbeitsblatt 3 auf der beiliegenden CD).

Grundsätzlich gilt, dass organisatorische Fragen zu einem anderen Termin geklärt werden. Eine Ausnahme stellen Zielvereinbarungen dar, die in direktem Zusammenhang mit den Schlüssen für das pädagogische Handeln stehen.

Ein Beispiel wird eingebracht

Zunächst stellt eine Kollegin ihr Beispiel vor. In der Regel wird sie ihre Beobachtungsaufzeichnungen vorlesen. Auch ihre Einschätzung, wie sich das Kind in der ausgewählten Beobachtungssituation gefühlt hat, trägt sie vor. Gehen die Erzieherinnen des Teams achtsam miteinander um und besteht eine vertrauensvolle Atmosphäre, wird sie auch ihre eigenen Empfindungen oder biografischen Erinnerungen, die sie während des Beobachtens hatte, einbringen. Nicht vorstellen sollte sie eigene erste Überlegungen zu den Interessen oder möglichen Themen des Kindes. Dadurch würde das gemeinsame Nachdenken bereits auf bestimmte Aufmerksamkeitsrichtungen festgelegt.

Nachfragen zum (besseren) Verständnis

Im Anschluss an die Vorstellung der Beobachtung kann eine kurze Nachfragerunde folgen. Hierbei geht es ausschließlich um fachliche Verständnisfragen der zuhörenden Kolleginnen zur eingebrachten Beobachtung.

Erste Assoziationen

Nun assoziieren, mit Ausnahme der Erzieherin, die ein Beispiel eingebracht hat, alle Kolleginnen, was die geschilderte Situation bei ihnen auslöst. Hier geht es noch nicht um eine fachliche Deutung. Vielmehr werden Empfindungen, Bilder, Erinnerungen, Assoziationen und spontane Einfälle zum Inhalt der vorgestellten Beobachtung gesammelt. Die Kolleginnen tun nun also das, was die Beobachterin bereits unmittelbar nach ihrer Beobachtung getan hat. Sie fragen sich: Was macht die Situation mit mir?

Interessen des Kindes

Obwohl die Beobachtungszeit nur wenige Minuten dauert und die Handlungen des Kindes deshalb nicht nach ihrer tatsächlichen Dauer oder Häufigkeit beurteilt werden können, bieten die Intensität, die Engagiertheit des Kindes und die Energie, die es in sein Handeln investiert, gelegentlich Hinweise auf längerfristig angelegte Interessen des Kindes.

Was ist der Sinn der Handlungen aus Sicht des Kindes?

An dieser Stelle werden Hypothesen dazu formuliert, welche Absichten das Kind mit seinen Handlungen verfolgt, was es zu erreichen versucht, was es herausfinden oder worauf es Einfluss nehmen will. Kurz: Es geht um die Bedeutung seines Handelns für das Kind selbst.

Dabei sollten alle Beteiligten versuchen, sich in den Jungen oder das Mädchen hineinzuversetzen und sein Tun nachzuvollziehen. Was könnte das, was das Kind tut, für das Kind selbst bedeuten?

Manchmal hilft es dabei, sich vom bloßen Nachdenken zu lösen und eine Hand- oder Körperbewegung des Kindes nachzuahmen und so nachzuempfinden. Auch eigene Kindheitserinnerungen können helfen, dem nachzuspüren, was das Kind meinen könnte.

Es könnte sich zum Beispiel um ein Bauwerk handeln, das ausgestaltet oder vollendet werden soll, einen Versuch, eigene Kompetenzen zu stärken oder zu erwerben, um Vorschläge für die Gestaltung eines Spiels oder eine Selbstdarstellung in einer bestimmten Rolle. Das Kind könnte versuchen, die Anerkennung anderer Kinder zu bekommen, eine Rolle in einem Spiel zu gestalten oder seine Vorstellungen von der Welt mitzuteilen und zu diskutieren.

Voraussetzung ist dabei, mit Empathie und anerkennend auf das Kind zu blicken. Es sollte insbesondere nicht vorschnell zum Beispiel auf »störendes« Verhalten, auf vermeintliche Defizite oder eine Rolle als »Opfer« festgelegt werden. Es geht gerade darum, bereits (lange) bestehende Bilder, die man von diesem Kind hat, anhand der beobachteten Situation zu überprüfen.

Wenn alle oder viele Beteiligte das Kind kennen, kann das helfen, einen offenen und neugierigen Blick zu behalten, da jede eine je eigene Beziehung zu dem Kind hat und es auf ihre Weise wahrnimmt. Es führt manchmal zu überraschenden Ergebnissen, wenn eine Erzieherin eine völlig neue Sichtweise einbringt, die allen bisherigen Vorstellungen von diesem Kind zu widersprechen scheint. Die neue Perspektive macht vielleicht die verschiedenen Seiten dieses Kindes deutlich und ermöglicht einen neuen Zugang, während der Reflexion der Beobachtung ebenso wie beim

zukünftigen Handeln. Das heißt: Die Auswertungsfrage nach dem subjektiven Sinn der Handlung für das Kind erlaubt jeder beteiligten Erzieherin, auch die eigene Haltung dem beobachteten Kind gegenüber kritisch zu reflektieren.

Zum Verständnis der Handlung kann bei älteren Kindern selbstverständlich auch ein Gespräch der Erzieherin mit dem beobachteten Mädchen oder Jungen im Vorfeld der Teamreflexion beitragen. Der Kommentar des Kindes zur beobachteten Szene wird dann ebenfalls zur Beantwortung der Frage »Was macht das, was das Kind tut, zu einer sinnvollen Handlung?« herangezogen.

Welchen Sinn machen die Handlungen des Kindes im kulturellen Bedeutungszusammenhang?

Das ist die vielleicht schwierigste Frage im Auswertungsprozess, wenngleich das Vorgehen gar nicht so kompliziert ist. Aber hier hängt sehr viel davon ab, dass die Regeln genau eingehalten werden. Sie orientieren sich an der Methode der sogenannten »objektiven Hermeneutik«, die in der qualitativen Sozialforschung ein erprobtes Verfahren darstellt.

Zu Beginn wird eine Sprachäußerung des Kindes oder eine Handlungssequenz aus der Beobachtung ausgewählt. Dabei kann man eigentlich nichts falsch machen, aber es wird sich im Laufe wachsender Erfahrung im Umgang mit der Methode zeigen, dass manche Sprach- oder Handlungssequenzen lohnender sind als andere, weil sie entweder reichhaltigere Deutungen ermöglichen oder schneller zu einem Ergebnis führen. Das muss ausprobiert werden.

Im nächsten Schritt wird gefragt: Was würde es bedeuten, wenn dieselbe Sprachäußerung (sehr wichtig: Genau dieselbe!) beziehungsweise dieselbe Handlungssequenz (sehr wichtig: Genau dieselbe!) von einem Erwachsenen stammen würde?

Würde man es bei dieser Fragestellung belassen, würden die meisten möglichen Antworten wohl verworfen werden, weil sie ziemlich verrückt klingen würden. Deshalb wird die Frage konkretisiert und lautet nun:
Wie müsste der Kontext der Handlung/der Sprachäußerung beziehungsweise die Situation beschaffen sein, damit die Handlung/die Sprachäußerung auch unter Erwachsenen akzeptiert werden würde, ohne Befremden hervorzurufen?

Um eine solche Frage beantworten zu können, muss auf das Sprachgefühl der Kolleginnen, die zusammen die Beobachtung auswerten, beziehungsweise auf ihr Gefühl für die Angemessenheit von Handlungen in bestimmten Situationen zurückgegriffen werden. Beides ist, wenn jemand in unserer Kultur aufgewachsen ist, sehr gut ausgeprägt.[20] Wichtig ist nur, dass die Handlung beziehungsweise die Sprachäußerung des Kindes nicht verändert wird. Ein Beispiel dafür wäre:

B *Ein Junge sagt während der Beobachtung: »So, jetzt!« Ein Vorschlag für einen Kontext für diese Sprachäußerung, der sie auch für einen Erwachsenen als angemessen erscheinen ließe, war: Eine Mutter will ihr trödelndes Kind zur Eile anspornen und sagt: »So, jetzt mach aber mal!« Dieser Vorschlag musste verworfen werden, weil das Kind nur »So, jetzt!« gesagt hatte und nicht: »So, jetzt mach aber mal!«*

Die Suche nach sinnstiftenden Kontexten brachte für dieses Beispiel zwei Ergebnisse:
Zum einen eine Situation beim Bergsteigen, in der der Seilführende einen sicheren Stand erreicht hat und dem Nachfolgenden mit »So, jetzt!« zu verstehen gibt, dass er das Seil jetzt belasten kann. Die andere Situation war die eines Feuerwehrmanns, der auf seiner Leiter stehend jemandem am Fenster eines brennenden Hauses signalisiert, dass jetzt der rettende Schritt auf die Leiter möglich ist.

Es fiel auf, dass beide Beispiele auf Gefahrensituationen verwiesen und deshalb die Frage zumindest sinnvoll erschien, ob daraus Rückschlüsse auf die aktuelle Situation des Kindes zu ziehen seien. Solche Schlüsse sind mit besonderer Vorsicht zu behandeln und müssen durch weitere Informationen erhärtet werden. Jedoch zeigen die bisher vorliegenden Erfahrungen, dass sie relativ häufig zu weiterführenden Ideen zu den Themen der Kinder beitragen. In diesem Fall wurde die Erzieherin des Jungen

---

20 Das weist schon darauf hin, dass Vorsicht geboten ist, wenn es sich bei der Herkunftskultur des Kindes und der Erzieherin um unterschiedliche Kulturen handelt.

nachdenklich, weil sie das Kind seit längerer Zeit als zurückgezogen und manchmal »neben sich stehend« erlebte, ohne sich einen Reim darauf machen zu können.

Ein Beispiel mit einer Handlungssequenz als Ausgangspunkt der Analyse soll nochmals illustrieren, wie wichtig es ist, auch in diesem Fall möglichst genau dem Handeln des Kindes zu folgen.

Während der Beobachtung hatte ein fünfjähriger Junge vor einer Gruppe von Kindern **B** *auf seinem Fahrrad einige Runden gedreht und sich von Zeit zu Zeit seitlich vom Rad fallen lassen. Die Frage danach, wie eine Situation beschaffen sein müsste, damit ein solches Verhalten eines Erwachsenen als angemessen betrachtet werden könnte, brachte einige Einfälle, die aber fast alle verworfen werden mussten.*

Ein Vorschlag lautete: Ein Erwachsener fährt auf seinem Moutain-Bike einen Berg hinunter, verliert die Kontrolle und lässt sich seitlich vom Rad fallen, um Schlimmeres zu vermeiden. Der Vorschlag konnte nicht akzeptiert werden, weil für das Kind keine Gefahrensituation erkennbar war, die es zu einem solchen Verhalten hätte veranlassen können. Als einziger Vorschlag blieb schließlich der Clown übrig, der so tut, als könne er sich nicht auf dem Fahrrad halten, und der damit sein Publikum unterhält.

Die Erzieherin des Jungen erkannte in dieser Clowns-Rolle eine gewisse Hilflosigkeit des Kindes, auf Augenhöhe zu kommunizieren. Zwar konnte der Junge Spiele sehr gut anleiten oder auch der Anleitung anderer Kinder folgen, zeigte sich überhaupt in vielerlei Hinsicht als sehr kompetent, hatte aber niemanden in der Gruppe mit ähnlich ausgeprägten Kompetenzen.
  Daraus entstand der Plan, ein Kind aus einer anderen Gruppe, das vergleichbar kompetent schien, in Kontakt mit dem Jungen zu bringen.

Bei all diesen Interpretationen muss es den Pädagoginnen bewusst bleiben, dass es dabei nicht um Defizite beim Kind geht, sondern um Versuche des Kindes, aktiv mit ungelösten Aufgaben umzugehen, und es dabei Unterstützung verdient.

Gibt es außerhalb der Beobachtungssituation Hinweise, die zu ihrem Verständnis beitragen könnten?

An dieser Stelle können Informationen aus Notizen, von den Kolleginnen erinnerte Ereignisse oder Mitteilungen aus der Familie des Kindes eingebracht werden, sofern sie geeignet sind, zur Interpretation der Beobachtung beizutragen. Dazu können beispielsweise Berichte der Eltern über eine aktuelle Konfliktsituation mit einem Geschwisterkind zu Hause ebenso gehören wie die Erinnerung einer Kollegin daran, dass sie in ihrem Arbeitsbereich ein ähnliches Verhalten des Kindes beobachtet hat.

!

Exkurs: Zur Hermeneutik

Im *infans*-Konzept orientieren wir uns bei der Auswertung der Beobachtungen zu den Bildungsthemen des Kindes und bei der Entwicklung der Individuellen Curricula auch an hermeneutischen Methoden. Dem besseren Verstehen dieses Vorgehens soll der nachfolgende Exkurs dienen.

Was ist unter Hermeneutik zu verstehen?

Hermeneutik ist eine Methode des Interpretierens und Verstehens von Texten. Ursprünglich angewandt in der Sinnauslegung von historisch-literarischen Texten, wird die Hermeneutik inzwischen »... längst auch auf andere Kulturerzeugnisse bezogen, die man gleichsam wie Texte zu verstehen sucht. Hermeneutik in diesem weiteren Sinn ist also die Kunst des Verstehens kultureller Ereignisse, seien dies nun Situationen, Texte, Bilder, Protokolle, Erfahrungsberichte, spielende Kinder oder pädagogische Gesten und Gebärden«. (Rittelmeyer/Parmentier 2007, S. 2)

Gefragt wird nach der Bedeutung, dem Sinn der Texte: »Was meinen die Autorinnen/Autoren (oder die Akteure, B. A.) mit dem, was sie sagen oder schreiben? Was bedeutet die Texte? Welchen Zweck verfolgen die Urheber in einem bestimmten sozialen und historischen Zusammenhang?« (Rittelmeyer/Parmentier 2007, S. 1)

Verstehen meint dabei also nicht, wie häufig im alltäglichen Sprachgebrauch, »lediglich das psychische Sich-Einfühlen, sondern vorrangig das Sinn-Verstehen«. (Gudjons 1997, S. 59)

Verstehen Menschen, die demselben kulturellen Kontext zugehören, einander im alltäglichen Miteinander wie selbstverständlich und ohne sich dessen bewusst zu werden, so kann diese »Unmittelbarkeit des Verstehens ... plötzlich gestört sein: Der andere macht eine Handbewegung, die uns irritiert, oder wir können dem Gesagten nicht folgen. Es tritt uns unter Umständen schmerzlich ins Bewusstsein, dass wir nicht verstehen, dass aber Verstehen notwendig wäre«. (Danner nach Dilthey 1961, 2006, S. 38)

Auch Erzieherinnen kann die Methode der Hermeneutik helfen, schriftlich festgehaltene oder videografierte Äußerungen von Kindern besser zu verstehen und Bedeutungen zu erkennen, die auf den ersten Blick nicht auffallen. Insbesondere Hypothesen zu den Themen eines Kindes, Vermutungen, an welcher »Baustelle« seines Selbstkonzepts es gerade arbeitet, bedürfen der tiefer gehenden Analyse, die mit hermeneutischen Verfahren möglich ist.

Zugleich bedürfen hermeneutische Methoden bestimmter Voraussetzungen auf Seiten derer, die einen Text, eine Szene deuten. Bezogen auf die Auslegung historischer Texte schreibt Gadamer: »Die Hermeneutik muss davon ausgehen, dass wer verstehen will, mit der Sache, die mit der Überlieferung zur Sprache kommt, verbunden ist und an die Tradition Anschluss hat oder Anschluss gewinnt, aus der die Überlieferung spricht. Auf der anderen Seite weiß das hermeneutische Bewusstsein, dass es mit dieser Sache nicht in der Weise einer fraglos selbstverständlichen Einigkeit verbunden sein kann, wie es für das ungebrochene Fortleben einer Tradition gilt. Es besteht wirklich eine Polarität von Vertrautheit und Fremdheit, auf die sich die Aufgabe der Hermeneutik gründet. ... In diesem Zwischen ist der wahre Ort der Hermeneutik.« (Gadamer 1990, S. 300)

Übertragen auf die Deutung der Aussagen und des Handelns von Kindern bedeutet dies, dass die Erzieherinnen

- mit der Kultur, aus der das handelnde Kind kommt, vertraut und am besten selbst in dieser Kultur aufgewachsen sind;
- die in dieser Kultur entwickelte Sprache nicht nur verstehen, sondern kompetente Sprecherinnen dieser Sprache sind;
- sich auch bei gegebener Vertrautheit mit dem Kind einer bestehenden Fremdheit bewusst sind und nicht zu schnell verstehen wollen.

Der hermeneutische Zirkel

Im *infans*-Konzept der Frühpädagogik vollziehen sich die Auswertung und Deutung der dokumentierten Handlungen und Sprachäußerungen des Kindes in einem zirkulären Prozess. An welcher Baustelle seines Selbstkonzepts ein Kind gerade arbeitet, was sein Thema ist, das lässt sich nicht linear aus einer Gegebenheit heraus verstehen. Es bedarf vielmehr eines Prozesses, in dem vom Ganzen auf einzelne Teile der Beobachtungen und von einzelnen Handlungen und Sprachäußerungen auf das Ganze geschlossen wird. Dieser Prozess des Verstehens ist letztlich nie abgeschlossen. In unserem Zusammenhang endet er erst, wenn das Kind die Kindertagesstätte verlässt.

Der hermeneutische Auswertungsprozess, der zu einem höheren Verstehen führt, wird hermeneutischer Zirkel genannt. Jeder Mensch, der einen Text oder eine beobachtete Sequenz deutet, bringt ein Vorverständnis mit, von dem ausgehend er das Gesagte oder die beschriebene Handlung zu verstehen sucht. In der Auseinandersetzung mit dem Text beginnt der Interpret zu verstehen, dass sein bisheriges Verständnis des Gegenstands nicht ausreichend ist. Vorausgesetzt, er ist bereit, seine Vorstellungen oder Vorurteile zu hinterfragen, wird sich sein Verständnis vom Gegenstand (oder in unserem Fall vom Kind) durch den im Text enthaltenen Sinn verändern: Es wird erweitert oder korrigiert. Dieses erweiterte Verständnis wird Ausgangspunkt für die weitere Interpretation des Textes (oder des Tuns des Kindes) sein und in diesem nächsten Schritt wiederum durch neue, aus dem Text gewonnene Erkenntnisse erweitert.

Zugleich wird in diesem Deutungsprozess, ebenfalls in einer Spiralbewegung, fortlaufend vom Ganzen auf einen Teil und von den Teilen auf das Ganze geschlossen. Das heißt, bezogen auf die Auswertungen im *infans*-Konzept, es wird ausgehend von der Interpretation eines gesprochenen Satzes auf das Kind und sein Selbstkonzept geschlossen, und dieses Verstehen vom Ganzen wiederum ist Ausgangspunkt für die Interpretation einer weiteren Handlung.

Zur Methode der »objektiven Hermeneutik«

Die Methode der »objektiven Hermeneutik« wurde von Ulrich Oevermann (1979) entwickelt. Sein Verfahren der Textinterpretation basiert auf der grundlegenden These, dass der Mensch primär ein soziales Wesen ist, das sich über seine »Sozialisation ein basales Wissen von vorgegebenen, latent vorhandenen Regeln« aneignet, die sein Handeln leiten (nach Danner 2006, S. 125). Zur Vertiefung in die Methode der »objektiven Hermeneutik« empfehlen wir die »Einführung in die Interpretationstechnik der Objektiven Hermeneutik« von Andreas Wernet (2009).

Die Methode setzt voraus, dass die zu analysierende Sprachäußerung von einem kompetenten Sprecher stammt, der also über den Reichtum seiner Sprache in vollem Umfang verfügt. Non-native speakers sind von daher schon einmal ausgenommen. Der Vorbehalt der nicht vollständigen Kompetenz trifft auch auf Kinder zu, insbesondere im Vorschulalter, die (noch) nicht über die volle Sprachkompetenz verfügen.

Als Konsequenz daraus können durch die Methode keine Aussagen zum objektiven Bedeutungshorizont dessen, was ein Kind gesagt hat, begründet werden. Wir unterstellen jedoch, dass aufgrund einer solchen Analyse Hypothesen zum objektiven Bedeutungsgehalt von kindlichen Sprachäußerungen begründet werden können, die allerdings der Überprüfung bedürfen. Das gilt auch für Handlungen des Kindes.

Ein solches Vorgehen fügt sich insofern bruchlos in das *infans*-Konzept ein, als es hinsichtlich der Themen und Interessen der Kinder, die über die Beobachtungen und ihre Interpretationen identifiziert werden sollen, nur Hypothesen und keine unumstößlichen Aussagen erwartet (und zulässt). Die Interpretation von Handlungen oder Sprachäußerungen eines Kindes nach der Methode der »objektiven Hermeneutik« erlaubt hypothetische Antworten auf die Frage, was die Aussage des Kindes (oder seine Handlung) bedeuten würde, wenn das Kind sprach- (beziehungsweise handlungs-)kompetent wäre. Der unter dieser Annahme identifizierte Bedeutungshorizont der Äußerungen des Kindes muss deshalb anschließend durch gezielte Beobachtungen auf gegebenenfalls notwendige Einschränkungen überprüft werden.

Die Analyse von Sprachäußerungen oder Handlungselementen des Kindes auf dieser Grundlage klärt den Anteil an kultureller Substanz auf, den der Erwachsene – hier die Erzieherin – den vom Kind beherrschten Bedeutungen hinzufügt, ein Vorgang, der als »Versprachlichung« der Themen des Kindes beschrieben werden kann. Es mag sein, dass über die Themenformulierung hinaus auch beiläufige Beschreibungen des Kindverhaltens in seinen erweiterten – also über das aktuelle Wissen und Können des Kindes hinausweisenden – kulturellen Bedeutungsaspekten in den Äußerungen der Erzieherin gegenüber dem Kind enthalten sind.

Fachlich begründete Schlüsse

Zum Abschluss des analytischen Teils der Auswertung werden Fachkenntnisse der Erzieherinnen herangezogen, die zur Deutung der Beobachtung beitragen können.

Erste Hypothesen zu den Themen des Kindes

Wenn das Team Themen benennt, die nach seiner Meinung aus der Aktivität eines Kindes zu erkennen sind, so gewinnen diese Themen durch die Formulierung der Erzieherinnen neue Gestalt: Sie finden Worte für das, was für das Kind nur in seinen Handlungen präsent ist.

Für die pädagogische Arbeit bedeutet das, dass die Arbeit des Kindes an seinem Welt- und Selbstkonzept dem fachlichen Diskurs zugänglich und über das kommunikative Handeln der Erzieherin auch dem Kind ein erweiterter Zugang dazu möglich wird.

Durch ihre Formulierung eines Themas des Kindes greift die Erzieherin in die Konstruktions- oder Bildungsprozesse des Kindes ein, indem sie ihm die Ebene der symbolischen Darstellung verfügbar macht. Das Kind erfährt, dass es Worte gibt, die sein Thema mitteilbar, beschreibbar und auf eine neue Weise bearbeitbar machen. Insofern werden Themen im pädagogischen Prozess zu gemeinsamen Konstruktionen von Erzieherin und Kind.

Es muss allerdings als eher schwierig angesehen werden, auf der Grundlage einer einzigen Beobachtung ein Thema erkennen zu können. Besser dafür geeignet ist der Prozess, in dem ein Individuelles Curriculum erarbeitet wird, in dem mehrere Beobachtungen berücksichtigt werden.

Andererseits fördert die hermeneutische Methodik, wenn sie korrekt angewandt wird, Informationen aus der Tiefenstruktur des Beobachtungstextes ans Licht, so dass

in diesen Fällen zumindest Vermutungen über ein Thema möglich sind, die im pädagogischen Handeln auf ihre Stichhaltigkeit überprüft werden können.

Diese Themen sind immer Konstruktionen. Sie enthalten den subjektiv gemeinten
Sinn, den die Erwachsenen dem Kind zuschreiben, ebenso wie das kulturelle Bedeu-
tungsspektrum (Eine detaillierte Auseinandersetzung mit dem Begriff »Themen der
Kinder« findet sich in Modul 3.).

Entscheidungen darüber, welche Themenhypothesen weiter verfolgt werden sollen, welche logisch scheinen oder sich möglicherweise widersprechen, werden erst getroffen,
wenn der Dialog im Team abgeschlossen ist. In diesem Klärungsprozess müssen das
Alter des Kindes, der Stand seiner Entwicklung und sein allgemeines Weltverstehen
mitberücksichtigt werden.

Ein wesentlicher Hinweis darauf, ob es sich bei dem ausgewählten Beispiel um eine
für das jeweilige Kind bildungsrelevante Situation handelt, ist bereits in den Fragen
zur Engagiertheit enthalten. Daneben bieten entwicklungspsychologische Kenntnisse
eine Folie, die mit darüber entscheidet, ob ein genanntes Thema tatsächlich wesentlich
für die aktuellen Bildungsprozesse des jeweiligen Kindes sein könnte.

Unabhängig davon, ob in einer Kindertagesstätte nach einem offenen Konzept gearbeitet wird oder jede Erzieherin größtenteils allein in einem Gruppenraum für eine
Kindergruppe verantwortlich ist, wird die Entscheidung darüber, welche Themen weiter
verfolgt werden sollen, gemeinsam getroffen.

Teams, die bereits Individuelle Curricula für alle Mädchen und Jungen entwickeln
oder die mehrere, an aufeinanderfolgenden Tagen dokumentierte Beobachtungen
eines Kindes in die individuelle pädagogische Planung einbeziehen, können in der
Auswertung der einzelnen Bögen die Überlegungen und Verabredungen zu den
nächsten pädagogischen Schritten auslassen.[21]

Offene Fragen

In jedem Diskurs über die Themen oder im weiteren Sinn die Bildungsprozesse der
Kinder bleiben Fragen offen und Dinge ungeklärt. Dies ist ganz im Sinne des hier
vorgestellten Konzepts. Das gemeinsame Nachdenken über die Kinder und die Hypothesen der Erwachsenen müssen Korrekturen zugänglich bleiben. Nur so sind neue
Erfahrungen auf Seiten der Kinder und der Erwachsenen möglich. Wenn Erwachsene
glauben, alles über das Kind und sein Weltverstehen zu wissen, »droht die Bild-
samkeit des Kindes zu erlöschen« (Mollenhauer, 1983). Eine fragende Haltung der
Erzieherinnen kann davor schützen, in pädagogische Routinen zu verfallen.

---

21 Einblick in das Auswertungsverfahren gibt auch der Artikel von Wünsche, Schnetter und König, erschienen in Kita
aktuell 9/2009: Ko-Konstruktion auf verschiedenen Ebenen.

Der spiralförmige Prozess, der die hier vorgestellte Pädagogik kennzeichnet, wird getragen von dieser forschenden Haltung. Die Beobachtung ruft Fragen bei der Beobachterin hervor. Sie trägt diese Fragen ins Team. Dort werden erste Hypothesen entwickelt, es entstehen aber auch weitere Fragen.

Mit diesem »Zwischenergebnis« wenden sich die Erwachsenen wieder an das Kind. Das, was sie in die Interaktion mit dem Kind einbringen, oder ihre Veränderungen in den Räumen enthalten die impliziten Fragen »Kannst du mit dem, was wir uns überlegt haben, etwas anfangen? Haben wir verstanden, was du meinst, womit du dich beschäftigst?« Die Antwort des Kindes in diesem Verständigungsprozess bildet dann wieder die Basis für das weitere Nachdenken im Team.

Schlüsse für das pädagogische Handeln

Alle Teams, die auf der Basis der Auswertung von Beobachtungsbögen planen, welche Themen sie dem Kind in den nächsten Tagen zumuten wollen, führen den fachlichen Diskurs weiter. Auf der Basis der identifizierten Themen des Kindes werden nun Schlüsse für das weitere pädagogische Handeln gezogen. Was sollte verändert werden im Materialangebot, in der Raumgestaltung, in der Interaktion mit dem Kind? Braucht dieses Kind mehr Unterstützung, neue Herausforderungen oder einfach Zeit und Raum, um sich allein oder mit anderen Kindern seinen Themen zu widmen? Auch an diesen Überlegungen beteiligen sich wieder alle Kolleginnen.

In Häusern, die nach einem offenen Konzept arbeiten und in denen es bereits Bildungsinseln oder Funktionsräume gibt, gelingt eine angemessene Antwort der Erwachsenen auf die Themen des Kindes nur durch enge Kooperation im Team. Sie ist eine grundlegende Voraussetzung für ein zielorientiertes pädagogisches Handeln.

Zugleich hat ein offenes Konzept den Vorteil, dass die Antworten, die Kinder auf ihre Themen von den Erwachsenen bekommen, in der Regel komplexer sein werden als das, was eine einzelne Ansprechpartnerin sagen oder tun kann. Die Gestaltungsmöglichkeiten in einem einzigen Gruppenraum sind eingeschränkt, und eine Erzieherin allein verfügt nicht über die Kompetenzen, die die Erzieherinnen eines ganzen Teams einbringen können.

Zielvereinbarungen

Zum Abschluss wird vereinbart, wer aus dem Team für die Umsetzung der geplanten Schritte verantwortlich ist und wann die Antworten/Reaktionen des Kindes reflektiert werden sollen. Die Arbeitsblätter 4 und 5 auf der beiliegenden CD enthalten einen Leitfaden zur Moderation des fachlichen Diskurses im Team und einen Vorschlag zum zeitlichen Ablauf.

2. Die Bildungsbereiche und Zugangsformen des Kindes

Mit den Beobachtungen zu den so genannten Zugangsformen oder Bildungsbereichen der Kinder können Erzieherinnen sich ein genaueres Bild davon machen, ob und – wenn ja – welche der möglichen Wege ein Kind bevorzugt, um sein »Bild von der Welt« zu konstruieren.

Das Vorgehen stützt sich auf Gedanken aus einem Konzept, das von Howard Gardner unter dem Begriff der multiplen Intelligenzen ausgearbeitet worden ist. Dazu existieren verschiedene Veröffentlichungen, die über den Kontext und die Details dieser Konzeption der menschlichen Intelligenz Aufschluss geben (Gardner 1996, 2001). Die Grundidee Gardners war es, dass Menschen über mehr als eine Möglichkeit verfügen, sich intelligent zu verhalten, und dass jeder dieser individuellen Zugänge ernst genommen werden sollte, anstatt alle zusammen auf eine einzige Dimension zu reduzieren, die dann in Form eines so genannten Intelligenzquotienten darstellbar ist.

Diese Überlegungen sind in einer Reihe von Forschungsprojekten und Untersuchungen mit dem Konzept der von David Feldman entwickelten »Bereiche des Wissens« zusammengeführt und in eine pädagogische Konzeption integriert worden, die auf die Feststellung und Förderung von »Stärken der Kinder« zielte. Dabei sollten gegebenenfalls vorhandene »Schwächen« bei den Kindern erst dann in geeigneter Weise in fördernde Aktivitäten einbezogen werden, wenn die Stärken oder Kompetenzen der Kinder identifiziert und gefestigt erscheinen. Als Methode wurde in dieser Hinsicht das so genannte »bridging« benutzt, also das Herstellen einer Verbindung von Bereichen der »Stärke« zu solchen der »Schwäche« über geeignete Aktivitäten, in denen beide Bereiche zugleich angesprochen werden.

In diesem Zusammenhang wurden »learning centers« entwickelt, entsprechend mit Material und Einrichtungen versehene Bereiche in einem größeren Raum, in denen die Kinder nach ihren Vorlieben und Interessen Kenntnisse und Fähigkeiten erwerben können. Die Idee der »learning centers« bietet die Grundlage für das Konzept der »Bildungsinseln«, das im *infans*-Konzept benutzt wird.

Die Strukturierung der Räume wurde im »Project Spectrum« (Gardner/Feldman/ Krechevsky 1998) – unter diesem Namen sind die amerikanischen Untersuchungen zusammengefasst – ergänzt durch Skalen, auf denen Kinder hinsichtlich ihrer Kompetenzen beurteilt werden konnten. Diese Skalen sind weit überwiegend bei fünfjährigen Kindern eingesetzt worden und haben sich auch für den Übergangsbereich in die Schule und in den ersten Schulklassen als brauchbar erwiesen. Sie sind die Basis für die Einschätzskalen, die im *infans*-Konzept Verwendung finden. Für Kinder unter drei Jahren sind sie nicht geeignet.

Die Originalskala wurde von uns in zweierlei Hinsicht verändert. Zum einen wurden einige Fragen, die im Original enthalten sind, so modifiziert, dass sie auch für drei-

und vierjährige Kinder noch sinnvoll eingesetzt werden können. Andere Fragen wurden herausgenommen, weil sie uns für Kindergartenkinder als zu hoch gegriffen erschienen und wir darüber hinaus den Umfang der mit der Beobachtung verbundenen Arbeit begrenzt halten wollten. Daraus entstand die Grundlage des jetzt noch einmal überarbeiteten Instruments für die drei- und vierjährigen Kinder.

Die Originalfassung wurde für Kinder ab fünf Jahren neu aufbereitet und steht nun erstmals in vollem Umfang für die älteren Kinder zur Verfügung. Das schließt den Bereich »Bildende Kunst« ein, der in der Fassung für die drei- bis vierjährigen Kinder als zu anspruchsvoll ausgegliedert wurde und dort nicht enthalten ist.

Die zweite, wichtigere Veränderung, die wir vorgenommen haben, hat etwas mit der Skalendefinition und damit der Bedeutung der Beobachtungen zu tun. Wir benutzen die Skalen nicht, um Kompetenzprofile der Kinder zu erhalten, sondern um die Interessen der Kinder den Bildungsbereichen zuordnen zu können.

Es geht uns darum, bezogen auf die sieben verschiedenen Bildungsbereiche herauszufinden, ob ein Kind besondere Interessen in einem oder mehreren dieser Bereiche zeigt. Nach unserem Verstehen sind es die Interessen der Kinder, die den Zugang zu den Bildungsprozessen der Kinder für die Pädagogik öffnen. Sie erlauben es, Themen der Kinder zu erkennen, und bieten eine Orientierung für die Erzieherin, welchen Zugang das Kind seinerseits zur Welt sucht und benutzt.

Neben diesen auf das einzelne Kind bezogenen Informationen, die eine Basis für individualisierte Themen-Angebote (zugemutete Themen) bilden, erlaubt die Auswertung der Skalen es auch, Gruppen von Kindern mit ähnlichen Interessen zu identifizieren, für die dann gemeinsame Aktivitäten geplant werden können. So kann sich zum Beispiel ein erstes Mathe-Kings-Angebot (Hoenisch/Niggemeyer 2004) an diejenigen Kinder richten, deren Interesse an einem mathematischen Zugang mit dem Instrument »Bildungsbereiche/Zugangsformen« festgestellt wurde.

Damit kann sichergestellt werden, dass die Erzieherinnen die von ihren Erziehungszielen abgeleiteten Angebote, die sie den Kindern als Themen zumuten wollen, zunächst den Kindern anbieten, bei denen ein Interesse für den entsprechenden Bildungsbereich vermutet werden kann.

So können die Erzieherinnen Erfahrungen mit ihrem Themenangebot machen und es mit Hilfe der motivierten Kinder auch weiterentwickeln. Meist bleibt es nicht bei einer kleinen mathematisch interessierten Gruppe. Mit der Zeit wächst häufig auch bei anderen Jungen und Mädchen der Wunsch, sich an einem solchen Angebot zu beteiligen, und nicht selten müssen dann sogar Wartelisten geführt werden. Die Ursache dafür kann die Wahrnehmung der Intensität der Beschäftigung der Kinder mit dem zugemuteten Thema sein, die andere Kinder neugierig macht, sich auch damit zu befassen. Oder aber ein Kind schließt sich einer solchen Interessengruppe an, weil es mit einem dieser Kinder befreundet ist. Beide Effekte wurden aus der Praxis berichtet.

Wichtig ist jedoch, den Unterschied zu einem Instrument zu verstehen, das Kompetenzen von Kindern misst. Bei diesen Skalen im *infans*-Konzept geht es genau darum nicht. Die Frage hier ist nicht: Was kann das Kind? Sie lautet vielmehr: »Was tut das Kind?« Und gegebenenfalls: »Wie tut es das?« Es geht darum, die aktuellen Interessen eines Kindes durch die bewusste Wahrnehmung dessen, was es tut, herauszufinden, um sich in der pädagogischen Arbeit daran orientieren zu können. Insofern ergänzt dieses Instrument die Informationen, die über den Bogen«Bildungsinteressen/Bildungsthemen« und den offenen Interessenbogen gewonnen werden.

Manchmal können einzelne Fragen nicht beantwortet werden, weil die entsprechenden Materialien in der Kindertagesstätte nicht vorhanden sind oder Gelegenheiten fehlen, in denen die Kinder das nachgefragte Verhalten zeigen könnten. Das Instrument »Bildungsbereiche/Zugangsformen« gibt einem Team also auch wichtige Hinweise zur Überprüfung der gestalteten Umgebung und der gestalteten Interaktion mit den Kindern. Eine detaillierte Beschreibung der Handhabung dieses Instruments findet sich im Arbeitsblatt 6 auf der beiliegenden CD.

Die Einbeziehung der Eltern

Familien sind an Informationen darüber, was ihr Kind den Tag über tut, hoch interessiert. Sie fragen häufig danach, was ihr Kind gerade am liebsten tut. Das kann zu Hause und in der Kindertagesstätte unterschiedlich sein, manchmal aber auch sehr ähnlich.
In diesem Zusammenhang können Eltern – wenn sie mögen – selbst den Bogen zu den Bildungsbereichen ihres Kindes ausfüllen. Gefragt ist hier, was das Kind zu Hause an Zugangsformen zeigt.

In einem Gespräch können Eltern und Erzieherin die Aufzeichnungen aus der Kindertagesstätte und die der Eltern vergleichen und sich zusammen auf die aktuellen Interessen des Kindes konzentrieren. Nicht nur für die Eltern, auch für Erzieherin kann dieser Austausch wichtige Informationen enthalten. So wurde in der Rastätter Kindertagesstätte »Rheinau Nord« des Badischen Teilprojekts in einem solchen Gespräch deutlich, dass ein Junge, der in der Einrichtung keinerlei Interesse am gut ausgestatteten Musikzimmer zeigte und auch entsprechende Angebote eher mied, sein intensives musikalisches Interesse offensichtlich zu Hause auslebte und in der Kindertageseinrichtung andere Herausforderungen suchte und fand. Der von den Eltern ausgefüllte Bogen kommt dann zusammen mit den Dokumentationen der Erzieherinnen in das Portfolio des Kindes.

3. Dokumentationen zu den bevorzugten Tätigkeiten und Interessen des Kindes

Im *infans*-Konzept bilden die Interessen und Themen der Kinder neben den Erziehungszielen der Kindertagesstätte die Basis für das Handeln der Erzieherinnen. Entsprechend wichtig sind Dokumentationen der bevorzugten Tätigkeiten und Interessen. Sie eröffnen einen wichtigen Zugang zu den individuellen Talenten und Leidenschaften der Mädchen und Jungen. Was ein Kind wieder und wieder tut, erlaubt Einsichten in seine Interessenlage und muss dokumentiert werden. Erzieherinnen können diese Informationen nutzen, um Ideen zu entwickeln, wie sie ein Kind am besten unterstützen und seine Bildungsprozesse herausfordern können.

Es kommt vor, dass Erzieherinnen besorgt sind, wenn ein Kind Tag für Tag dieselben Aktivitäten wählt. Auch in einem solchen Fall ist die Dokumentation der wiederholten Wahlen des Kindes für die Erzieherin Grundlage, um allein oder mit Kolleginnen zunächst zu reflektieren, was sie gesehen hat, und daraus schließlich Schlüsse zu ziehen, ob sie eingreifen soll und – wenn ja – wie.

Es könnte zum Beispiel sein, dass ein Kind wiederholt eine Aktivität wählt, die an der oberen Grenze seiner Fähigkeiten liegt, und die Wiederholungen dazu nutzt, sich zu vervollkommnen. Wenn sich ein Kind zum Beispiel mit dem Sortieren von Gegenständen befasst und immer wieder dasselbe Material dazu haben will, kann es sich aus Sicht des Kindes um eine nicht leicht zu lösende Klassifizierungsaufgabe nach mehreren Gesichtspunkten handeln. Wenn die Erzieherin das erkennt, kann sie abwarten, bis das Kind die verschiedenen Möglichkeiten sicher beherrscht, bevor sie seine (selbst gewählte) Aufgabe durch ein Hinzufügen geeigneter Elemente zu einer komplexeren Herausforderung ausweitet. Durch die Beobachtung der Lieblingstätigkeit eines Kindes können solche pädagogischen Entscheidungen oft überhaupt erst ermöglicht oder zumindest erleichtert werden.

Auf diese Weise können aber auch längerfristige Interessen der Kinder identifiziert werden, die sie schließlich zu Experten für bestimmte Inhalte werden lassen. In der Brandenburger Kindertagesstätte »Haus der kleinen Strolche« beispielsweise hat ein Junge sich zu einem Experten für Reptilien entwickelt, was die Erzieherinnen zum Beispiel durch die Beschaffung geeigneter Fach- und Bilderbücher zu dieser Thematik und entsprechende Gesprächsgelegenheiten beantworteten. Ein solcher Interessenschwerpunkt kann leicht dazu genutzt werden, auch andere Themen zuzumuten, wenn sie sich mit dem bevorzugten Thema und den Interessen des Kindes verknüpfen lassen.

Kinder sind in aller Regel hoch motiviert, sich auf Aktivitäten einzulassen, die mit von ihnen bevorzugten Themen und Interessen zu tun haben, und sich dabei stark zu engagieren. Solche Interessen können im Übrigen auch körperliche Fertigkeiten betreffen, die von den Kindern immer wieder geübt und zu fast artistischer Kompetenz entwickelt werden können.

Auch bei der Entwicklung eines Individuellen Curriculums stützt sich das Team auf die Beobachtung zu den Interessen des Kindes. Planen die Erzieherinnen bei ihren Angeboten und der Zumutung von Themen, Interessen mit vom Kind eher gemiedenen Bildungsbereichen zu verknüpfen (bridging-Verfahren), so sind diese Beobachtungen unersetzlich.

Insgesamt stellt die systematische Beobachtung und Dokumentation der besonderen Interessen und von den Kindern bevorzugten Aktivitäten neben den anderen Aufzeichnungen zu den Bildungsprozessen des Kindes eine wichtige Basis für den fachlichen Diskurs und die pädagogische Planung dar.

4. Bildungsgeschichten des Kindes aus der Familie

Die Kooperation mit den Eltern hat im pädagogischen Handlungskonzept von *infans* einen hohen Stellenwert. Das Portfolio stellt dabei nicht nur eine Grundlage dar für die fundierte Information der Eltern über die Aktivitäten ihres Kindes in der Kindertagesstätte, seine Freunde und Freundinnen, besondere Interessen und Kompetenzen. Vielmehr ist das Portfolio ein zentrales Ausdrucksmittel der Bildungs- und Erziehungspartnerschaft zwischen Eltern und Erzieherinnen.

Aus diesem Grund werden die Eltern ausdrücklich eingeladen, sich an der Dokumentation über die Bildungsprozesse ihres Kindes zu beteiligen und selbst kleine Bildungsgeschichten aus der Familie beizutragen. Für die Erzieherinnen sind Informationen über das Leben des Kindes zu Hause, die Interessen, die es dort zeigt, die Themen, mit denen es sich dort befasst, und die Beziehungen, die es im weiteren Kreis seiner Familie eingeht und pflegt, von großer Bedeutung. Dabei sind Mütter und Väter der Kinder, aber auch die Großeltern und wer immer sich dort sonst dem Kind zuwendet, Expertinnen und Experten für die Interpretation dessen, was das Kind tut und welche Themen es aktuell bearbeitet.

Bildungsgeschichten aus der Familie des Kindes können dabei verschiedene Bereiche umfassen: Zum einen können Eltern Fotos aus der häuslichen Umwelt des Kindes, von Familienfeiern, Ausflügen oder aus dem Urlaub mit kurzen Kommentaren versehen und sie in das Portfolio einfügen. Aber auch Geschichten von Erlebnissen des Kindes zu Hause und Hinweise auf besondere Interessen oder Bedürfnisse des Kindes können hier notiert werden.

Zum anderen können Eltern sich in den Bildungsgeschichten aber auch auf die Kontakte zwischen Familie und Kindertagesstätte beziehen. Sie können beispielsweise die Teilnahme an Festen oder anderen gemeinsamen Aktivitäten (Ausflüge, Renovierungen, die Aufstellung von Spielgeräten und ähnliches) oder die ersten Tage in der Kindertagesstätte durch Fotos und kurzen Anekdoten dokumentieren.

5. Das Soziogramm

In der Kindertageseinrichtung trifft ein Kind in aller Regel zum ersten Mal auf eine große Anzahl von Kindern unterschiedlichen Alters, verschiedener Herkunft und vielleicht ungewohnter Verhaltensweisen. Diese anderen Kinder stellen immer eine große Herausforderung dar. Durch sie entsteht sowohl die Notwendigkeit als auch die Chance, Strategien des Aushandelns zu entwickeln, die sich von den im Umgang mit Erwachsenen gelernten wesentlich unterscheiden. Dies insbesondere dadurch, dass Kinder miteinander, ungeachtet aller Unterschiede, die auch zwischen ihnen bestehen können, auf der Ebene von Gleichen interagieren.

Das Macht- und Kompetenzgefälle, das in Bezug auf die Erwachsenen immer präsent ist, fehlt in der Kindergesellschaft oder ist doch zumindest deutlich geringer und öffnet damit die Möglichkeit zum Aushandeln von Perspektiven und Verhaltensweisen. Darin sehen Wissenschaftler eine wesentliche Voraussetzung für die Konstruktion von Gerechtigkeitsmodellen und moralischen Strukturen insgesamt, die von den Kindern selbst verantwortet werden und damit aus dem Bereich einer von außen geleiteten (und gegebenenfalls kontrollierten) Moral hinausführen.

Im Stufenmodell der Moralentwicklung, das der Psychologe Kohlberg entworfen hat, ist dies eine der Voraussetzungen dafür, dass höhere Stufen der moralischen Entwicklung – die durch intrinsisch gestützte, also auf inneren Überzeugungen beruhende Vorstellungen von moralischem Verhalten charakterisiert sind – überhaupt erreicht werden können.

Aber nicht nur die Moralentwicklung wird durch die Interaktionen in der Kindergruppe beeinflusst, sondern man kann allgemein davon ausgehen, dass Kinder untereinander auf ihre jeweiligen Konstruktions- oder Bildungsprozesse reagieren und auf dieser Ebene wichtige Objektivierungen der subjektiven Welt- und Selbstkonstruktionen stattfinden. Die Kinder ko-konstruieren auf ihrer Ebene, wie das der Psychologe James Youniss ausgedrückt hat (1994).

Jedes Kind lernt schließlich in seinen Beziehungen zu den anderen Kindern, wie Beziehungen aufgenommen und aufrechterhalten werden können. Es lernt auch, dass Beziehungen für kurze oder längere Zeiten unterbrochen sein können und wie das vermieden werden kann, wenn man an dieser Beziehung besonders interessiert ist. Kurz: Innerhalb der Kindergemeinschaft erfährt ein Kind alle grundlegenden Varianten der sozialen Beziehungen, die auch in seinem späteren Leben eine Rolle spielen werden. Sie unterscheiden sich von den Bindungsbeziehungen, die das Kind zu den ihm vertrauten Erwachsenen aufgebaut hat, durch ihre höhere Irritierbarkeit und die prinzipielle Abhängigkeit ihrer Existenz vom eigenen Verhalten.

Besondere Bedeutung kommt dabei den Freundschaftsbeziehungen zu. Das gilt nicht nur, weil diese Beziehungsform auch später sehr wichtig sein wird, sondern weil sie

das Kind vor besondere Herausforderungen stellt. Freundschaften sind ernsthafte Prüfsteine für eigene Wünsche und Erwartungen, für Verhandlungsgeschick und Kompromissfähigkeit.

Lothar Krappmann hat zusammen mit Hans Oswald solche Freundschaftsbeziehungen unter Grundschülern untersucht, und wer will, kann dort viel über die Bedeutung dieser Beziehung für die Kinder lernen (Krappmann/Oswald 1995).

Solche Erfahrungen kann ein Kind natürlich nur dann machen, wenn es ihm gelungen ist, Beziehungen zu anderen Kindern aufzubauen. Das heißt konkret, wenn es selbst auf andere Kinder zugegangen ist und sich für sie interessieren konnte. Schon wegen der beschriebenen Bedeutung solcher Beziehungen zu anderen Kindern gehört es zu den grundlegenden Aufgaben jeder Erzieherin, sich von Zeit zu Zeit ein Bild von dem Beziehungsgeflecht zu machen, das die Kinder in ihrem Verantwortungsbereich miteinander aufgebaut haben.

Wegen der Möglichkeit, dass einzelne Kinder an dieser Aufgabe ganz oder teilweise scheitern, also mehr oder weniger isoliert von anderen Kindern ihre Zeit in der Einrichtung verbringen, sollte sich die Erzieherin diesen Überblick in gewissen Abständen systematisch und regelmäßig verschaffen. Dazu dient das Soziogramm, ein altehrwürdiges Verfahren, das in vielfältigen Variationen sowohl in den Sozialwissenschaften als auch in der Ausbildung an Erzieherfachschulen Verwendung findet. Erstaunlicherweise wird es in der Praxis häufig nicht mehr eingesetzt, was aus den beschriebenen Gründen als ein ernsthafter Mangel in der Qualität der pädagogischen Arbeit angesehen werden muss. Erläuterungen zur Erarbeitung des Soziogramms sind in Arbeitsblatt 6 auf der beiliegenden CD zu finden.

6. Freunde und Beziehungen zu anderen Kindern

Um die Beziehungen der Kinder untereinander, insbesondere Freundschaften, respektieren zu können – und das sollten sie unbedingt –, müssen die Erzieherinnen sie zunächst einmal wahrnehmen. Die Dokumentation des Beziehungsgeflechts, das aus Freunden und aus Kindern besteht, die leicht Zugang zueinander finden, ist dabei nicht nur eine wichtige Grundlage für den fachlichen Diskurs im Team und für die Reflexion über das Vorgehen von Kindern, die mit Freundschaftsbeziehungen Schwierigkeiten haben, sondern ist auch für die Eltern der Kinder ein Gegenstand von hohem Interesse.

Die Beschreibungen von Freundschaftsbeziehungen bieten die Grundlage für eine genauere Einschätzung der sozialen Kompetenzen der Kinder. Denn das Gruppensoziogramm bietet zwar wichtige, dennoch eher allgemeine Informationen darüber, in welchem Maß ein Kind in eine Gruppe eingebunden ist.

7. Ergänzende Kurznotizen

Außerhalb der Nutzung der Beobachtungsinstrumente lassen sich Beobachtungen auch in Form von Kurznotizen festhalten. Das können Anekdoten zu den Freundschaften des Kindes und aus der häuslichen Umgebung sein, aber auch Notizen über Aktivitäten, die nicht lang anhaltenden Interessen zuzuordnen sind, doch deren Intensität die Aufmerksamkeit der Erzieherin weckte.

Verfügen die Erzieherinnen zunehmend über Beobachtungserfahrungen, schärft sich ihre Wahrnehmung, und solche Notizen lassen sich dann ohne allzu großen Aufwand anfertigen.

Diese Kurznotizen sind insbesondere dann wichtig, wenn die Kinder über den Tag in verschiedenen Räumen der Kindertagesstätte tätig sind und die Angebote im Haus ihren Interessen und Themen entsprechend nutzen können. Das heißt auch, entsprechend den Prinzipien der offenen Arbeit, dass alle pädagogischen Fachkräfte Ansprechpartnerinnen für das Kind sind. Diese gemeinsame Verantwortlichkeit ist nun auf die Dokumentation für das Portfolio zu übertragen. Jede Erzieherin nimmt in ihrem jeweiligen Bereich wahr, welche Kinder sich dort aufhalten, welche besonderen Interessen die Kinder zeigen oder formulieren, mit welchen Materialien und Angeboten sie umgehen, welche Rolle Freunde und andere Kinder dabei spielen. Vor dem Hintergrund des fachlichen Diskurses im Team zu den Bildungsprozessen der einzelnen Kinder dienen die Kurznotizen der Erweiterung der Portfolio-Dokumentationen der jeweils zuständigen Kollegin. Blieben doch sonst, gerade in einem »offenen« Haus, die Beobachtungen eingeschränkt auf den Verantwortungs- oder Funktionsbereich der jeweiligen Erzieherinnen.

Auch die Antwort des Kindes auf Angebote und zugemutete Themen der Erzieherin kann in Form von Kurznotizen festgehalten werden. In einem solchen Fall sollten jedoch auch die Fragen zur Engagiertheit herangezogen werden. Denn es ist für die Beurteilung der Reaktion des Kindes von wesentlicher Bedeutung, ob sie mit Konzentration, Energie, Ausdauer und Zufriedenheit erfolgt oder eher von beiläufiger Natur ist. Die Fragen zur Engagiertheit ermöglichen eine fundierte Aussage, ob die Erzieherinnen mit ihrer Einschätzung der Themen des Kindes und ihrer Antwort darauf »richtig lagen«.

Grundsätzlich können solche kurzen Episoden von allen Erzieherinnen des Teams für die Ordner der einzelnen Kinder notiert werden, und in der offnen Arbeit ist eine solche Verlaufsdokumentation ohne die wechselseitige Unterstützung, das Engagement und das Mittun aller Erzieherinnen der Kindertagesstätte auch gar nicht möglich.

8. Kommentierte Fotos und Werke des Kindes

Die Dokumentation von Bildungs- und Lernschritten eines Kindes wäre unvollständig, würde sie nicht auch Fotos enthalten, die das Kind als Akteur seiner Bildungsprozesse zeigen. Dazu gehören auch Werke des Kindes wie zum Beispiel Zeichnungen und erste Schreibübungen.
Fotos und Werke des Kindes müssen, wenn sie ins Portfolio aufgenommen werden, jedoch immer im Zusammenhang mit Bildungs- und Lernschritten stehen und sollten entsprechend von der Erzieherin fachlich kommentiert werden.

Auch die Kinder selbst beteiligen sich gern an ihren Portfolios. Insbesondere, wenn sie schon Erfahrungen mit Dokumentationen sammeln konnten, sich mit den Eltern oder mit der Erzieherin darüber ausgetauscht haben und Gelegenheit hatten, Aufzeichnungen und Fotos zu kommentieren. Die Kinder schlagen der Erzieherin dann häufig von sich aus vor, bestimmte Zeichnungen oder Aufschriebe in ihre Portfolios aufzunehmen, und erläutern die Bedeutung, die die Dokumente für sie haben. So wird die Bildungsdokumentation selbst Gegenstand des Dialogs zwischen Erzieherin und Kind. Die Bedeutung solcher Dokumentationen für die Außendarstellung der Einrichtung wird in Modul 4 noch einmal aufgegriffen.

9. Die Grenzsteine der Entwicklung

Zunächst einmal: Die »Grenzsteine« sind kein Diagnoseinstrument, sondern sie lenken die Aufmerksamkeit der Erzieherin auf Entwicklungs- und Bildungssegmente, die in ihrem Verlauf und auf den jeweiligen Altersstufen bei den allermeisten Kindern bestimmte beobachtbare Kompetenzen hervorbringen Sind diese Kompetenzen, die in der Grenzsteine-Tabelle aufgeführt sind, für die Erzieherin zu den vorgesehenen Erhebungszeitpunkten nicht zu erkennen, dann sollte das Kind dem Kinderarzt oder

Psychologen vorgestellt werden, der mit seinen Mitteln genauer prüfen kann, ob Handlungsbedarf existiert.

Die »Grenzsteine der Entwicklung« sind auch kein pädagogisches Instrument, sondern können in der Hand der Erzieherin dazu dienen, Risiken in den Bildungsverläufen von Kindern frühzeitig zu erkennen. Die Kindertageseinrichtungen können, wenn das Instrument systematisch eingesetzt wird, Teil eines Frühwarnsystems werden, das auf ein Zurückfallen von Kindern hinter Entwicklungsmarken in sechs wichtigen Bereichen hinweist, die von 90 bis 95 Prozent aller gleichaltrigen Kinder zu den angegebenen Zeitpunkten erreicht werden.

Das Verfahren hat den Vorzug, dass einige wenige Fragen ausreichen, um Warnhinweise auf Risikolagen erkennen zu können, so dass es im Alltag einer Kindertageseinrichtung leicht eingesetzt werden kann. Es ersetzt – auch nach unserer Ansicht – keine klinische Diagnose, sondern gibt Hinweise, dass eine diagnostische Abklärung von entsprechend ausgebildeten und erfahrenen Fachkräften erfolgen sollte. Frühförderstellen, sozialpädagogische und psychosoziale Zentren oder Kinderärzte und Psychologen mit entsprechender fachlicher Qualifikation verfügen über die nötige Kompetenz dazu.

Zum Verfahren

Das Grenzstein-Instrument ist für die Altersgruppen von drei Monaten bis fünf Jahren im Instrumentenverzeichnis der beiliegenden CD enthalten.[22] Aus den USA liegen vielfältige Erfahrungen vor, die darauf verweisen, dass möglichst früh begonnen werden sollte, wenn es um den Ausgleich von ungünstigen Bildungschancen geht. Das heißt nicht, dass nicht auch zu einem späteren Zeitpunkt, also selbst noch in dem Jahr, bevor ein Kind eingeschult werden soll, Erfolge möglich sind. So sind für das so genannte »Würzburger Trainingsprogramm« im Bereich der Sprachförderung positive Effekte für das sechste Lebensjahr durch Untersuchungen belegt.[23] Die Einbettung der Kompetenzentwicklung von Kindern in lang dauernde und umfassendere Bildungsprozesse lässt es jedoch allemal als die bessere Alternative erscheinen, über derartige – und als solche legitime – Notmaßnahmen hinaus möglichst frühzeitig auf Einschränkungen in den frühen Bildungsprozessen von Kindern aufmerksam zu werden und mit entsprechenden Bildungsangeboten zu reagieren.

Das Grenzstein-Instrument enthält Hinweise aus Entwicklungsergebnissen, die von den meisten Kindern zu den betreffenden Altersstufen erreicht werden, schon für das

22 Auf der Website des Ministeriums für Bildung, Jugend und Sport des Landes Brandenburg befindet sich eine Grenzstein-Beschreibung auch für das sechste Lebensjahr. Wir haben darauf verzichtet, da uns für eine Früherkennung das sechste Lebensjahr als deutlich zu spät erscheint.

23 Küspert, P./Schneider, W.: Hören, lauschen, lernen – Sprachspiele für Kinder im Vorschulalter. 3. Auflage. Vandenhoeck & Ruprecht 2002

Alter von drei, sechs, neun und zwölf Monaten. Für das zweite Lebensjahr sind für ein Alter von 15 und 18 Monaten Zwischenstufen beschrieben, die ebenfalls kürzere Abstände der Überprüfung erlauben, während ab dem zweiten Geburtstag der Kinder ein Mal jährlich anhand der Tabelle hingeschaut werden sollte, ob das betreffende Kind die für sein Alter beschriebenen Mindestkompetenzen zeigt.
Drei Grundsätze sind dabei zu beachten:

▲ Erstens sollte dieses Hinschauen bei jedem Kind in der Einrichtung zum selbstverständlichen Service werden.

Zweitens müssen die Zeitpunkte der Tabelle so genau wie möglich eingehalten werden. Das bedeutet, dass die Beurteilung der in der Tabelle beschriebenen Kompetenzen der Kinder zeitnah zu den angegebenen Altersangaben erfolgen muss. Zeitnah bedeutet, dass der Bogen nicht länger als zwei Wochen vor oder nach dem angegebenen Zeitpunkt ausgefüllt werden soll.

Drittens – aber keinesfalls letztens – sollten in jedem Fall die Eltern beziehungsweise Sorgeberechtigten über diese Beobachtungen und ihre Bedeutung informiert werden. Insbesondere dann, wenn Auffälligkeiten beobachtet wurden, sollte das Ergebnis in taktvoller und einfühlsamer Weise mitgeteilt werden. Die enge Bindung an ihre Kinder lässt Eltern im Allgemeinen sehr empfindlich auf kritische Informationen über ihr Kind reagieren. Das ist legitim und muss respektiert werden. Darüber hinaus kann es durchaus vorkommen, dass trotz Auffälligkeiten beim Grenzstein-Instrument die folgende diagnostische Abklärung ohne Befund bleibt und keine Behandlungsbedürftigkeit gegeben ist.

Zur datenschutzrechtlichen Seite der Erhebungen

Wie bei jeder Erhebung und Verarbeitung von personenbezogenen Daten sind datenschutzrechtliche Belange zu beachten. In diesem Fall bedeutet das unter anderem: Die ausgefüllten Bögen müssen so aufbewahrt werden, dass sie von anderen Personen als den für das jeweilige Kind zuständigen Erzieherinnen und Erziehern nicht eingesehen werden können. Sie sind verschlossen aufzubewahren und sollen den Eltern übergeben werden, wenn das Kind die Einrichtung verlässt. Vor der Datenerhebung müssen die Eltern informiert werden

Selbstverständlich können und sollen Beobachtungsbögen Gegenstand zum Beispiel von Fallbesprechungen in der Kindertagesstätte sein, und dabei werden sie auch anderen Kolleginnen zugänglich. Alle Personen, die Kenntnis von diesen Beobachtungsergebnissen haben, müssen sich bewusst sein, dass es sich um sensible personenbezogene Daten handelt. Gegenüber Dritten ist Verschwiegenheit zu wahren. Für eine Weitergabe dieser personenbezogenen Daten (zum Beispiel an die Grundschule) ist nach bestehender Rechtslage in jedem Fall die schriftliche Einwilligung der Eltern der Kinder erforderlich.

Zum richtigen Zeitpunkt der Beobachtungen

Die Zeitpunkte für das Ausfüllen des Bogens sind jeweils auf das Ende des angegebenen Alterszeitraums bezogen, wobei ein zeitlicher Spielraum von maximal vier Wochen eingehalten werden sollte. Der richtige Zeitpunkt für die Beurteilung eines Kindes, das zwei Jahre alt ist, also die Beantwortung der Fragen in der Zeile, in deren Altersspalte »Wenn das Kind zwei Jahre alt ist« eingetragen ist, wäre der Zeitraum von zwei Wochen vor dem Tag, an dem das Kind zwei Jahre alt wird, bis zwei Wochen nach diesem Tag. Für die Angabe »Wenn das Kind 18 Monate alt ist« wäre das korrekte Zeitintervall der Tag, an dem das Kind 18 Monate alt wird – mit einem Spielraum von zwei Wochen vor diesem Tag und zwei Wochen danach. Wäre ein Kind beispielsweise am 17.02.2000 geboren, so würde der Bogen in der Zeile »Wenn das Kind 15 Monate alt ist« zwischen dem 03.05.2001 und dem 31.05.2001 ausgefüllt werden. Die Zeile »Wenn das Kind 18 Monate alt ist« müsste dann zwischen dem 03.08.2001 und dem 31.08.2001 ausgefüllt werden und die Zeile »Wenn das Kind zwei Jahre alt ist« zwischen dem 03.02.2002 und dem 03.03.2002.

Wenn diese Zeitintervalle nicht eingehalten werden können, weil beispielweise wegen Ferien der Kinder oder Schließzeiten der Einrichtung eine Beobachtung nicht möglich ist, kann zumindest dann, wenn dieser Sachverhalt vorherzusehen ist, auch früher beobachtet werden. Können zu einem deutlich früheren Zeitpunkt alle Fragen mit »ja« beantwortet werden, ist alles in Ordnung. Wenn eine oder mehrere Fragen mit »nein« beantwortet werden, muss nach Ende der Schließzeit oder der Ferien noch einmal hingeschaut werden. Ist dann immer noch eine »Nein«-Antwort zu verzeichnen, sollte eine diagnostische Abklärung erfolgen. Können nach Ende der Schließzeit oder der Ferien des Kindes alle Fragen mit »ja« beantwortet werden, bei denen zuvor »nein« vermerkt war, sollte der Bereich, in dem das Kind bei der Beobachtung zuvor auffällig war, von der Erzieherin besonders im Auge behalten werden. Je nachdem, in welchem Bereich die »Nein«-Antwort zu verzeichnen war, kann sie das Kind darin besonders herausfordern, seine Kompetenzen zu erweitern.

Welche Erfahrungen liegen vor?

Neben der Erprobung des Instruments auf seine Vorhersagekraft und seine Eignung zum Aufspüren von Kindern mit Problemen beim Erwerb wesentlicher Kompetenzen im Vergleich mit wesentlich komplizierteren Verfahren[24] liegen praktische Erfahrungen

24 Vgl. Laewen 2000

im Einsatz unter Alltagsbedingungen bereits vor. Seit einigen Jahren werden die »Grenzsteine« unter anderem in Kindertageseinrichtungen in Brandenburg eingesetzt. Im Allgemeinen gab es sehr positive Rückmeldungen hinsichtlich der Brauchbarkeit unter Alltagsbedingungen. Allerdings kam es in einigen Fällen vor, dass auf dem »Grenzstein-Instrument« alles im grünen Bereich war, während die Erzieherin dennoch den Eindruck hatte, dass »mit dem Kind etwas nicht stimmt«.

In einem Fall konnte in Potsdam eine Sprachauffälligkeit festgestellt werden, die in einer erheblich verwaschene Aussprache bestand und bis zum Ende des vierten Lebensjahrs durch das Instrument nicht erfasst werden konnte. In einem anderen Fall bestand eine erhebliche motorische Unruhe im fünften Lebensjahr, die bis zum Ende des vierten Lebensjahres auf dem Instrument unauffällig blieb. Es darf daraus geschlossen werden, dass neben den Informationen, die das »Grenzstein-Instrument« liefert, die Erzieherin immer auch auf den Gesamteindruck achten sollte, den sie von einem Kind hat, und gegebenenfalls auch ein Gefühl ernst nehmen sollte, dass »etwas nicht stimmt«.

Zum anderen sollte aber zumindest auch in Erwägung gezogen werden, dass es sich um ein besonders begabtes Kind handeln könnte, dessen Entwicklungsstand zwar – natürlich – auf allen Bereichen des Instruments ohne Beanstandung bleibt, das aber verhaltensauffällig wird, weil es unterfordert ist. Diese Kinder brauchen dann Herausforderungen, die gegebenenfalls deutlich über dem Niveau von Kindern im vergleichbaren Alter liegen. Hier sollte vielleicht gerade auch in Fällen von motorischer Unruhe darauf geachtet werden, ob diese nicht auch als Reaktion auf anhaltende Unterforderung des Kindes verstanden werden kann.

Was kann in der Kindertageseinrichtung getan werden, wenn ein Kind in einem oder mehreren Kompetenzbereichen Probleme zu haben scheint?

Hier sind natürlich in erster Linie die Empfehlungen zu berücksichtigen, die aufgrund einer diagnostischen Abklärung erfolgen. Grundsätzlich kann daneben oder darüber hinaus die Einrichtung aber den Kindern die Möglichkeit geben, sich »weiterzubilden«, indem sie Gelegenheiten und Situationen schafft, die das Kind herausfordern, seine Kompetenzen in den entsprechenden Bereichen und die ihnen zugrunde liegenden Welt- und Selbstkonstruktionen weiter voranzutreiben und zu differenzieren. Es geht dabei in aller Regel nicht um das Einüben isolierter Fähigkeiten.

Das würde beispielsweise für den Sprachbereich bedeuten, dass dem Kind Gelegenheit zum aktiven Sprachgebrauch gegeben wird und dass Situationen geschaffen werden, die das Kind dazu herausfordern. Dabei muss bedacht werden, dass (schon) für Kinder »sprechen« mehr als »Worte sagen« bedeutet, sondern »mit Sprache etwas zu tun«, das heißt, mit Sprache etwas zu bewirken. Es wäre also zu prüfen, ob und zu welchen Gelegenheiten die Erzieherin als eine für das Kind sehr wichtige

Person sich durch Sprachäußerungen des Kindes beeinflussen lässt, ob sie es dem Kind gestattet, mit Sprache etwas zu bewirken. Mit Sprache etwas bewirken kann bedeuten, den anderen Menschen zu einer Antwort zu veranlassen, die das angesprochene Thema aufgreift und weiterführt, zumindest widerspiegelt, oder den anderen Menschen zu Handlungen zu veranlassen, sich dem Kind zuzuwenden, aufmerksam zu sein oder Geschichten zu erzählen oder – besser noch – sich anzuhören.

Zum Sprechen gehört es auch, das Umfeld, in dem Sprache sich entwickelt, im Auge zu behalten. Das bedeutet einerseits, häufig Situationen zu schaffen, die Sprechen herausfordern – Spiele, in denen Reime, Rhythmen, Singen und ähnliches vorkommen, Geschichten erzählen über Alltägliches oder Besonderes, das in den Erfahrungen der Kinder eine Rolle spielt, »Tischgespräche« anregen, Themen der Kinder identifizieren und im wahrsten Sinne des Wortes »zur Sprache bringen«. Andererseits gilt es, im Auge zu behalten, dass sich die gesprochene Sprache in einem Umfeld von Kommunikation entwickelt, das weitere Ausdrucksformen kennt – Tanz, Musik und melodische oder rhythmische Vokalisierungen, Mimik und Gestik, theatralisch-dramatische Darstellungen mit oder ohne »Verkleidungen«, Malereien, plastische Arbeiten und ähnliches – kurz gesagt: alle Ausdrucksformen, die in Reggio unter den Begriff der »Hundert Sprachen der Kinder« fallen.

Im rhythmisch-gestischen Kommunizieren begegnen sich Sprach- und Bewegungskonstruktionen der Kinder, so dass es in der »Sprachförderung« – genauer: der Herausforderung der Selbstkonstruktion des Kindes als ein sprechendes Wesen – nicht so fern liegt, Bewegungsmöglichkeiten, -herausforderungen und -spiele in die situativen Überlegungen einzubeziehen. Die genaue Beobachtung des Kindes ist dabei – wie sonst auch – unerlässliche Voraussetzung für eine gute Pädagogik. Hier könnte das Instrumentarium der »Bildungsbereiche/Zugangsformen«, über das der gegebenenfalls bevorzugte aktuelle Zugang des Kindes zu sich selbst und seiner Umgebung identifiziert werden kann, eine nützliche Rolle spielen. Darüber können vom Kind bevorzugte Bildungsbereiche – zum Beispiel der »Bildungsbereich Mechanik und Konstruktion« oder der »Bildungsbereich Musik« – mit einigem Geschick mit beispielsweise dem Sprachbereich verknüpft werden.

Insgesamt sollte durch eine konsequente Weiterentwicklung von Kindertageseinrichtungen zu »Bildungsorten für Kinder« die Zahl der Kinder, die über das »Grenzstein-Instrument« oder anderen Verfahren als auffällig identifiziert werden, zumindest verringert werden können.

Modul 3:
Themen zumuten und
Themen beantworten

Nur wer lebendig ist, kann antworten; oder genauer: Je lebendiger jemand ist, desto mehr kann er antworten.

Erich Fromm

Themen und Interessen

Das *infans*-Konzept der Frühpädagogik unterscheidet sich von allen anderen Konzeptionen unter anderem dadurch, dass darin neben den Erziehungszielen der Kindertageseinrichtung den Interessen und Themen eines Kindes eine zentrale Bedeutung für die pädagogische Arbeit zukommt.

Wie bereits anfangs erwähnt, hat der Hirnforscher und Psychiater Manfred Spitzer die Gründe dafür in einer einfachen Formulierung zusammengefasst: »Lernprozesse müssen selbstgesteuert ablaufen, die Kinder müssen das wollen. ›Reintrichtern‹ geht gar nicht, das wissen wir längst, pauken geht auch nicht.« (Spitzer 2006)

In der Forschung zeigt sich dieser Sachverhalt ebenso wie im Rückblick auf eigene Erfahrungen: Wo Interesse vorhanden ist, wird nachhaltig gelernt. Kinder und Erwachsene bringen mühelos Zeit und Energie auf, wenn es um einen Gegenstand ihres Interesses geht. Und das, was dabei gelernt wird, bleibt deutlich besser im Gedächtnis haften. Was also wäre wichtiger, als beim Lernen die Interessen der Kinder zu berücksichtigen?

Nun wird an dieser Stelle in der Regel ein Einwand erhoben: Pädagogen können sich nicht nur an den Interessen der Kinder orientieren, ihre Arbeit muss über die Grenzen kindlicher Interessen hinausweisen.

Das ist wohl wahr, und deshalb fordert das *infans*-Konzept, dass durch die pädagogische Arbeit Bildungsprozesse der Kinder auf höchstmöglichem Niveau herausgefordert werden. Dabei sollen sich diese Herausforderungen an legitimierbaren und zukunftsfähigen Zielen orientieren (siehe Modul 1). Erst beides zusammen – die Interessen und Themen der Kinder und die Erziehungsziele der Kindertageseinrichtung – bietet die Grundlage für eine anspruchsvolle Frühpädagogik.

Wollte man an dieser Stelle die Aufgabe von Pädagogik in der Kindertageseinrichtung formulieren, könnte das etwa so lauten: Die Einrichtung setzt sich Ziele für ihre Arbeit. Diese Erziehungsziele der Einrichtung werden realisiert, indem sie im Rahmen der pädagogischen Arbeit mit den Interessen und Themen der Kinder verknüpft werden. Das geschieht einerseits dadurch, dass die von den Kindern eingebrachten Interessen und Themen aufgegriffen und erweitert, andererseits dadurch, dass Themen zugemutet werden, dabei aber ebenfalls an den Interessen und Themen der Kinder angesetzt wird.

Das ist einfach gesagt, aber nicht leicht getan. Deshalb soll in diesem Modul die Logik dieses Vorgehens genauer beschrieben und am praktischen Beispiel konkretisiert werden. Dabei geht es zunächst einmal um die Klärung der Begriffe. Zu den Erziehungs- und Handlungszielen ist im Kapitel über Modul 1 das Notwenige gesagt worden. Hier sollen nun die Begriffe »Interessen« und »Themen« erläutert werden (zusammenfassend auch auf Arbeitsblatt 1 auf der beiliegenden CD).

Interessen

Wir vermuten ein Interesse als Handlungsmotiv, wenn ein Kind sich lang andauernd und/oder intensiv mit einem Gegenstand auseinandersetzt. »Gegenstand« ist ein sehr weiter Begriff: Es kann sich dabei um Dinge und ihre Eigenschaften handeln, um Menschen, Tiere, Pflanzen oder um deren Beziehungen zueinander. Es können aber auch Kompetenzen und Handlungen des Kindes selbst ebenso wie seine Beziehungen zu anderen Kindern oder zu Erwachsenen eine Rolle spielen. Selbst so etwas Abstraktes wie Sinnfragen oder Werturteile kann Gegenstand des Interesses von Kindern werden.

Wenn ein Kind an einem Gegenstand in diesem Sinne interessiert ist, dann ist es motiviert, sich damit zu befassen, und erlebt die Beschäftigung damit als befriedigend. Es ist bestrebt, mehr über den Gegenstand zu erfahren, sich in seinem Gebrauch zu üben beziehungsweise allgemein Kompetenzen in Bezug darauf zu erwerben. Ein Interesse geht über eine allgemeine Neugier insofern hinaus, als eine Beziehung zwischen dem Kind und dem Gegenstand erkennbar ist, die nicht beiläufig oder rasch vorübergehend ist (vgl. u. a. Krapp 2001).

Selbstverständlich können Kinder zu jeder Zeit Interessen in Bezug auf mehrere Gegenstände verfolgen. Ein Beispiel:

Anna[25] zeigt häufig Aktivitäten im Bewegungsbereich.
- *Sie will Kopfstand können und übt eine Woche lang, bis sie ihn beherrscht und stolz vorführt.*
- *Sie trägt im Freigelände ein Brett zu einem knapp über dem Boden aufgespannten Balancier-Seil und legt das Brett darüber. Sie hat zunächst Schwierigkeiten bei dem Versuch, sich auf das Brett zu stellen und sich mit Hilfe eines etwas oberhalb verlaufenden Halteseils im Gleichgewicht zu halten. Mit einer Freundin zusammen schafft sie es dann, das Brett zu einer Wippe für die beiden Mädchen umzufunktionieren, auf der die beiden sich dann mit viel Spaß halten können.*
- *Sie baut im Freigelände eine Rutschbahn aus Brettern.*

Bei allen Tätigkeiten zeigt sie eine hohe Entschlossenheit, Energie und Ausdauer.
*   Dies gilt auch, wenn sie Bilder abmalt – was sie gern tut. Sie probiert so lange, bis ihr Bild ihren Ansprüchen genügt. Auch betrachtet sie gern Bilder in Kunstbüchern.*

---

25 Name geändert. Das Beispiel wurde aus einer Einrichtung des Caritasverbandes in Stuttgart berichtet.

Sie hat Interesse an Buchstaben und Texten und hört gern beim Vorlesen zu.

Sie experimentiert mit Wasser, um herauszufinden, was es mit der Oberflächenspannung auf sich hat, und probiert das so lange aus, bis das Experiment gelingt. Insgesamt zeigt sie eine hohe Anstrengungsbereitschaft und Ausdauer, wenn sie ihre selbstgesetzten Ziele erreichen will.

An den Beispielen aus dem Bewegungsbereich fällt auf, dass es Anna offensichtlich um den Erwerb erweiterter Kompetenzen hinsichtlich ihrer Körperbeherrschung und konstruktiver Fähigkeiten, aber auch um soziale Bezüge geht. Daneben zeigt Anna ein dauerhaftes Interesse an Texten und Bildern und versucht überhaupt häufig, etwas herauszufinden. Die Ausdauer und Energie, die sie bei ihren Tätigkeiten zeigt, sind charakteristisch für die Beziehung, die Kinder zu Gegenständen ihres Interesses entwickeln.

Diese Besonderheiten in der Beziehung zwischen Kind und Gegenstand ermöglichen es, durch Achtsamkeit gegenüber dem Kind und systematische Beobachtung bedeutsame individuelle Interessen relativ leicht zu erkennen. Nicht so einfach ist es, ein Thema eines Kindes zu identifizieren. Aber auch dabei spielen zunächst die Interessen des Kindes eine wesentliche Rolle.

Im nächsten Abschnitt wird es deshalb darum gehen, wie ein Thema eines Kindes daran zu erkennen ist, dass es sich wie ein roter Faden durch verschiedene Interessen hindurch bemerkbar macht.

Themen – eine Annäherung

Themen bündeln mehrere (Sach-)Interessen und verknüpfen sie mit dem Selbstkonzept des Kindes.

Das Selbstkonzept umfasst alle Erfahrungen und alles Wissen eines Kindes in Bezug auf die eigene Person und enthält bewertende Komponenten (zum Beispiel Selbstwertgefühl, Selbstachtung und anderes).

Oft wird in der Literatur zwischen einem subjektiven Selbst (Ich, englisch: I) und einem sozialen Selbst (Mich, englisch: Me) unterschieden. Das subjektive Selbst umfasst das Erleben des Kindes mit sich selbst und sein Wissen darüber. Das soziale Selbst (Mich)[26] entsteht aus den Zuschreibungen und Urteilen der sozialen Umwelt, ihren (wenn alles gut geht: sinnstiftenden) Reaktionen auf das Verhalten des Kindes und aus den Kategorien der Selbstbeschreibung, die sie zur Verfügung stellt (zum Beispiel Alter und Geschlecht) und die vom Kind in sein Selbstkonzept übernommen werden.

---

26 Diese Unterscheidung geht ursprünglich auf William James zurück, von dem George Herbert Mead die Begriffe von »I« und »Me« übernommen hat.

Das soziale Selbst hängt in besonderer Weise mit dem Verhalten der für das Kind wichtigen Personen gegenüber dem Kind ab. Erzieherinnen gehören dazu und müssen deshalb achtsam mit Bewertungen umgehen, die sie an ein Kind herantragen. Aber auch die Beziehungen zu anderen Kindern spielen eine große Rolle, denn ob ein Kind sich als geschätztes Mitglied einer Gemeinschaft wahrnehmen kann, das hängt weitgehend vom Verhalten der anderen Menschen ab, seien es Erwachsene oder andere Kinder.

Alle wichtigen Beziehungen des Kindes zu seiner sozialen Umwelt können zu Themen werden (insbesondere Beziehungen zu erwachsenen Bindungspersonen, Freunden, Geschwistern), aber auch starke Verunsicherungen oder Angst, die eigene Position in der Gemeinschaft, die Geschlechtsrolle und anderes. Eine wichtige Rolle spielen in diesem Zusammenhang die Kompetenzen eines Kindes, die seine Handlungsfähigkeit gegenüber der Welt und sich selbst definieren. Sie gehören ebenfalls zu seinem Selbstkonzept und verdienen in Verbindung mit den Erziehungszielen Aufmerksamkeit.

Zunächst wieder ein Beispiel. Wir ergänzen die Geschichte Annas um einige Informationen und werden dann sehen, wie ein Thema durch die verschiedenen Interessen des Kindes hindurch erkennbar wird. Die Erzieherinnen berichten:

Anna reagiert heftig, wenn sie etwas nicht darf oder etwas tun soll, das sie nicht will. Wenn ihr etwas wichtig ist, das andere Kinder haben, will sie es auch haben und baut es dann gegebenenfalls nach (zum Beispiel eine Murmelbahn aus Nägeln). Sie wird von den anderen Kindern respektiert und wählt sich ihre Freunde aus. Sie leitet unangefochten ihre Spiele mit anderen Kindern an und steht bei ihnen und auch bei ihrer Erzieherin in hohem Ansehen.

Ihr Profil auf dem Bogen »Zugangsformen/Bildungsbereiche« ist bis auf Mechanik und Konstruktion (3 Punkte) sowie Logik und Mathematik (6 Punkte) auf hohem Niveau ausgeglichen (Werte 8 bis 9).
 Vor dem Hintergrund ihrer weiter oben genannten Interessen zogen die Erzieherinnen für Annas Individuelles Curriculum Angebote aus dem Bewegungsbereich und der Malerei in Erwägung.

Die Berücksichtigung von Informationen aus der Familie erwies sich jedoch als weiterführend. Sie ließen einen »roten Faden« erkennen, der sich als Streben nach Kompetenzerweiterung und Perfektionierung durch die Aktivitäten zog, die das Mädchen interessierten, und legten ein völlig anderes ergänzendes Angebot nahe.
 Die Eltern berichteten, dass Anna häufig heftigen Streit mit ihrem knapp zwei Jahre älteren Bruder hat. Sie will tun dürfen, was er darf (zum Beispiel allein zur Schule gehen, mit dem Vater in dessen Kellerwerkstatt gehen), und ist überzeugt, alles, was ihr Bruder kann, auch zu können. Sie setzt bei den Eltern durch, dass sie allein zur Kita gehen darf. Sie wirft eine rosa Tasche von sich, die ihr der Großvater geschenkt

hat, weil sie »so einen Mädchenkram« nicht will. Besonders der Wunsch, zusammen mit dem Vater in seinen Werkstatt-Keller zu dürfen, scheint sie sehr herauszufordern.

In der Diskussion, ob hinter den sichtbaren Interessen Themen zu erkennen sind, rückt diese Konkurrenzsituation mit dem Bruder in den Fokus. Die Hypothese wird herausgearbeitet, dass sie in ihren Versuchen, das zu dürfen, zu haben und zu können, was ihr Bruder darf, hat und kann, den einzigen Bereich wählt, der für sie allein zugänglich ist: das Können. Beim Dürfen und Haben reden jeweils zumindest die Eltern mit. Ihr Können aber kann sie allein weiterentwickeln.

Hinter ihrer Bereitschaft, sich auf schwierige Sachverhalte nicht nur einzulassen, sondern ihre Beschäftigung damit auch mit großer Energie voranzutreiben, könnte der Wille stecken, ihrem Bruder in den Kompetenzen ebenbürtig zu werden, möglicherweise auch ein Junge sein zu wollen und so die gewünschte Anerkennung vor allem des Vaters zu gewinnen.

Aus dieser Perspektive heraus wird vorgeschlagen, Anna den Zugang zum Bild eines starken Mädchens zu öffnen, so dass sie eine andere Position gegenüber ihrem Bruder finden kann, ohne auch ein Junge sein zu müssen (rosa Tasche – Mädchenkram). Dabei boten sich unter anderem die Geschichten über Pippi Langstrumpf an, die gut zu Annas Interesse am Vorlesen passten.

Der Wechsel in der Perspektive, aus der nach einem (möglichen) Thema gesucht wurde, führte also zu sehr anderen Vorgehensweisen, als wenn nur auf der Interessenebene gehandelt worden wäre. Thema wäre hier ein leidenschaftlicher »Kampf um Anerkennung« durch den Vater und die daraus erwachsende Konkurrenz mit dem Bruder als dem Jungen, der in Annas Augen vom Vater bevorzugt wird, und der Kampf gegen die Einschränkungen im »Dürfen«, die ihr auferlegt sind.

In der Kita verbindet das Ringen um Kompetenz, um »Können«, als »roter Faden« Annas verschiedene Interessen miteinander, ein wichtiger Aspekt, der bei den inhaltlichen Angeboten mit Blick auf ihre Interessen schließlich Berücksichtigung fand.

Das Beispiel macht plausibel, dass es sehr hilfreich sein kann, nicht auf der Ebene der Interessen eines Kindes zu bleiben, sondern nach einem »roten Faden« zu suchen, der verschiedene Interessen des Kindes miteinander verbindet. Das wird nicht immer nötig und sinnvoll sein, kann aber – wie in diesem Fall – zu vertieften Einsichten in die Kontexte führen, die aktuell für die Bildungsprozesse eines Kindes von Bedeutung sind.

Eine Zusammenfassung der Definitionen findet sich auf Arbeitsblatt 1 zu diesem Modul.

Wie können Interessen und Themen erkannt werden?

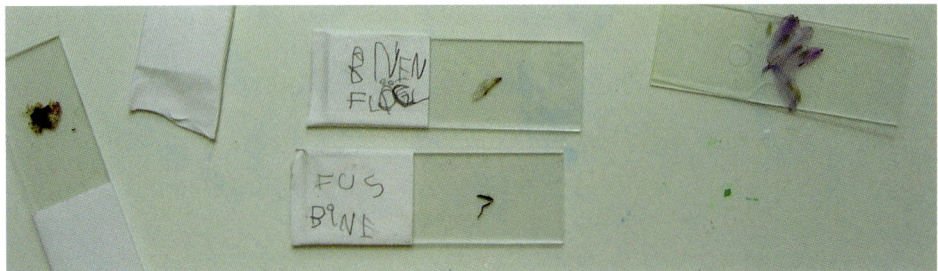

Interessen eines Kindes werden in seinen Handlungen, seinem Verhalten sichtbar und können durch Beobachtung, Dokumentation und Interpretation erkannt werden.

Das kann einerseits über unsystematische, alltägliche Beobachtungen geschehen, über die jede Erzieherin, die mit dem Kind interagiert, einen Eindruck von dem gewinnen kann, wofür sich ein Kind über eine längere Zeit interessiert. Diese Eindrücke können formlos auf einem Blatt Papier oder mit Hilfe des offenen Interessen-Bogens aus dem *infans*-Instrumentarium festgehalten und auf diese Weise dokumentiert werden.

Darüber hinaus führt das Wissen über die Bedeutung der Interessen eines Kindes für die pädagogische Arbeit nach einiger Zeit fast automatisch dazu, dass Erzieherinnen damit beginnen, auf Verhaltensweisen von Kindern zu achten, die Hinweise auf deren Interessen geben könnten. Dabei kann interessiertes Verhalten von Kindern vergleichsweise leicht durch Merkmale wie Intensität, Konzentriertheit, Ausdauer und häufige Beschäftigung mit dem Gegenstand des Interesses identifiziert werden.[27]

Themen von Kindern auf die Spur zu kommen ist demgegenüber in der Regel deutlich schwieriger. Für diese Aufgabe bieten sich systematische Beobachtungen mit Hilfe des Bogens »Bildungsinteressen/Bildungsthemen« aus dem *infans*-Instrumentarium an. Der Bogen stellt zugleich Regeln für die Dokumentation und Auswertung der Beobachtungen bereit. Die Arbeit mit dem Verfahren ist im Modul 2 beschrieben.

Hier bleibt festzuhalten, dass der Zugang zu den Themen der Kinder entweder über (in der Regel mehrere) Beobachtungen mit diesem Instrument oder ein Hinzuziehen der Informationen aus dem offenen Interessen-Bogen führt. Dabei wird, wie oben

---

27 Einem Bericht zum Fachtag »Praxisforschung in der Frühpädagogik« an der EH Freiburg ist zu entnehmen, dass an der PH Freiburg an einem Instrument zur Erfassung kindlicher Interessen gearbeitet wird (Fröhlich-Gildhoff/Weltzien 2010).

schon angedeutet, ein »roter Faden« gesucht, der mehrere Interessen des Kindes miteinander verbindet. Die Frage wäre dann: Wie könnte ein Thema des Kindes aussehen, das diese Interessen des Kindes entlang des »roten Fadens« bündelt?

Der andere Zugang geht von einer einzelnen Beobachtung mit dem Bogen »Bildungsinteressen/Bildungsthemen« aus. Der Text wird hermeneutisch interpretiert und hat eine Themenhypothese als Ergebnis. Die Hypothese muss anschließend daraufhin überprüft werden, ob andere Teile der Beobachtung beziehungsweise der Auswertung (Assoziationen, fachliche Überlegungen, subjektiver Sinn und anderes beziehungsweise Informationen aus früheren Beobachtungen) die Vermutung unterstützen. Ein Beispiel:

B *Ein fünfjähriger Junge sagt zu seiner Erzieherin, die ihm etwas für sein Spielvorhaben mitgebracht hat: »Danke, Frau Müller.«*

Die Auswertung nach dem hermeneutischen Ansatz beginnt dann mit der Frage: Wie müsste eine Situation beschaffen sein, in der ein Erwachsener diese Formulierung benutzen könnte, ohne Anstoß zu erregen? Dazu wurden drei Situationen identifiziert:

- *Eine Sekretärin bringt ihrem Chef Unterlagen, die er in einer Sitzung benötigt. Der Chef sagt: »Danke, Frau Müller.« (Professionelle Höflichkeit)*
- *Die Mitarbeitern eines Amtes wird in einer schwierigen Situation von ihrer Vorgesetzten unterstützt und äußert sich gegenüber der Vorgesetzten in dieser Weise. (Authentischer Dank)*
- *Die Mitarbeiterin eines Amtes hat zusätzliches Personal beantragt, um hoch belastete Arbeitssituationen beheben zu können. Sie bekommt keine Stellen, aber einen Blumenstrauß. (Ironischer Dank)*

Die drei Situationen werden mit der des Jungen verglichen. Der authentische Dank wird als unwahrscheinlich angesehen, da das Mitbringsel der Erzieherin den Jungen nicht aus einer »schwierigen Situation rettet«. Der ironische Dank wird aus fachlichen Gründen ausgeschlossen, da Kinder in diesem Alter noch nicht über das rhetorische Mittel der Ironie verfügen. Es bleibt das Beispiel »Chef-nachgeordnete Mitarbeiterin«, in dem eine Top-Down-Beziehung definiert wird. Das mutet zunächst eher seltsam an, dass der Junge seine Beziehung zur Erzieherin in dieser Weise formuliert. Die zunächst eher allgemein gehaltene Hypothese zu einem möglichen Thema des Jungen lautet: »Er versucht, soziale Kontrolle auch gegenüber Erwachsenen auszuüben.«

Die Einbeziehung der Beobachtungssituation, der Assoziationen im Auswertungsprozess und der Informationen zur häuslichen Situation des Jungen erlauben eine genauere Interpretation. Die Assoziationen enthalten Begriffe wie »Macht, Durchsetzen, Organisieren«, der Junge ist aktuell mit der (verantwortlichen) Vorbereitung eines Zirkusprojekts im Kindergarten beschäftigt und muss wegen hoher beruflicher Belastungen seiner Eltern – gelegentlich auch am Wochenende – mit wechselnden Betreuungs-

verhältnissen umgehen. Daneben fiel auf, dass er häufig die Rolle des Organisators von Spielen und Situationen übernimmt. Wenn Erwachsene sich anbieten, verzichtet er auf diese Rolle und sucht den engen Körperkontakt (Kuscheln).

Die modifizierte Hypothese zum Thema des Jungen lautet nun: »Er versucht, zwischen der Notwendigkeit, sich in eine zwingende äußere Ordnung einzufügen, und seinen (zumindest teilweise) unbefriedigten Bindungsbedürfnissen eine Balance zu halten. In seiner ›Chefrolle‹ bemüht er sich, durch eigene Aktivitäten sein soziales Umfeld zu stabilisieren und übersichtlich zu halten.«
  Auf der Grundlage dieser Interpretation wird beschlossen, den Jungen aktuell in seinen Bemühungen um Stabilität eher zu unterstützen, als ihm neue Themen zuzumuten.

Das Analyseverfahren lehnt sich in seinem Kern an die Methodik der »objektiven Hermeneutik« an und verlangt die genaue Einhaltung der Interpretationsregeln, die zu Beginn nicht immer leicht zu handhaben sind. Für Einsteigerinnen in die Arbeit mit dem Konzept ist deshalb die Beschränkung auf die Interessen der Kinder, deren Feststellung weniger Aufwand benötigt und ebenfalls zu Ergebnissen führt, der geeignete Weg.[28] Er führt gelegentlich auf Umwege, wenn hinter den identifizierten Interessen der Kinder bedeutsame Themen stehen, die durch eine Reaktion auf ein einzelnes Interesse nicht ausreichend beantwortet werden können. Das wird jedoch häufig bald klar, wenn die Kinder auf die interessenorientierten Angebote nicht so enthusiastisch reagieren, wie das zu erwarten war. Dann bleibt immer noch die Möglichkeit, genauer hinzusehen und die Angebote gegebenenfalls zu korrigieren. Auch dafür ein Beispiel:

Ein Junge, der sich für Ritter und alles, was damit zusammenhängt, offensichtlich interessierte, reagierte nach einiger Zeit sehr zurückhaltend auf Ritter-Angebote und äußerte gegenüber Gleichaltrigen, dass er diese »Ritterspiele« »blöd« finde. Diese Beobachtung wurde ernst genommen und führte zu einer erneuten Diskussion im Team. Das rückblickende genauere Nachdenken brachte ein nicht unwesentliches Detail zum Vorschein. Zu der Zeit, als die Erzieherinnen das Interesse des Jungen für Ritter wahrgenommen hatten, wählte er sich zum Betrachten thematischer Bilderbücher den Praktikanten als Gesprächspartner aus, nie eine Erzieherin. Auf Nachfrage berichteten die Eltern, dass er sich auch zu Hause nicht mit der Mutter, sondern mit dem Vater über die Welt der Ritter austauscht. Daraufhin kam das Team zu dem Schluss, dass für den Jungen Fragen nach seiner Geschlechtsrolle wichtig waren (Was ist ein richtiger Junge/Mann?). Das Interesse an Rittern war nur ein Teilaspekt eines sehr viel weiter gefassten Themas, das in diesem Fall aber auch aus der Reflexion alltäglicher Beobachtungen heraus erschlossen werden konnte.

---

28 Für Einsteigerinnen in das Konzept wird zurzeit eine spezifische Konzept-Variante ausgearbeitet. Dadurch vereinfacht sich die Auswertung der Beobachtungen, und der Zeitaufwand dürfte sich deutlich verringern. Das Verfahren wird demnächst in einem kleinen Sonderband zu diesem Buch veröffentlicht.

Die Arbeit mit Themen und Interessen der Kinder

Themen beantworten

Die pädagogische Arbeit in einer Kindertageseinrichtung orientiert sich an der Realisierung der vom Team erarbeiteten Erziehungsziele unter Berücksichtigung der Themen und Interessen jedes einzelnen Kindes. Themen und Interessen werden aufgegriffen, immer ernst genommen und als Grundlage für weiterführende Angebote genutzt, die über den Kompetenzhorizont eines Kindes hinausführen.

Schon allein dadurch, dass sich die Erzieherinnen damit befassen, werden den Mädchen und Jungen ihre Interessen und Themen auf einer sprachlichen und um kulturelle Bedeutungen erweiterten Ebene widergespiegelt. Das hilft den Kindern, die Gegenstände ihres Interesses beschreibbar und mitteilbar zu machen, Worte zu finden für das, was sie bewegt und ihnen wichtig ist. Zugleich erfahren sie, dass sie mit ihren Anliegen ernst genommen und ermutigt werden, sie weiter zu verfolgen.

Wir sprechen in solchen Fällen davon, dass Themen der Kinder beantwortet werden. Dazu gehört, die Themen im Verlauf des Gesprächs mit den Kindern zu erweitern und zu differenzieren. Ein solches Vorgehen verlangt von den Erzieherinnen, in der pädagogischen Arbeit auf Themen beziehungsweise Interessen der Kinder immer positiv zu reagieren.

   Das gilt auch, wenn Kinder zum Beispiel für die Formulierung ihrer Themen auf Figuren oder Stereotype aus dem Fernsehen zurückgreifen (Power-Ranger, He-Man, Pokèmon oder andere Figuren aus dem medialen Schreckenskabinett). Wenn die Themen, die sie auf diese Weise zu formulieren versuchen, erkannt worden sind, geht es dann unter anderem darum, den Kindern angemessenere Formen des Ausdrucks zugänglich zu machen. Zunächst aber ist immer, auch wenn es schwer fällt, die Form zu akzeptieren, die von den Kindern gewählt wurde.

Themen zumuten

Wenn wir umgekehrt von »Themen zumuten« sprechen, dann geht es darum, die Erziehungsziele der Einrichtung aktiv und auf der Grundlage zuvor reflektierter Strategien zu verfolgen. Die Erzieherinnen gehen dabei von den Erziehungs- und Handlungszielen der Einrichtung aus und verknüpfen ein Ziel (oder auch mehrere, wenn sich das anbietet) mit aktuellen Interessen oder Themen des Kindes. Auch dafür existieren inzwischen geradezu »Beispiel-Klassiker«.

Ein fünfjähriger Junge soll an den Gebrauch von Schreib- und Malstiften herangeführt werden.[29] Bis dahin verweigerte er den Umgang damit. Seit längerer Zeit interessiert er sich für Autos, insbesondere in Spielzeugform, und weiß ziemlich gut über die Marken und ihre Eigenschaften Bescheid. Dieses Interesse des Jungen greift die Erzieherin auf und beantwortet es mit einem ernsthaften Angebot. Aufgrund seiner besonderen Leidenschaft für den »Maybach« wird ein Ausflug in eine nahe gelegene Autofabrik organisiert und zusammen mit anderen Kindern realisiert. Der Maybach-Fan kommentiert die Fabrikation fachkundig, woraufhin ihn die Erzieherin anerkennend ermuntert, seine Kenntnisse auch den anderen Kindern in der Kita zugänglich zu machen. Sie fordert den Jungen auf, seine Eindrücke während des Besuchs in der Fabrik grafisch festzuhalten – und er tut, was er zuvor verweigert hat. Es entstehen zahlreiche Zeichnungen zum Produktionsprozess und eine beeindruckende Ausstellung.

Dieses Beispiel zeigt sehr klar, dass die Interessen eines Kindes nicht als Vorwand zur Durchsetzung von Erziehungszielen benutzt werden dürfen, sondern – wie oben beschrieben – ernst genommen werden und mit ihrem vollen Gewicht in die Verknüpfung mit den Zielen einfließen müssen. In diesem Fall stand am Beginn der Aktion eben nicht der Versuch, die Schreibkompetenz des Jungen zu stärken, sondern – dem Interesse des Kindes folgend – der Besuch in der Autofabrik.

Das »Zumuten von Themen« ist also ebenso mit den Interessen und Themen des Kindes verbunden, auch wenn – den Erziehungszielen folgend – bewusst etwas damit verknüpft wird, das über die aktuellen Interessen des Kindes hinausreicht.

Das kann auch am Beispiel von Anna demonstriert werden, deren Thema offensichtlich mit dem Wunsch nach umfassender Anerkennung durch den Vater verbunden war. Sie versuchte, ihr Ziel durch eine konsequente Erweiterung ihrer Kompetenzen zu erreichen, um mit ihrem älteren Bruder auf gleichem Niveau zu stehen.

Im ersten Schritt unterstützten die Erzieherinnen dieses Bestreben des Kindes, fügten dann aber – durchaus unter Berücksichtigung seiner Interessen am Vorlesen und an Texten – als Zumutung die Figur Pippi Langstrumpf hinzu und boten Anna damit eine Chance, ihre Verknüpfung von Jungenrolle und höherer Kompetenz zu relativieren.

Es soll an dieser Stelle ausdrücklich darauf hingewiesen werden, dass ein solches Vorgehen zwar etwas ungenau so beschrieben werden kann, dass »die Kinder tun können (und sollen), was sie wollen«, dass sie darin aber keineswegs allein gelassen werden, sondern alle pädagogische Anstrengungen darauf gerichtet sind, diesem

---

29 Uns ist das Erziehungsziel der Kindertagesstätte, auf dem diese Absicht basiert, nicht bekannt. Es könnte lauten: Der Erwachsene nutzt verschiedenen symbolische Darstellungsformen, um seine Ideen und Absichten zum Ausdruck zu bringen.demnächst in einem kleinen Sonderband zu diesem Buch veröffentlicht.

Wollen der Kinder anspruchsvolle Ziele anzubieten (siehe auch Arbeitsblatt 2 auf der beiliegenden CD).

Themen – eine Präzisierung

Wir können auf der bis zu diesem Punkt erarbeiteten Grundlage den Themenbegriff genauer fassen. Themen – so haben wir das weiter oben formuliert – bündeln in der Regel mehrere Interessen eines Kindes und verbinden sie mit seinem Selbstkonzept.

Wenn wir bisher davon gesprochen haben, einem Kind Themen zuzumuten, dann wurde das in der Praxis in aller Regel so verstanden, dass einem Kind die Beschäftigung mit einem Sachthema angeboten werden sollte. Wenn dies bezogen auf ein zuvor identifiziertes Interesse des Kindes geschieht, ist das auch in Ordnung, so lange die Reaktionen des Kindes auf das Angebot konstruktiv in das weitere Vorgehen einbezogen werden.

Die genauere Definition des Themenbegriffs, die wir von nun an gebrauchen wollen, wird vielleicht am besten durch das Bild einer »Baustelle« charakterisiert, in deren Bereich das Kind an seinem Selbstkonzept arbeitet. Die im Verhalten des Kindes beobachtbaren Interessen hätten dann – um im Bild zu bleiben – etwas mit der Materialbeschaffung für die Baustelle zu tun, mit der Suche nach Bauplänen, mit Sicherungsarbeiten am bereits Erreichten und ähnlichem.

Ein Thema zumuten würde dann bedeuten, dem Kind die Eröffnung einer neuen Baustelle nahezulegen. Wir gehen davon aus, dass es dem Kind leichter fällt, einen solchen Schritt zu wagen, wenn es durch den Bezug des Angebots auf ein bereits vorhandenes Interesse des Kindes gelingt, die neue Baustelle mit einer bereits existierenden zu vernetzen. Das wäre dann die Funktion einer Berücksichtigung von identifizierten Interessen des Kindes bei einer Themenzumutung.

Was hat es nun mit diesen »Baustellen« auf sich? Kehren wir noch einmal zu dem Zitat von M. Spitzer zurück, das wir zu Beginn dieses Kapitels erwähnt haben. Darin ist von der zentralen Bedeutung des »Wollens« für das Lernen der Kinder die Rede. Und in der Tat ist es die erklärte Absicht des *infans*-Konzepts, diese Ebene des Wollens der Kinder zu erreichen.

Wir haben in früheren Veröffentlichungen[30] die theoretischen Grundlagen für das Konzept beschrieben und darauf hingewiesen, dass Kinder von Beginn an ihre Energie

---

30 Laewen, H.-J./Andres, B. (Hrsg.): Bildung und Erziehung in der frühen Kindheit. Bausteine zum Bildungsauftrag von Kindertageseinrichtungen. Berlin/Düsseldorf 2002a; Laewen, H.-J./Andres, B. (Hrsg.): Forscher, Künstler, Konstrukteure. Werkstattbuch zum Bildungsauftrag von Kindertageseinrichtungen. Berlin/Düsseldorf 2002b

darauf verwenden, sich ein »Bild von der Welt« und von sich selbst zu machen und in dieser Welt handlungsfähig zu werden. Sie konstruieren auf der Grundlage ihrer Erfahrungen ein Arbeitsmodell von der Welt und sich selbst und korrigieren und erweitern dieses Arbeitsmodell kontinuierlich.

Eine elementare Form des »Wollens« von Kindern wäre es dann, in der Welt, wie sie sich ihnen in ihrem konstruierten Arbeitsmodell darstellt, handlungsfähig zu sein. Wir gehen davon aus, dass sie sich dabei an ihren vitalen Bedürfnissen wie denen nach Sicherheit, Zuwendung und Weltaneignung orientieren. Allgemeine Aufgabe der Pädagogik wäre es dann, kulturverträgliche und entwicklungsfähige Formen der Befriedigung dieser grundlegenden Bedürfnisse in den Erfahrungsbereich der Kinder zu rücken und differenzierte und anspruchsvolle Muster der Handlungsfähigkeit für sie erfahrbar zu machen.

In einem Thema konkretisiert sich das elementare Streben nach Handlungsfähigkeit, das »Wollen« des Kindes, in einem konkreten Sachverhalt als eine – in der Regel eher komplexe – Aufgabe, die das Kind lösen will. Im Thema fließen die Energie des »Wollens«, die Handlungsbereitschaft und die Bereitschaft zur Konstruktion neuer, bisher noch nicht vorhandener Anteile des Selbstkonzepts des Kindes zusammen.

Auf ein Thema zu antworten heißt dann, dem Kind Wege erfahrbar zu machen, auf denen es seine Aufgabe auf höchstmöglichem Niveau, aber im Rahmen seiner Kräfte, bearbeiten kann. Um auf das Bild der Baustelle zurückzukommen: Es geht dann darum, die Baupläne des Kindes zu erweitern, hochwertiges und vielfältiges Material in ausreichender Menge bereitzustellen, die Sicherungsarbeiten zu unterstützen, bei erkennbar schwierigen Bauabschnitten das Kind zu ermutigen und über die Fortschritte seiner Arbeit mit ihm im Gespräch zu bleiben.

Ein Thema zumuten würde dann bedeuten, dem Kind eine – eher komplexe – Aufgabe zu stellen, die eine Veränderung in seinem Selbstkonzept herausfordert. Das können erweiterte Kompetenzen ebenso sein wie Modifikationen in seinem Arbeitsmodell von der Welt. Beides ist ohne das Wollen des Kindes aber nicht möglich, zumindest dann nicht, wenn darauf verzichtet werden soll, das Kind in Angst zu versetzen.[31]

Jede Herausforderung, sein Selbstkonzept zu verändern/zu erweitern, muss also Zugang zum Wollen des Kindes, zu seinen Energieressourcen finden, also zumindest auf ein Interesse des Kindes stoßen. Der sachliche Inhalt des zugemuteten Themas (das Sachthema) muss deshalb geeignet sein, die Handlungsfähigkeit des Kindes in Bezug auf seine Bedürfnisse und/oder Handlungsziele zu erhöhen oder zumindest die Anstrengung zu vermindern, die das Kind einsetzen muss, um ein (selbstgesetztes) Ziel zu erreichen.

Kehren wir an dieser Stelle noch einmal zum Beispiel von Anna zurück. Darin hätte die Einführung der Figur des »starken Mädchens« in Gestalt von Pippi Langstrumpf genau diese Funktion des »Energiesparens«. Wenn Anna das Vorbild des »starken Mädchens« akzeptiert, muss sie nicht neben allen anderen Anstrengungen auch noch einen Geschlechtsrollenkonflikt bearbeiten. Sie kann darauf verzichten, ein Junge sein zu wollen, und sich auf die Erweiterung ihrer Kompetenzen als Mädchen konzentrieren. Ihr Selbstkonzept als Mädchen würde dabei eine Erweiterung erfahren, insofern Vorstellungen, die mit dem Begriff des »starken Mädchens« verbunden sind, darin integriert werden könnten. Zugleich knüpft die Intervention an ihr Interesse am Vorlesen an.

Was folgt aus der Präzisierung des Themenbegriffs?

Was bedeutet es nach dieser Klärung des Begriffs, einem Kind »ein Thema zuzumuten«? Nun, wenn in den Themen eines Kindes sein Wollen konzentriert ist, sein Selbstkonzept zu sichern beziehungsweise zu erweitern, dann kann ihm dieses Wollen

---

31 Das ist im infans-Konzept ausgeschlossen. Bei M. Spitzer heißt es dazu: »Angst ist nicht gut für das Lernen, das kann man klar sagen. Wer unter Angst lernt, lernt die Angst gleich mit, und das ist ganz dumm...« (Spitzer 2006, S. 98)

selbst nicht zugemutet werden. Es kann also nicht (länger) darum gehen, dieses Wollen einfach einzufordern, zu unterstellen oder es in einer Art von pädagogischem Wahn als vorhanden anzusehen.

Zumutung eines Themas kann dann nur noch heißen, dem Kind eine durch die Erziehungsziele der Einrichtung legitimierte Erweiterung seiner Kenntnisse oder Kompetenzen vorzuschlagen und dabei einen Zugang zu seinem Wollen zu erarbeiten. Das kann geschehen, indem die Erzieherin eines der mit seinem Thema verbundenen Interessen des Kindes aufgreift und es mit dem Vorschlag verbindet. Ein solches Vorgehen liegt nahe, denn wenn ein Kind mit einem Thema befasst ist, dann ist es – bezogen auf dieses Thema – an einer Erweiterung seiner Kenntnisse, seiner Kompetenzen oder seiner Einflussmöglichkeiten auf seine soziale Umgebung ohnehin interessiert.

Konnte kein Thema identifiziert werden, kann die Erzieherin versuchen, eine tragfähige Verbindung zwischen der Zumutung, in Bezug auf sein Selbstkonzept eine »neue Baustelle« zu eröffnen, und einem beliebigen Interesse des Kindes aufzubauen. Sie muss dann genau darauf achten, ob das Kind die Herausforderung annimmt. Wenn nicht, muss sie gegebenenfalls die Verbindung zu einem anderen Interesse suchen, in der Hoffnung, dass sie damit ein verborgenes Thema besser trifft.

Das Thema des Kindes wird zum Thema der Interaktion zwischen Kind und Erzieherin

Ein anderer Aspekt betrifft das Verhältnis von Themeninhalt und seiner Formulierung. Natürlich würde ein Kind sein Thema nicht in gleicher Weise benennen (können), wie die Erzieherin das in ihrer Analyse tut. Das Kind selbst würde vielleicht sagen: »Ich will sein wie…« Oder: »Ich will, dass mein Vater mit mir spielt.« Oder: »Ich will auch mit dem Rad fahren können.« Oder es würde Rollenspiele nutzen oder auch – wie oben erwähnt – auf Bildmuster aus den Medien zurückgreifen, um seinem Anliegen eine Form zu geben. Oder es würde einfach handeln, und sein Thema müsste aus Form und Inhalt dieses Handelns erschlossen werden.

Wenn wir von einem Thema reden, dann ist damit immer sowohl dieses auf dem Niveau seiner Ausdrucksfähigkeit formulierte Anliegen des Kindes gemeint als auch die Formulierung, die pädagogische Fachkräfte dafür finden. Genau genommen existiert ein Thema also auf zwei Ebenen: Einmal als (in der Regel) emotional hoch besetztes Anliegen oder Vorhaben des Kindes, zum anderen als Begriff oder Bezeichnung, die von Erwachsenen dafür gefunden wurde und die mit Bedeutungen aus dem fachlichen und kulturellen Kontext aufgeladen ist.

Diese dem Kind in der Regel (noch) nicht bekannten Bedeutungen bringt die Erzieherin in die Interaktion mit dem Kind ein und macht sie dem Kind auf diese Weise

zugänglich und erfahrbar. Das Kind lernt Formulierungen für sein Thema und Zusammenhänge mit anderen Sachverhalten kennen, an die es bis dahin nicht denken konnte. Die Interaktion mit der Erzieherin zu seinem Thema ermöglicht ihm den Zugang zu den kulturell vorhandenen Deutungssystemen und erlaubt ihm, sein Thema in differenzierterer Weise darzustellen und mitteilbar zu machen.

Die *infans*-Pädagogik verlangt also, dass ein Thema nicht beim Kind belassen, sondern zum Gegenstand weiterführender Interaktionen gemacht wird, die dem Kind Modifikationen an seinem Arbeitsmodell von der Welt und wegen der Eigenschaften von Themen, über die oben gesprochen wurde, auch Erweiterungen seines Selbstkonzepts ermöglichen. Wie dies in der Praxis geschehen kann, wird im anschließenden Kapitel behandelt.

Das Individuelle Curriculum

Das Individuelle Curriculum (I. C.) stellt das Herzstück des *infans*-Konzepts dar. In ihm werden die Interessen und Themen eines Kindes und die fachlichen Überlegungen der Pädagoginnen für einen bestimmten Zeitraum gebündelt und systematisch mit ausgewählten Erziehungs- und Handlungszielen der Kindertagesstätte verknüpft.

Individuelle Curricula werden regelmäßig für jedes Kind entwickelt. Das heißt, das Team stellt jedes Mädchen und jeden Jungen zwei Mal im Jahr in besonderer Weise in den Mittelpunkt seiner pädagogischen Überlegungen. Die Einzelheiten des Vorgehens werden im Arbeitsblatt »Individuelles Curriculum« zum Modul 3 ausführlich beschrieben.

Die Grundlagen des Individuellen Curriculums

1. Die Bildungsdokumentationen im Portfolio des Kindes

Nach einigen Wochen sind im Portfolio jedes Kindes mehrere Beobachtungen zu seinen Bildungsthemen, zu Freunden, bevorzugten Zugangsbereichen und Interessen dokumentiert. Die Struktur der einzelnen Instrumente folgt dabei analytischen Gesichtspunkten und soll helfen, sich auf bestimmte Aspekte der Bildungswege des jeweiligen Jungen oder Mädchens zu konzentrieren und diese angemessen in den Blick zu nehmen. Ein solches Vorgehen kann die Wahrnehmung der pädagogischen Fachkraft schärfen und so zu einem besseren Verstehen beitragen.

Zugleich ist auf Seiten des Kindes Bildung und Lernen ein ganzheitlicher Prozess. Die bevorzugten Zugangsformen und Interessen eines Kindes, seine sozialen Beziehungen zu anderen Jungen und Mädchen und zu den Erwachsenen in der Kindertagesstätte, seine Erfahrungen in der eigenen Familie sind eng miteinander verwoben. Die verschiedenen sozialen Erfahrungen, die das Kind in seiner Lebensumwelt sammelt, die von ihm erlebten Erfolge oder Misserfolge in den verschiedenen Bildungsbereichen gehen ein in die Themen, die für einen bestimmten Zeitraum im Zentrum seiner Aufmerksamkeit stehen.

Bei der Entwicklung eines I. C. gilt es nun, die Bildungsprozesse eines Kindes in dieser Ganzheitlichkeit in den Blick zu nehmen. Das, was in den verschiedenen Beobachtungen analytisch getrennt wurde, wird wieder zusammengeführt. Im fachlichen Diskurs nutzt das Team alle Informationen, die im Portfolio über einen bestimmten Zeitraum dokumentiert sind, als Ausgangspunkt für die individualisierte pädagogische Planung.

Die verschiedenen Dokumentationen geben Auskunft über die aktuellen Interessen eines Kindes, darüber, wovon dieses Kind derzeit fasziniert ist, aber vielleicht auch, wovor es sich zurzeit ängstigt und was ihm Sorgen macht. Auch ob und wie es sich mit anderen Kindern oder Freunden über seine Absichten, sein Verständnis von der Welt und von sich selbst verständigt, ist in den Beobachtungen festgehalten.

Die Gesamtsicht dieser Aufzeichnungen und deren fachliche Deutung ermöglichen es den Erzieherinnen, die Bildungsprozesse jedes Kindes in einer ihm angemessenen Weise herauszufordern, ihm Themen zuzumuten, die seine individuellen Zugänge zur Welt aufgreifen und seine Motivation, sich mit bestimmten Inhalten und Menschen auseinanderzusetzen, berücksichtigen.

Wir gehen dabei davon aus, dass die Themen und besonderen Interessen und Leidenschaften eines Kindes der Motor sind für sein Lernen und seine Bildungsanstrengungen. Bei der Planung der pädagogischen Schritte im I. C. ist es deshalb von zentraler Bedeutung, die persönliche Motivation jedes Jungen und jedes Mädchens ernst zu nehmen und mit dieser Kraft der Kinder bewusst zu arbeiten.

2. Die Erziehungsziele und Handlungsziele der Erwachsenen

Die Beantwortung der Interessen und Themen eines Kindes geschieht im I. C. immer auf der Basis der Erziehungs- und Handlungsziele der Kindertagesstätte. Die Erzieherinnen greifen das, was das Kind in den Dialog einbringt, auf und antworten mit ihrem eigenen kulturellen Verstehen und unter Einbeziehung ihrer pädagogischen Absichten auf die Vorlieben und das Weltverstehen des Kindes. In die pädagogische Planung und die individuelle Förderung geht also immer auch ein, was den Erzieherinnen, den Eltern und der Gesellschaft insgesamt wichtig ist. Daraus folgt auch, dass ein Team ohne ein Minimum an bereits erarbeiteten Erziehungs- und Handlungszielen kein I. C. erarbeiten kann.

Bei der Erstellung eines I. C. wird geprüft, mit welchen der Erziehungs- und Handlungsziele gerade dieses Kind unterstützt und herausgefordert werden könnte, nächste Bildungsschritte zu gehen oder sich Bildungsbereichen zuzuwenden, für die es sich bislang vielleicht nicht interessiert hat. Ausgangspunkt dieser Überlegungen sind dabei immer die aktuellen Themen des Mädchens oder Jungen, seine Interessen und Zugangsformen.

Die Erarbeitung eines Individuellen Curriculums

Jedes I. C. wird von mehreren Erzieherinnen der Kindertagesstätte gemeinsam, besser noch vom Gesamtteam erarbeitet. Gerade bei diesem zentralen Planungsschritt ist das gemeinsame Denken unerlässlich. Die verschiedenen Perspektiven der einzelnen Erzieherinnen helfen, einen »Tunnelblick« zu vermeiden und den unterschiedlichen Potenzialen des Kindes, seinen Themen und Interessen gerecht zu werden.

Auch die Planung der einzelnen pädagogischen Schritte und deren spätere Umsetzung blieben ohne den Diskurs und die Kooperation im Team im Ergebnis notwendigerweise stark eingeschränkt. Den in einem I. C. gebündelten Informationen zu den Interessen und Zugangsformen eines Kindes entsprechend, müssen bei der Planung und Umsetzung sowohl der zuzumutenden Themen als auch der Antworten auf die Themen des Kindes Teamkolleginnen beteiligt sein, die in den verschiedenen Bildungsbereichen tätig sind und die geplanten Handlungsschritte umsetzen können.

Leitung und Team sollten für die Erarbeitung eines I. C. ausreichend Zeit einplanen. Zu Beginn, wenn ein Team sich das Vorgehen noch aneignet, wird eine Teamsitzung möglicherweise nicht ausreichen. Später dann, wenn alle Erzieherinnen das Verfahren kennen, kann weniger als eine Stunde für die Entwicklung eines I. C. genügen, vorausgesetzt, die Beobachtungen sind bereits ausgewertet, die Sitzung ist gut vorbereitet, und alle Beteiligten haben sich gedanklich schon auf das Kind, das im Fokus stehen soll, eingestimmt.

Die Planung Individueller Curricula sollte aber keineswegs von zeitökonomischen Überlegungen dominiert werden. Vielmehr bietet das Verfahren dem Team die Chance, sich in bestimmten Abständen auf die einzelnen Kinder und deren Bildungswege zu konzentrieren. Die pädagogischen Fachkräfte erarbeiten sich so ein tieferes Verstehen der einzelnen Kinder und kommen in die Lage, jedem Kind – auch in den Zeiträumen zwischen den Individuellen Curricula – angemessen zu begegnen.

Auch bei der Arbeit mit dem I. C. wird deutlich, dass Kindertagesstätten, die offen oder teiloffen arbeiten, für die Realisierung des *infans*-Konzepts über die besseren Voraussetzungen verfügen. In einem solchen Haus wird keine Erzieherin allein ein I. C. planen und umsetzen. Denn nur über die Kooperation mit den Kolleginnen können den Kindern breite Bildungsmöglichkeiten in den verschiedenen Funktionsräumen oder Fachbereichen geboten werden.

Das erste Individuelle Curriculum

Das erste I. C. eines Kindes wird erstellt, nachdem ein Kind bereits mehrere Monate die Kindertagesstätte besucht. Ein I. C. stützt sich nie auf nur ein oder zwei Beobachtungen. Wenn ein Team sich verabredet, für ein bestimmtes Kind ein I. C. zu entwickeln, werden also Notizen zur Eingewöhnung, Beobachtungen mit den verschiedenen Instrumenten und die dazugehörenden Auswertungen und Reflexionen im Portfolio dokumentiert sein. Grundsätzlich gilt, dass zur Erstellung eines I. C. immer auch aktuelle Beobachtungen vorliegen müssen. Konkret heißt das:

- mindestens ein Mal wurden die Fragen im Bogen »Bildungsbereiche/Zugangsformen« beantwortet,
- es liegen mehrere ausgewertete Beobachtungen zu den »Themen des Kindes« vor,
- Beobachtungen zu den Interessen des Kindes wurden dokumentiert,
- die Einbindung des Kindes in die Gruppe wurde anhand eines Soziogramms reflektiert,
- Aufzeichnungen zu Freundschaftsbeziehungen liegen vor,
- ebenso Notizen und Aufzeichnungen von verschiedenen Erzieherinnen,
- eventuell Werke des Kindes und Bildungsgeschichten aus der Familie.

Was aus Sicht der Erzieherinnen darüber hinaus berücksichtigt werden soll, wird zu Beginn der Teamreflexion und mitlaufend notiert und in die weiteren Überlegungen einbezogen. Hierzu können beispielsweise Krankenhausaufenthalte des Kindes, die Geburt eines Geschwisterchens oder die Trennung der Eltern gehören, also Lebensereignisse, die Einfluss auf das Verhalten des Kindes nehmen können.

Die vorliegenden Beobachtungen und Auswertungen nutzt das Team nun wie die Teile eines Puzzles, um ein Bild von dem jeweiligen Jungen oder Mädchen zu entwerfen, das über die Einzelbeobachtungen hinausgeht. Wir schlagen vor, mit den Zugangsformen zu beginnen, im zweiten Schritt die Interessen einzubeziehen und dann die ersten Überlegungen zu den Themen des Kindes aus den ausgewerteten Beobachtungsbögen »Bildungsinteressen/Bildungsthemen« hinzuzuziehen. Aufgabe des Teams ist es, Verbindungen und Gemeinsamkeiten zwischen den Beobachtungen zu suchen und auf dieser – nun breiteren – Basis zu formulieren, mit welchem aktuellen Thema das Kind befasst ist oder, anders ausgedrückt, an welcher Baustelle seines Selbstkonzepts es arbeitet.

Manchmal führt allein das Benennen und Nebeneinanderstellen der Dokumentationen und Beobachtungsergebnisse zu Aha-Erlebnissen. Im weiteren vertieften Nachdenken werden dann Verbindungen zwischen Interessen und Themen deutlich. Die fachliche Reflexion wird dabei selten linear verlaufen, sondern zirkulärem Denken folgen. Zum Beispiel können erste Schlüsse in Frage gestellt und revidiert werden, wenn im Laufe des Prozesses Widersprüche erkannt werden. Insgesamt hilft dieser Dialog im Team, das Verhalten des Kindes als Ausdruck seines persönlichen Bezugs zur Welt zu verstehen und seine Kompetenzen erkennen und schätzen zu lernen.

Auf dieser Basis wählt das Team Erziehungs- und Handlungsziele aus, die Interessen und/oder Themen des Kindes aufgreifen und zugleich Herausforderungen für das

Kind beinhalten. Im I. C. wird dann dokumentiert, welche Themen dem Kind zuge-mutet werden sollen und wer diese Aufgabe übernehmen wird. Nach einem verab-redeten Zeitraum verständigt sich das Team darüber, ob das Kind die zugemuteten Themen angenommen hat und auf welche Weise es damit umgegangen ist. Mit der Dokumentation dieser Beobachtungen wird die Arbeit am I. C. abgeschlossen (siehe dazu auch Arbeitsblatt und Formblatt »Individuelles Curriculum«, beides auf der bei-liegenden CD).

Die nachfolgenden Curricula des Kindes

Im fachlichen Diskurs zu allen nachfolgenden Curricula für ein Kind gilt: Grundsätzlich behalten alle Bildungsdokumentationen für die Bildungsbiografie des jeweiligen Jun-gen oder Mädchens in der Kindertageseinrichtung ihre Gültigkeit und können als Hin-tergrund für aktuelle pädagogische Überlegungen einbezogen werden. Zugleich liegt der Fokus bei der pädagogischen Planung der Erzieherinnen aber auf den seit dem vorangegangenen I. C. neu hinzugekommenen Beobachtungen und Aufzeichnungen. Daraus ergeben sich dann bei der Formulierung von Hypothesen zur aktuellen »Arbeit« des Kindes an seinem Selbstkonzept neue Facetten oder Themenschwerpunkte.

Fassen wir zusammen:

Das zirkuläre und dialogische Vorgehen, das das gesamte Handlungskonzept von *infans* kennzeichnet, charakterisiert auch die Arbeit mit dem I. C.:
• Das Kind zeigt in seinem Verhalten, in dem was es tut, womit es aktuell umgeht, was seine Interessen und Bildungsthemen sind.
• Die Erzieherinnen lenken ihre Aufmerksamkeit auf das Verhalten des Kindes. Sie nehmen wahr, was das Kind tut, dokumentieren dies und werten ihre Beobach-tungen fachlich aus.
• Auf der Basis dieser fachlich reflektierten Beobachtungen planen die Erzieherin-nen ihr pädagogisches Handeln. Sie lassen sich dabei von den besonderen Inte-ressen und Themen des Kindes leiten.
• In der direkten Interaktion mit dem Kind, über die Bereitstellung von Material oder die Umgestaltung von Räumen bringen die Erzieherinnen ihre Überlegungen in den Dialog mit dem Kind ein.
• Mit seiner Reaktion auf die »zugemuteten Themen« der Erzieherinnen bringt das Kind sich in diesen Dialog ein und zeigt, ob die Schlüsse, die die Erwachsenen aus ihren Beobachtungen gezogen haben, eine angemessene Antwort auf seine aktuellen Bildungsinteressen und insofern »richtig« sind. Wenn das Kind mit nur geringem oder keinem Engagement auf die von den Erwachsenen eingebrachten Themen reagiert, sind die Erzieherinnen aufgefordert, ihre fachliche Deutung und Planung erneut zu überdenken.

Modul 4:
Bildungs- und Erziehungsprozesse dokumentieren

Das Bild ist ein übergreifendes Werkzeug für die verschiedensten Tätigkeitsfelder. Wir müssen den Umgang mit Bildern lernen, damit sie zu einer besseren Wahrnehmung beitragen, statt blind zu machen.

Peter Jenny

Die Portfolio-Dokumentation im *infans*-Konzept

Die Portfolio-Dokumentation nimmt im *infans*-Konzept eine zentrale Position ein.

In erster Linie ist das Portfolio Arbeitsinstrument der pädagogischen Fachkraft. Die darin gesammelten Beobachtungen bilden die Grundlage für die pädagogische Planung und helfen den Erzieherinnen, ihre Aufmerksamkeit auf wesentliche Aspekte der Bildungsprozesse der Kinder zu fokussieren.

Zugleich ist das Portfolio auch Medium der Erziehungspartnerschaft von Eltern und Erzieherinnen und bietet immer wieder einen fachlich fundierten Anlass für den Austausch zwischen Elternhaus und Kindertagesstätte.

Nicht zuletzt können die Portfolio-Dokumentationen auch gemeinsam mit Kindern betrachtet und Beobachtungstexte vorgelesen werden. Die Dokumentationen im Portfolio sind dann Ausgangspunkt der Verständigung von Erzieherin und Kind über ihre je eigene Deutung beobachteter Szenen.

Darüber hinaus stellen die Portfolios der Kinder das Material für wechselnde »Ausstellungen« und andere öffentliche Formen der Darstellung bereit, mit denen die Kindertagesstätten ihre Arbeit sowohl den Eltern als auch interessierten Vertretern des Gemeinwesens durchsichtig machen können und sollen.

Im Portfolio werden alle Beobachtungen und Geschichten zu den Bildungsprozessen eines Kindes, ihre Analyse, die Ergebnisse der pädagogischen Planung und der Verlauf pädagogischer Dialoge zwischen Erzieherin(nen) und Kind zusammengeführt. Die einzelnen Beobachtungen stehen also nicht unverbunden nebeneinander. Vielmehr zielt in unserem Vorgehen die Portfolio-Dokumentation darauf ab, Ausschnitte individueller Bildungsprozesse über einen längeren Zeitraum zu dokumentieren und dabei die im fachlichen Diskurs mit Kolleginnen gewonnenen Erkenntnisse über die soziale Einbindung des Kindes in die Kindergruppe, die je eigenen Zugangsformen und seine besonderen Interessen für bestimmte Bildungsbereiche in Bezug zueinander zu setzen.

Bei der Entwicklung des *infans*-Konzepts haben wir uns mit dieser Form der Dokumentation am Konzept des »Portfolios« orientiert, das in den USA und verschiedenen europäischen Ländern, darunter auch Schweden, längst zum Standard vorschulpädagogischer Arbeit gehört. Portfolio meint, dass die Dokumente in einem für jedes Kind anzulegenden Ordner gesammelt und geordnet werden. Dieser Ordner enthält für jedes Kind neben den Beobachtungen, ihrer Auswertung und der darauf basierenden pädagogischen Planung eine Auswahl fachlich kommentierter Produkte seiner

Tätigkeiten in der Kindertagesstätte. Dazu gehören unter anderem Bilder und Zeichnungen, die ersten Schreibversuche und -dokumente, Fotos von Bauwerken oder Spielsituationen, Berichte und Anekdoten, die die Bildungsprozesse des Kindes dokumentieren. Inzwischen werden Portfolios auch in Deutschland in vielen Kindertagesstätten geführt. Form, Inhalt und Bedeutung dieser Ordner können sich jedoch, je nach Absicht der Kitateams oder der pädagogischen Konzepte, stark unterscheiden.

Im *infans*-Konzept sind die Interessen und Themen, mit denen die Kinder aktuell befasst sind, ihre sozialen Beziehungen und die Absichten, die von den pädagogischen Fachkräften in Hinblick auf jedes einzelne Kind verfolgt werden, der zentrale Gegenstand der Portfolio-Dokumentation, nicht die Kompetenzen eines Kindes, seine Stärken oder Schwächen.

Wie in Modul 3 beschrieben, versteht das *infans*-Konzept die »Baustellen«, an denen das Kind arbeitet, als die Dreh- und Angelpunkte, an denen Pädagogik ansetzen kann, wenn Bildung gefördert und herausgefordert werden soll.
   Die Kompetenzen eines Kindes spielen zwar mit Blick auf seine Handlungsfähigkeit eine wesentliche Rolle, und die pädagogische Arbeit zielt auf eine Ausdifferenzierung und Erweiterung der Kompetenzen von Kindern. Im Zentrum ihrer Bildungsprozesse stehen sie jedoch nur dann, wenn die Kinder ihre Erweiterung oder Vervollkommnung selbst anstreben, also in Bezug auf sie eine »Baustelle« eröffnet haben.

Ein Kind erwirbt Kompetenzen, indem es an seinen Themen arbeitet und seinen Interessen nachgeht. Deshalb verlangt das *infans*-Konzept, dass Themen und Interessen eines Kindes erweitert oder als Zumutung an das Kind herangetragen werden, um den Erwerb (besser: die Konstruktion) beziehungsweise die Erweiterung von Kompetenzen durch das Kind herauszufordern oder zu unterstützen.[32]

In der Beobachtung ist die Erzieherin, die ihr Handeln am *infans*-Konzept ausrichtet, deshalb aufgefordert, ihren Blick nicht von vornherein auf die Feststellung von Kompetenzen beziehungsweise ihr Fehlen einzuschränken, sondern neugierig zu sein und offen zu bleiben für die individuelle Vielfalt, die sich im Tun der verschieden Kinder zeigt. Gerd E. Schäfer macht in seinen Ausführungen zum Beobachten und Dokumentieren (2005) deutlich, worum es geht:
   »Die gerichtete Beobachtung zielt auf Verhaltensweisen und Verhaltensbereiche, die bereits bekannt oder theoretisch abgesichert sind. Ihr entsprechen die meisten Fragebögen oder Einschätzskalen. Mit ihrer Durchführung soll die Qualität dieser Verhaltensweisen eingeschätzt und beurteilt werden. Sie richtet sich daher auf etwas, was man von Kindern weiß, oder besser, zu wissen glaubt.

---

32 Eine auf Stärken, Schwächen oder allgemein auf Kompetenzen der Kinder zielende Beobachtung ist keineswegs sinnlos, kann und sollte nach unserem Verstehen aber nur der Erfolgskontrolle hinsichtlich der geleisteten pädagogischen Arbeit dienen, nicht als Ansatz für die Planung.

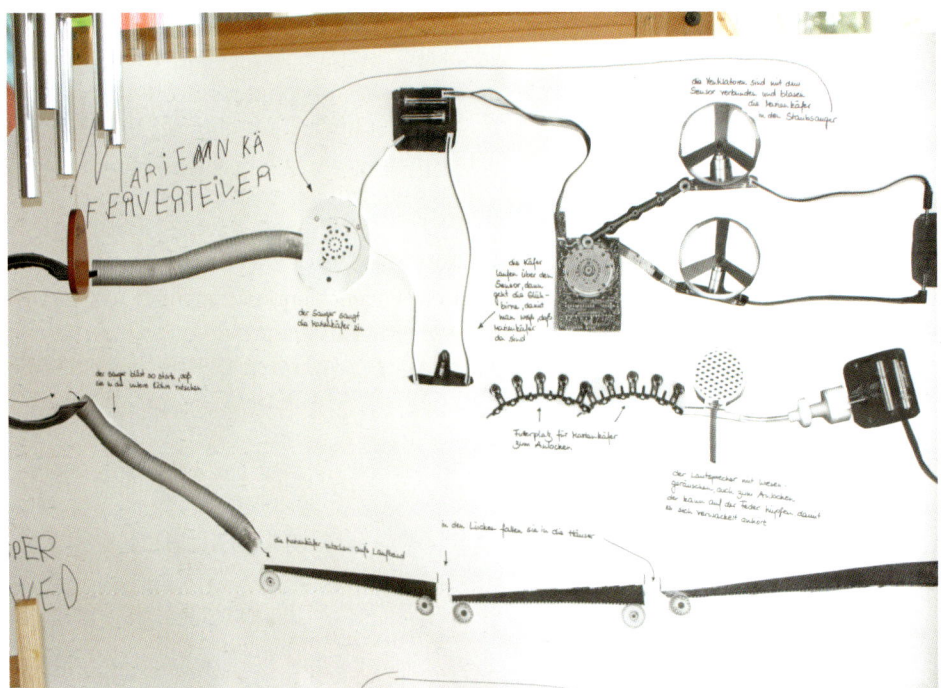

Zum Erfassen kindlicher Bildungsprozesse hingegen wird ein ungerichtetes Beobachten benötigt. Dieser Begriff enthält zwei Gedanken:

Zum einen den der Vielperspektivität: Der Beobachter will nichts Bestimmtes wissen, sondern er ist bereit, möglichst vieles wahrzunehmen, was Kinder indirekt oder direkt über sich, ihre Erlebnisse und Gedanken mitteilen. ...

Zum anderen meint der Begriff eine Aufmerksamkeit für das Unerwartete. Ungerichtetes Beobachten versucht alles zu erfassen, was die Aufmerksamkeit des Wahrnehmenden erregt. Es ist für Überraschungen offen.« (Schäfer 2005, S. 164-165)

Die Dokumente im *infans*-Portfolio

Im Portfolio werden dokumentiert[33]:
- die Eingewöhnung des Kindes/seine ersten Tage in der Kindertagesstätte;
- bevorzugte Bildungsbereiche und Zugangsformen des Kindes;
- bevorzugte Tätigkeiten/Interessen des Kindes;
- fachlich kommentierte Dokumente und ausgewählte Ergebnisse der Aktivitäten des Kindes: Fotos, Bilder, Zeichnungen, Schreibdokumente und anderes;
- Beziehungen zu anderen Kindern, insbesondere Freundschaften;

---

33   Die Bedeutung und Handhabung der nachfolgend aufgelisteten Instrumente ist im Kapitel über Modul 2 im Detail erläutert.

- die Position des Kindes in der Gruppe (Soziogramm);
- Bildungsgeschichten des Kindes aus seiner Familie;
- Beobachtungen zu Bildungsprozessen des Kindes und deren fachliche Deutung und Reflexion: Bildungsinteressen und Bildungsthemen des Kindes und Planung der pädagogisch angemessenen individualisierten Antworten, der Verlauf von längerfristigen pädagogischen Prozessen, die im Individuellen Curriculum zusammengeführt werden (siehe Modul 3).

Der überwiegende Teil der Dokumentationen erfolgt mit den Instrumenten des *infans*-Konzepts. Notizen und kommentierte Werke vervollständigen die Aufzeichnungen.

Die ersten Tage des Kindes in der Kindertagesstätte werden in der Regel anhand von Eingewöhnungsleitfäden oder -tagebüchern, die bei vielen Trägern entwickelt wurden, dokumentiert. Allerdings ermöglichen diese Formblätter meist nur eine knappe Darstellung. Sie sollten deshalb um Notizen zu den vom Kind gezeigten Interessen, Kontaktaufnahmen zu anderen Kindern, Formen der Annäherung an die Erzieherin und zur Spezifik des individuellen Beziehungsaufbaus ergänzt werden (vgl. Laewen/Andres/Hédervári 2011).

Die Auswahl von Fotos und Werken des Kindes

Die Ergebnisse der Auseinandersetzungen und Problemlösungen des Kindes in verschiedenen Bildungsbereichen, Fotos und Werke, die vom Kind bevorzugte Ausdrucksformen dokumentieren, haben einen wichtigen Platz im Portfolio. Bei der Auswahl solcher Dokumentationen ist jedoch einiges zu beachten.

Fotografische Aufnahmen, die Aktivitäten des Kindes oder Ergebnisse seiner Arbeit an einem Thema illustrieren, ergänzen die schriftlichen Aufzeichnungen und haben insofern im Portfolio keinen Wert an sich. Sie sollten immer in Zusammenhang mit den Bildungsthemen des Kindes stehen, seinen Interessen oder je eigenen Zugangsformen. Das heißt, jedes Foto sollte in den Augen der Erzieherin eine für die Bildung des Kindes bedeutsame Situation zeigen. Entsprechend sind solche Bilder in der Regel den einzelnen schriftlichen Aufzeichnungen zu den Themen oder Interessen des Kindes zugeordnet oder werden mit einer kurzen Notiz versehen beziehungsweise fachlich kommentiert.

Auch Fotos zu den Freundschaften des Kindes zeigen idealerweise Situationen, die für die Beziehung zwischen diesen Kindern typisch sind, und ergänzen die entsprechenden schriftlichen Aufzeichnungen.

Diese vielleicht etwas rigide anmutende Festlegung des Portfolio-Inhalts basiert auf dem Verständnis, dass es sich dabei in erster Linie um ein Arbeitsinstrument der Erzieherinnen handelt. Die Portfolio-Dokumentation soll den Erzieherinnen helfen, die Kinder und ihre Bildungswege besser verstehen und über die Jahre angemessen unterstützen und herausfordern zu können. Unkommentierte nette Kinderbilder, die von den Erzieherinnen selbst nach einiger Zeit nicht mehr fachlich eingeordnet werden können, bringen die Verständigung zwischen Kind und Erzieherinnen in der Regel eher weniger voran.

Dasselbe gilt für Zeichnungen, Schreibversuche, Collagen und ähnliches, die das Kind hergestellt hat. Auch hier ist zu fragen:

?
- Was bedeuten diese Ergebnisse kindlichen Tuns für das Kind selbst?
- Wie deuten wir Erwachsene diese Produkte?
- Sind diese Dinge nach Ansicht der Erzieherin Ausdruck eines wichtigen Schrittes des Kindes in seinem Weltverstehen oder in der Aneignung kulturell bedeutsamer Bildungsinhalte?

Je nachdem, wie die Antworten ausfallen, wird eine Zeichnung dann entweder in das Portfolio aufgenommen oder in einer eigenen Mappe gesammelt. Meist wollen die Kinder solche Arbeiten jedoch mit nach Hause nehmen.

Mappen oder Büchlein, in denen ausschließlich Werke und Fotos der Kinder gesammelt werden, finden dann, anders als die Portfolios, in den Räumen der Kinder, für alle Jungen und Mädchen frei zugänglich, ihren Ort. Diese Form der Dokumentation, die nicht oder nur spärlich kommentiert ist, findet man unter anderem in den städtischen Kindertageseinrichtungen in Reggio Emilia, aber auch in Kindertagesstätten, die das Konzept der Early Excellence Centres umsetzen.

Das Kind einbeziehen

Wenn die Erzieherin ein Bild oder ähnliches gerne in das Portfolio des Kindes aufnehmen möchte, versteht es sich von selbst, dass sie das Kind um seine Zustimmung bittet. In der Regel wird es nichts dagegen haben. Manchmal kommt es allerdings auch vor, dass ein Kind das Bild gerne für sich oder die Eltern behalten möchte. Dann bleibt immer noch die Möglichkeit, das Bild zu fotografieren und in dieser Form zu dokumentieren.

Nicht selten gewinnt das Portfolio über solche Anfragen auch für die Jungen und Mädchen eine wachsende Bedeutung, und sie beginnen selbst damit, den Erzieherinnen einzelne ihrer Bilder für ihre Portfolios anzubieten. Grundsätzlich sollte ebenso wie bei den Beobachtungen kein Geheimnis um das Portfolio gemacht werden, sondern die Kinder sollten offen in die Dokumentation einbezogen werden.

Das Portfolio im Kontext der Zusammenarbeit mit den Eltern

Grundsätzlich gilt, dass das Portfolio eine einzigartige Grundlage für den regelmäßigen Austausch zwischen Erzieherinnen und Eltern über das Kind bietet. Es enthält vielfältige und charakteristische Antworten auf Fragen, was das Kind den Tag über in der Einrichtung tut, ob es sich wohl fühlt, wie es von den anderen Kindern akzeptiert wird, mit welchen Themen es aktuell befasst ist. Wenn auch eher beiläufig, wird den Eltern bei der Ansicht des Portfolios deutlich, welche Kompetenzen ihr Kind im Verlauf seiner Aktivitäten erworben hat.

Zugleich bieten das Instrumentarium und die Erfahrungen, die von der Erzieherin in seinem Gebrauch gesammelt werden, die Möglichkeit, die Eltern auf bildungsrelevante Aktivitäten ihres Kindes hinzuweisen und sie in die Beobachtungen einzubeziehen. Den Müttern und Vätern wird damit nicht selten ein neuer Blick auf die Bildungsleistungen ihres Kindes eröffnet, der bei weniger systematischen Vorgehensweisen kaum zu erreichen ist.

Die Anlage des Portfolios für jedes Kind eröffnet also die Chance, die gesamte Kooperation mit den Eltern auf eine neue Basis zu stellen: Den Interessen der Eltern an sachhaltiger Information kann entsprochen werden, weniger interessierte Eltern können motiviert, besorgte Eltern beruhigt werden. Das Portfolio dokumentiert, dass ihrem Kind in der Kindertagesstätte die Aufmerksamkeit entgegengebracht wird und es die Unterstützung erfährt, die es braucht, um in seiner Bildung und in seinem Lernen Fortschritte zu machen. Die Beziehung zwischen der Einrichtung und den Familien der Kinder kann auf diese Weise auf eine Basis sachlicher Kooperation gestellt werden, die empathische Beziehungen nicht ausschließt, aber sie nicht als einzige Form des Kontaktes erscheinen lässt.

Ebenso wie die Kinder werden aber möglicherweise auch die Eltern erst nach und nach und über die Gespräche mit der Erzieherin Interesse am Portfolio ihres Kindes und an der Mitgestaltung gewinnen. Anfangs ist für die meisten Eltern in der Regel noch recht unklar, was sie von dem Portfolio erwarten dürfen. Das gilt auch, wenn die Erzieherinnen einen Elternabend zu diesem Thema angeboten haben, was sie unbedingt tun sollten, bevor sie mit der Dokumentation beginnen. Kindertagesstätten sollten auch nicht allzu lange damit warten, den Müttern und Vätern das Portfolio ihres Kindes in die Hand zu geben. Da die Ordner aus Gründen des Datenschutzes nicht für jedermann zugänglich aufbewahrt werden, ist es notwendig, Gelegenheiten zu schaffen, bei denen die Eltern im Portfolio ihres Kindes blättern und Beobachtungstexte lesen können.

Wünschenswert ist es aus unserer Sicht, dass die Mütter und Väter jederzeit Gelegenheit haben, in das Portfolio ihres Kindes zu schauen. Da die Portfolios aber aus genanntem Grund nicht offen zugänglich sein können, müssen Erzieherinnen und Eltern für einen solchen flexiblen Umgang mit den Dokumentationen gemeinsam Regeln erarbeiten. Die Antworten, die Kindertagesstätten darauf gefunden haben, sind unterschiedlich, und gelegentlich besteht in diesem Punkt noch Entwicklungsbedarf.

Einen Anlass, der von allen genutzt wird, bieten die regelmäßigen »Bildungsgespräche«, die mindestens zwei Mal jährlich, besser öfter stattfinden sollten. Aber auch mit zusätzlichen Portfolio-Abenden für alle Eltern der Kindertagesstätte oder der Gruppe, an denen die Erzieherinnen als Ansprechpartnerinnen zur Verfügung stehen, wurden gute Erfahrungen gesammelt.

Bekommen die Eltern alles zu sehen, was im Portfolio ist?

Von einer Ausnahme abgesehen, sollten alle Beobachtungen und sonstigen Dokumente, die im Portfolio zusammengefasst sind, den Eltern zugänglich sein. Diese Ausnahme bezieht sich auf eine Seite des Instruments »Bildungsinteressen/Bildungsthemen«, auf der die ganz persönlichen Gefühle und Erinnerungen der Beobachterin (Was macht das mit mir?) und ihre Einschätzung der Perspektive des Kindes festgehalten werden. Hier ist es der Erzieherin freigestellt, diese Seite herauszutrennen und gegebenenfalls in einer gesonderten persönlichen Reflexionsmappe aufzubewahren.

Zur Struktur des Portfolios

Im Portfolio werden die Bildungsprozesse der Kinder in der Regel über einen langen Zeitraum dokumentiert. Um die Übersicht zu behalten und die einzelnen Aufzeichnungen und Dokumente bei Bedarf möglichst schnell zu finden, hat es sich bewährt, jedes Portfolio klar und übersichtlich zu strukturieren. Die einzelnen Kindertageseinrichtungen und Erzieherinnen haben dafür unterschiedliche, für sie gut praktikable Lösungen gefunden. Grundsätzlich gilt:

- In jedem Portfolio wird das Kind, um das es geht, zuerst einmal vorgestellt. Festgehalten werden kann unter anderem: Wann ist das Kind geboren? Seit wann besucht es die Kindertageseinrichtung? Zu welcher Gruppe gehört es? Hat es bereits Geschwister in der Kita? Ein vielleicht vom Kind selbst ausgewähltes Foto gibt dieser Vorstellung eine persönliche Note. Ältere Kinder beteiligen sich auch darüber hinaus gerne an der Gestaltung dieser ersten Seite.
- Die Beobachtungen der Erzieherinnen starten mit der Eingewöhnungsphase. Dabei geht es nicht nur um die Dokumentation des Beziehungsaufbaus und Formen der Annäherung an die Erzieherin, sondern gegebenenfalls auch um vom Kind in den ersten Tagen gezeigte Interessen und Kontaktaufnahmen zu anderen Kindern, also insgesamt um die ersten Bildungsschritte des Kindes in der Einrichtung.
- Danach können die Dokumentationen zu den Bildungsprozessen entweder nach Instrumenten oder – und diese Lösung wird inzwischen von vielen Erzieherinnen bevorzugt – nach zeitlichen Abschnitten sortiert werden. Die zeitliche Gliederung kann entweder dem Kalenderhalbjahr beziehungsweise -jahr folgen oder der Logik der Bildungsprozesse. Das heißt, wenn ein »Themendialog« zwischen Erzieherinnen und Kind abgeschlossen ist, wird dies kenntlich gemacht.
- Viele Erzieherinnen teilen ihre Portfolios inzwischen entlang der Individuellen Curricula der jeweiligen Kinder ein. Das heißt, dass nach Abschluss eines Individuellen Curriculums alle Beobachtungen, Notizen und Werke des Kindes, die zu seiner Entwicklung herangezogen wurden, den Aufzeichnungen zur Planung und Umsetzung des I. C. (sozusagen als Anhang) zugeordnet werden. Auch hier wird die Gliederung des Portfolios nach Instrumenten zugunsten einer chronologischen und inhaltlichen Zuordnung aufgelöst. Dabei wird der Ganzheitlichkeit der kindlichen Bildungsprozesse Rechnung getragen. Die zeitlichen Abfolgen und Entwicklungen werden so leichter nachvollziehbar, und im Portfolio wird ein »roter Faden« eher sichtbar. Häufig lesen sich die Dokumentationen rund um ein solches I. C. wie die Geschichte einer Bildungsphase, in deren Mittelpunkt ein Bildungsthema steht, mit dem sich das Kind intensiv und über einen längeren Zeitraum beschäftigt hat. Eltern können solche Darstellungen einen leichteren Zugang zu den Bildungswegen ihres Kindes eröffnen. Erzieherinnen wiederum berichten, dass sie sich mit einer solchen Einteilung besser im Portfolio zurechtfinden.

Eine Übersicht über die durchgeführten und geplanten Beobachtungen des Jahres am Beginn des Portfolios hilft der verantwortlichen Erzieherin dabei, den Überblick zu behalten, und erleichtert das Controlling (siehe Arbeitsblatt 1 und Controllingblatt zur Portfolio-Dokumentation bei den Materialien und Arbeitsblättern zum Modul 4 auf der beiliegenden CD).

Verantwortung und Zuständigkeit

Bevor eine Kindertagesstätte damit beginnt, Beobachtungen zu den Bildungsprozessen der Kinder zu dokumentieren, werden die Zuständigkeiten für die einzelnen Portfolios festgelegt. Im Kapitel über Modul 5 wird darauf im Detail eingegangen. An dieser Stelle so viel:

Jede Erzieherin in der Kindertagesstätte ist für eine festgelegte Anzahl von Portfolios zuständig. Sie ist verantwortlich, dass diese Kinder regelmäßig beobachtet werden. Es ist ihre Aufgabe, darauf zu achten, dass dabei die verschiedenen Aspekte der Bildungsprozesse der Kinder im Blick bleiben. Alle Instrumente sollen in den dafür vorgesehenen Zeiträumen zum Einsatz kommen, der Bogen zu den Bildungsbereichen und Zugangsformen also beispielsweise zwei Mal jährlich.

Die Zuständigkeit für ein Portfolio bedeutet aber wiederum nicht, dass alle Beobachtungen zu diesem Kind ausschließlich von der verantwortlichen Erzieherin durchgeführt werden können oder sollten. Wir haben an anderer Stelle bereits darauf hingewiesen, dass es insbesondere in Häusern, in denen nach einem offenen Konzept gearbeitet wird, notwendig ist, dass sich grundsätzlich alle Erzieherinnen für die Dokumentationen aller Kinder verantwortlich fühlen.

Was ist damit gemeint? Wenn das Team einer »offenen« Kindertagesstätte Hypothesen zu den Themen eines Kindes erarbeitet, seine »Antworten« auf diese Themen geplant hat und in den Dialog mit dem Kind einbringt, dann ist in der Folge festzuhalten, wie das Kind mit diesen Antworten der Erwachsenen umgeht. In einem offenen Haus ist die Wahrscheinlichkeit groß, dass Beobachtungen dazu nicht in dem Raum aufgezeichnet werden können, in dem sich die zuständige Portfolio-Erzieherin größtenteils aufhält. Hier müssen also Vereinbarungen mit Kolleginnen getroffen werden, entsprechende Beobachtungen zu notieren und für das Portfolio zur Verfügung zu stellen.

Die Dokumentation der Arbeit nach außen

Wir haben schon darauf hingewiesen, dass das Portfolio eine doppelte Funktion erfüllt. Zum einen ist es ein Arbeitsinstrument der Erzieherin, in dem wichtige Informationen zu den Bildungsprozessen der Kinder zusammengeführt werden. Zum anderen ist es die Grundlage für die Gespräche der Erzieherin mit den Eltern des Kindes über das, was ihr Kind in der Einrichtung tut, welche Interessen es aktuell verfolgt, wer seine Freunde sind, seine bevorzugten Tätigkeiten und anderes.

Darüber hinaus haben die Eltern die Möglichkeit, selbst in das Portfolio ihres Kindes hineinzusehen und sich an Hand der dort zusammengetragenen Beschreibungen über Tätigkeiten, Interessen und soziale Beziehungen ihres Kindes ein Bild zu machen. Die Portfolio-Dokumentation repräsentiert also auch die Arbeit in der Kindertageseinrichtung, allerdings eingeschränkt auf Informationen hinsichtlich eines einzelnen Kindes und ausschließlich für seine Eltern.

Nun findet die Arbeit in Kindertageseinrichtungen in jüngerer Zeit auch öffentliche Beachtung, sei es im Gemeinwesen, von Mitgliedern der politischen Administration, durch den Träger oder über die Medien. Zunehmend sind auch pädagogische Fachkräfte aus anderen Kindertagesstätten, Lehrende und Lernende aus Fachschulen und Fachhochschulen an der Umsetzung des *infans*-Konzepts interessiert und fragen bei Teams, die das Konzept erfolgreich praktizieren, wegen eines möglichen Besuchstermins nach.

Ihnen allen kann der Zugang zu den Portfolios wegen der Datenschutzbestimmungen nicht gewährt werden, wodurch ein erweiterter Bedarf an Dokumentation zur Pädagogik der Kindertagesstätte entsteht, der von der Einrichtung auch durchaus befriedigt werden sollte. Es geht dabei im Grunde darum, die Arbeit in der Einrichtung transparent zu machen, so dass auch Außenstehende einen Eindruck davon gewinnen können.

Aber auch die Familien der Kinder profitieren. Zwar sind die Mütter und Väter in der Regel in erster Linie an ihrem eigenen Kind interessiert. Die Dokumentationen in den Räumen der Kindertagesstätte können ihren Blick auf die Pädagogik des Teams jedoch weiten. Die Eltern können die Bildungs- und Lernschritte ihres Kindes besser einordnen und verstehen. Nicht zuletzt erfreut es die Kinder selbst, wenn sie sich in Fotodokumentationen entdecken. Hat sich diese Form der Präsentation erst einmal etabliert, wird sie nicht selten zum willkommenen Anlass für angeregte Gespräche zwischen Eltern, Kindern und Erzieherinnen.

Inhalt der Dokumentation nach außen

Im Laufe der Erprobung des *infans*-Konzepts haben die Erzieherinnen der beteiligten Kindertagesstätten Verfahrensweisen entwickelt, die wesentlich auf Fotos von geeigneten Situationen und begleitende Texte gestützt sind. Darüber hinaus können Arbeiten der Kinder, die im Laufe von Projekten entstanden sind, in kleinen Ausstellungen in den Fluren oder anderen geeigneten Räumen der Kita zugänglich gemacht werden. Dabei kann es sich um Malarbeiten der Kinder handeln, um Plastiken oder auch um erste selbst geschriebene Texte von Kindern. Das können auch Zahlendarstellungen oder Heftseiten mit linearen Kritzeleien sein, die beispielsweise während einer Beobachtung entstanden, während der sich ein Kind neben die Erzieherin gesetzt und ebenfalls »geschrieben« hat.

Diese Art von Dokumentationen der Arbeit nach außen unterscheidet sich wesentlich von Fotogalerien, die es auch früher schon in Kitas gegeben hat. Dort wurden zum Beispiel die besten Fotos, die auf einem Fest oder bei einem Ausflug entstanden waren, an die Wand gepinnt und mit kurzen launigen Texten versehen, die den Kindern in den Mund gelegt wurden. Beispielsweise: »Oh, ist das schwer!«, wenn auf dem Foto ein Kind zu sehen war, das einen kleinen Eimer mit Wasser anhebt. Oder: »Ich kann einfach nicht widerstehen!«, wenn ein Kind zu sehen ist, das nach einem Stück Kuchen greift.

Die Dokumentation, um die es in den anspruchsvolleren frühpädagogischen Konzepten geht und die zum Beispiel im Zusammenhang mit den Ausstellungen der Reggio-Pädagogik viele Erwachsene in aller Welt begeistert hat, ist von völlig anderer Art. Hier geht es darum, dem Betrachter der Fotos oder der Arbeiten der Kinder einen Zugang zu der Bedeutung dessen, was dargestellt wurde, zu ermöglichen. Das heißt: Die Texte zu den Bildern oder Werkstücken sind fachliche Texte. Sie beschreiben die Geschichte, die zu dem Bild gehört, aus einer fachlichen Perspektive und stellen das, was zu sehen ist, in den Zusammenhang kindlicher Weltkonstruktionen. Sie versuchen also, die Bildungsprozesse der Kinder, die den auf den Fotos gezeigten Tätigkeiten zu Grunde liegen, nachvollziehbar zu machen. Häufig sind die erwachsenen Betrachter solcher Darstellungen zutiefst beeindruckt von den Leistungen der Kinder, insbesondere wenn etwa bei Malarbeiten oder Grafiken die Qualität der Arbeiten für sich selbst spricht.

In der Projekteinrichtung »Haus der kleinen Strolche« im Brandenburgischen Woltersdorf können solche künstlerischen Arbeiten von fünf- und sechsjährigen Kindern, die Werken der klassischen Moderne nachempfunden sind, besichtigt werden. In der Freiburger Projekt-Kita »Rieselfeld« sind Werke von Kindern zu sehen, zum Beispiel Zeichnungen zu Besuchen im Freiburger Münster, die denen aus Reggio nicht nachstehen. Nicht nur in diesen beiden Einrichtungen verstärkt sich der Verdacht, dass wir bislang Kinder fast regelmäßig unterschätzt haben, wenn es um die Komplexität ihrer Welt- und Selbstkonstruktionen geht.

Andere Darstellungsinhalte können sich auf thematische Auseinandersetzungen der Kinder im Rahmen von Projekten beziehen, auf ihre Aktivitäten und Problemlösungen in den verschiedenen Bildungsbereichen, auf Aushandlungsprozesse zwischen Kindern oder auf die Gestaltung von Freundschaftsbeziehungen. Auch Zeichnungen und Malarbeiten, mit denen die Kinder ihre Erfahrungen, die sie im Verlauf von Exkursionen gemacht haben, zum Ausdruck gebracht haben, können Gegenstand einer solchen Dokumentation sein.

Ebenso können Bewegungskonstruktionen der Kinder, wie sie etwa beim Springen von unterschiedlich hohen Standorten zu beobachten sind, auf Fotos festgehalten und kommentiert werden. Also zum Beispiel, wie die Jungen und Mädchen auf Bewegungsbaustellen mit selbstgebauten (standsicheren!) Konstruktionen aus Leitern und Brettern Sprungerfahrungen sammeln und dabei ausgeprägte Bewegungskompetenzen entwickeln (siehe auch Arbeitsblatt 2 und Material zu diesem Modul auf der beiliegenden CD).

Eine Anmerkung, die nicht nur die Dokumentation nach außen betrifft

Bei allen Dokumentationen stehen die Kinder mit ihren Weltdeutungen und -konstruktionen im Mittelpunkt. Es ist der Versuch, die Betrachter und Leser, im weitesten Sinn die Besucher der Kindertagesstätte besser verstehen zu lassen, mit welchen Fragen Kinder beschäftigt sind, über welche Ausdrucksformen oder »Sprachen« sie verfügen,

wie sie in der tätigen Auseinandersetzung mit der sozialen und materiellen Welt Kompetenzen erwerben
und was die pädagogischen Fachkräfte in der Kindertagesstätte zum
Weltverstehen und Weltgestalten
der Jungen und Mädchen beitragen
können.

Diese Art der Dokumentation nach
außen kann nur gelingen, wenn die
Erwachsenen jedes einzelne Kind
ernst nehmen und seine je eigenen
Bildungswege anerkennen. Eine
solche Haltung schließt aus, dass
den Kindern – vielleicht gedacht als
Erheiterung der Betrachter – Worte
in den Mund gelegt werden oder
Dinge unterstellt werden, die sich
aus der Beobachtung selbst nicht
ableiten lassen (vgl. hierzu auch
Kazemi-Veisari 2004). Es sollte sich
auch von selbst verstehen, dass
kein Kind in einer Dokumentation
bloßgestellt wird, und – last but not
least – gibt es intime Situationen, die nicht zum Gegenstand eine Foto-Dokumentation werden sollten. Dass all dies auch für die Portfolio-Dokumentation gilt, sei
hier noch einmal ausdrücklich vermerkt.

Formen der Dokumentation nach außen

Neben der Möglichkeit, Bilder und Texte an der Wand – in der Regel auf farblich pas-
senden Bögen aus festem Papier – zu befestigen, haben sich auch so genannte
Tisch-Flipcharts gut bewährt, in deren Kunststoffhüllen die Werke im DIN A3-Format
eingelegt und durch Umschlagen der Seiten gut betrachtet werden können. Auf diese
Weise lassen sich auch über längere Zeiträume entstandene Dokumentationen für
interessierte Besucher zugänglich aufbewahren. Und wir haben erlebt, dass auch die
Kinder selbst es immer wieder genießen, wenn sie ihre weit zurückliegenden Bildungsgeschichten mit ihren aktuellen Aktivitäten und Ideen vergleichen können und
sich damit ihrer selbst und ihrer »Fortschritte« vergewissern.

Dokumentation und Datenschutz

Voraussetzung für alle öffentlichen Darstellungen ist, das darf keineswegs aus dem Auge verloren werden, das Einverständnis der Eltern der auf den Fotos gezeigten Kinder, und auch für Videoaufzeichnungen ist die Zustimmung der Eltern erforderlich.

Die technische Ausstattung als Voraussetzung für eine gelingende Dokumentation

Für das Herstellen der Fotos sollte in der Einrichtung mindestens eine Digitalkamera jederzeit einsetzbar sein, so dass nicht erst lange gesucht werden muss, wenn sich eine interessante Situation, die für eine Dokumentation geeignet wäre, unvorhergesehen ergibt. Ebenso sollte ein PC mit entsprechender Software zur Verfügung stehen, um die digitalen Bilder bearbeiten zu können.

Neben den Fotografien haben sich in den meisten am Projektverbund beteiligten Einrichtungen (digitale) Videokameras als geeignete technische Mittel erwiesen, um sowohl Gruppen von Eltern als auch Außenstehenden einen Eindruck von Einzelheiten der täglichen Arbeit zu ermöglichen. In Stuttgart ist unter Nutzung solcher Aufnahmen ein Videofilm hergestellt worden, der das Konzept und seine praktische Umsetzung in Einrichtungen der Stadt demonstriert und den das Jugendamt der Stadt für seine Öffentlichkeitsarbeit einsetzt.

Modul 5:
Bedingungen des Gelingens und die Vernetzung nach außen

Es ist ein wichtiger Tag im Leben jedes Menschen, wenn er für das zu arbeiten beginnt, was er selbst gestalten will, und nicht mehr für die Zufriedenheit irgendeines Chefs.

Bill O'Brien[34]

34 Nach P. M. Senge et al. 2008

Die ersten vier Module des *infans*-Konzepts beschreiben das konkrete Vorgehen, die Inhalte und Methoden, die der pädagogischen Arbeit in der Kindertagesstätte ihre neue Qualität verleihen. Im Zentrum des Moduls 5 steht die Beantwortung der Frage, welche Bedingungen die gelingende Umsetzung des Konzepts in der Praxis befördern und unterstützen.

Dazu gehören äußere Rahmenbedingungen, die vom Träger der Einrichtungen und von den politischen Entscheidungsträgern bestimmt werden, zum Beispiel der Umfang von Vor- und Nachbereitungszeiten, der Personalschlüssel, die Freistellung der Leitung und die Bereitstellung von Praxisunterstützungssystemen ebenso wie Bedingungen, die vom pädagogischen Fachpersonal in der Kindertagesstätte selbst geschaffen werden müssen. In diesen Bereich fallen unter anderem Aufgaben der Kooperation im Team, die Unterstützung durch die Leitung und die Weiterqualifizierung des Fachpersonals. Dem Träger und der Kindertagesstätte obliegt das Qualitätsmanagement, auf das im Modul 5 ebenfalls Bezug genommen werden soll.

Am Beginn steht ein Leitfaden zur Umstellung der pädagogischen Arbeit auf das *infans*-Konzept, der die ersten organisatorischen Schritte beschreibt. Er richtet sich an Teams, die bislang noch nicht mit dem *infans*-Konzept arbeiten, aber Interesse an einer entsprechenden Veränderung haben.

Den Abschluss des Moduls 5 bildet ein Thema, das über die Grenzen der Kindertagestätte hinausweist: die Kooperation im Gemeinwesen, also die Verknüpfung der Kindertageseinrichtung mit anderen Bildungsinstitutionen wie zum Beispiel Bibliotheken und Museen, aber auch mit anderen Kita-Teams, Frühförder- und Beratungsstellen und Grundschulen.

Die Umstellung der pädagogischen Arbeit auf das *infans*-Konzept – ein Leitfaden

Der Leitfaden stellt eine Übersicht über die ersten organisatorischen Schritte dar, die das Team einer Kindertageseinrichtung gehen muss, um für sich die internen Rahmenbedingungen für eine neue Grundlegung seiner pädagogischen Arbeit zu schaffen. Auch diese Zusammenstellung von »Ersten Schritten« bietet Raum für vielfältige Variationen, die zusammen mit den inhaltlichen Schwerpunktsetzungen und Vorgehensweisen schließlich das Profil einer Einrichtung ausmachen werden. Wir erwarten, dass sich die Einrichtungen, die auf der Grundlage des *infans*-Konzepts arbeiten, in ihrem Profil auf vielfältige Weise unterscheiden werden, je nachdem, wie das Einzugsgebiet der Kita beschaffen ist, wo die Mitarbeiterinnen ihre Ressourcen sehen und welche Interessen sie in unterschiedlichen Formen der Gemeinsamkeit mit den Eltern und mit dem Träger verfolgen. Allerdings müssen bei aller möglichen Variabilität die Kernelemente des Konzepts erkennbar bleiben.

Die nachfolgende Auflistung der einzelnen Schritte soll zunächst den Überblick über das Vorhaben erleichtern. Daran anschließend wird im Einzelnen erläutert, was unter den Stichworten der Auflistung zu verstehen ist.

Leitfaden zur Umstellung auf das *infans*-Konzept[35]

Information und Klärung der Erwartungen

- Leitung und Team informieren sich über das *infans*-Konzept;
- Dialog im Team: Erwartungen von Team und Leitung an die Umstellung auf das *infans*-Konzept werden formuliert;
- Einschätzung der eigenen Ressourcen;
- Absprache mit dem Träger;
- Diskurse mit Elternvertretern und interessierten Eltern.

Entscheidung

- Beschluss des Teams der Kindertageseinrichtung, das *infans*-Konzept zur Grundlage seiner Arbeit zu machen;
- Zustimmung des Trägers;
- Information aller Eltern über die Einführung des *infans*-Konzepts.

Erste Schritte der Umsetzung

- Überprüfung des Zeitmanagements;
- Ist-Analyse von Material und Ausstattung;
- räumliche Möglichkeiten prüfen und Ausstattung ergänzen (Raumeinteilung, Mobiliar, Technik);
- Beschaffung der notwendigen Materialien zum Aufbau des Portfolio-Systems;
- erste Umgestaltung der Räume (insbesondere Zahlen, Texte, Buchstaben, Architektur, Kunst, grafische Darstellungen und anderes verfügbar machen);
- Information aller Eltern über die konkreten Veränderungen, die mit der Einführung des *infans*-Konzepts einhergehen werden;
- Aufteilung der Verantwortlichkeiten im Team (zum Beispiel: Wer führt welche Portfolios?);
- Beginn der Erarbeitung von Erziehungszielen;
- Überprüfung des Gruppensystems der Einrichtung und gegebenenfalls Umstellung auf offene oder teiloffene Arbeit.

Erprobungsphase

- Tägliche Beobachtung eines Kindes mit dem Bogen »Bildungsinteressen/

---

[35] Den Leitfaden finden Sie auch im Arbeitsblatt 1 auf der beiliegenden CD.

Bildungsthemen« durch jede Erzieherin inklusive persönlicher Reflexion;

- Ausfüllen und Auswerten des Bogens »Bildungsbereiche/Zugangsformen« für jedes Kind;
- Soziogramm für jedes Kind;
- Beurteilung und schriftliche Aufzeichnung auf dem gleichnamigen Bogen zu den bevorzugten Tätigkeiten jedes Kindes, gegebenenfalls ergänzt um Fotos;
- Aufzeichnungen zu den Freunden jedes Kindes auf dem entsprechenden Bogen;
- Ausfüllen des Grenzstein-Instruments für alle Kinder, die eine der vorgesehenen Altersstufen erreichen;
- wöchentliche Teamsitzungen zur Auswertung von Beobachtungen;
- Inanspruchnahme von Beratung und Qualifizierungsveranstaltungen oder Besuch einer Konsultationseinrichtung zur Klärung offener Fragen;
- Fortführung der räumlichen Umgestaltung, insbesondere Einrichtung von Bildungsinseln zum Beispiel in Orientierung an dem Instrument »Bildungsbereiche/Zugangsformen« oder den Bildungsplänen der Länder;
- Entwurf eines Controlling-Systems;
- Weiterführung der Arbeit an den Erziehungs- und Handlungszielen.

Kontinuität

- Regelmäßige Arbeit mit dem Konzept und Weiterentwicklung seiner Inhalte;
- Sichern der kontinuierlichen Kooperation mit den Eltern;
- Qualifizierung des Personals – kontinuierliche Weiterbildung der Mitarbeiterinnen auf dem Stand des Wissens;
- Anleitung neuer Kolleginnen;
- Controlling und Qualitätssicherung mit den Kernelementen des *infans*-Konzepts;
- Kooperation im Team (weiter-)entwickeln und sichern;
- Öffnung nach außen für Mitarbeiterinnen anderer Einrichtungen;
- kontinuierlicher fachlicher Diskurs auf allen Ebenen und Einladung zu Rückmeldungen zur eigenen Arbeit von außen.

Information, Klärung der Erwartungen und Entscheidung

Eine fundierte Entscheidungsfindung setzt die Kenntnis des Gegenstands, der zur Entscheidung ansteht, voraus. Entsprechend sollten sich alle Erzieherinnen des Teams zunächst zumindest über die zentralen Inhalte des *infans*-Konzepts informieren. Von unbedingtem Vorteil ist es, wenn die Leitung bereits über ein tiefer gehendes Verstehen des Konzepts verfügt. Sie kann ihren Mitarbeiterinnen dann Fragen, die im Entscheidungsprozess entstehen, beantworten und verdeutlichen, welche Chancen, aber auch Herausforderungen mit dem angestrebten Vorhaben verbunden sind.

Der Diskurs sollte insgesamt sehr ernsthaft geführt werden, denn die Umstellung der Arbeit auf das *infans*-Konzept ist mit einschneidenden Veränderungen in den Arbeitsabläufen verbunden. Insbesondere setzt eine solche Veränderung ein »neues Denken über Kinder« voraus, wie die Kolleginnen in Reggio das auf den Punkt gebracht haben. Deshalb sollten in einem internen dialogischen Prozess Erzieherinnen und Leitung ihre Erwartungen an eine Umstellung auf das *infans*-Konzept, aber auch ihre Befürchtungen formulieren und reflektieren können. In den Entscheidungsprozess gehört auch die Einschätzung der eigenen personellen und materiellen Ressourcen, hier insbesondere auch die räumliche und technische Ausgangssituation.

Hilfreich kann im Entscheidungsprozess auch der Besuch einer *infans*-Konsultationskita sein. Damit ein solcher Besuch möglichst gewinnbringend ist, sollte er aber nicht am Anfang stehen. Erst Grundkenntnisse über die Module des Konzepts und zentrale Handlungsschritte ermöglichen gezieltes Nachfragen und die Einordnung dessen, was man in der Konsultationskindertagesstätte sieht, in das bisherige eigene Konzept-Verständnis.

Selbstverständlich muss der Träger in geeigneter Form in den Diskussionsprozess einbezogen werden. Dies gilt ebenso für die Elternvertreter.

Alle Mitarbeiterinnen im Team sollten idealerweise einer Entscheidung für das *infans*-Konzept zustimmen können, denn es hängt fast alles davon ab, ob es gelingt, die Kompetenzen und den Ideenreichtum des gesamten Teams so zu bündeln, dass die verschiedenen und durchweg eher schwierigen Aufgaben während der Umstellungszeit mit Aussicht auf Erfolg angegangen werden können. Die Erfahrungen während der Erprobungsprojekte[36] lassen den Schluss zu, dass mindestens acht von zehn Fachkräften im Team zustimmen sollten.

Wenn Träger und Kitateam sich für das *infans*-Konzept entschieden haben, werden alle Eltern über diese Entscheidung informiert. Zugleich wird ein erster Informationsabend angekündigt.

Erste Schritte der Umsetzung

Das Zeitmanagement der Kindertagesstätte

Das *infans*-Konzept stellt Kindertageseinrichtungen vor eine sehr große Herausforderung: Es scheint auf den ersten Blick unmöglich, die Zeit für die Vielfalt der notwendigen Aktivitäten zu finden. Das reicht von der Arbeit an den täglichen Beobachtungen und ihrer Auswertung bis zu den Dokumentationen und der Hinwendung zum Gemeinwesen, um nur einige der Anforderungen herauszugreifen. Und in der Tat: Wenn eine Einrichtung versuchen würde, das *infans*-Konzept umzusetzen und zugleich alles, was bislang zur täglichen Arbeit gehörte, im selben Umfang weiterzuführen, müsste mit einem grandiosen Scheitern des Vorhabens gerechnet werden.

Es geht also im ersten Schritt vor allem darum, die eigene bisherige Praxis zu analysieren und zum Beispiel die täglichen Routinen und das jahreszeitliche Programm mit seinen zahlreichen Gelegenheiten zur Vorbereitung von Festen und Feiern auf seinen pädagogischen Sinn zu überprüfen. In diesem Zusammenhang kann es helfen, sich selbst ein einigermaßen systematisches Vorgehen zu verordnen und für jeden Arbeitsplatz eine (interne) Zeitbudgetstudie anzufertigen. Dazu gehört es, dass jede Mitarbeiterin für zumindest einen Tag, besser für mehrere Tage detailliert aufschreibt, was sie wann getan hat. Zur individuellen Analyse der Erzieherinnen-Arbeitszeit gibt es Zeiterfassungsbögen von Martin Cramer in den Materialien zum Modul 5 auf der beiliegenden CD.

Darüber hinaus sollte intern auf die unterschiedlichen Anwesenheitszeiten der Kinder reagiert werden. Wenn zum Beispiel wegen einer Grippewelle nur wenige Kinder in der Einrichtung anwesend sind, werden auch nicht alle Erzieherinnen benötigt – sofern sie nicht selbst erkrankt sind. Hier können – das Einverständnis des Trägers vorausgesetzt – mit Hilfe von Zeitkonten monatlich oder auch über das ganze Jahr abzurechnende Zeitguthaben erzielt werden, die dann in personal-kritischen Zeiten und zur Erledigung der im *infans*-Konzept beschriebenen Aufgaben abgerechnet werden können. Auch für einen solchen internen Überblick über die Anwesenheitszeiten der Kinder ist ein Erfassungsbogen den Materialien auf der CD beigefügt (tatsächliche Anwesenheit der Kinder...).

---

36   10 Stufen Projekt, Bildungsstätte Kindertageseinrichtung, Forschungsprozess Einstein in der Kita

Ein Vorgehen, das sich an einem Jahresarbeitszeitmodell orientiert, wie es zum Beispiel von Cramer (2003) beschrieben wird, bietet sich vor allem dort an, wo keine gesetzlichen oder trägerinternen Regelungen zu Vorbereitungs- oder Verfügungszeiten vorliegen. Dies gilt unter anderem für das Land Brandenburg, während in Baden-Württemberg im Allgemeinen 7,5 Stunden pro Vollzeitkraft wöchentlich zur Verfügung stehen. Für Teilzeitkräfte gelten dort entsprechend verminderte Zeitanteile.

Die Zeiterfassungsbögen werden ausgewertet und bilden die Grundlage für eine gemeinsame Bewertung der verschiedenen Tätigkeiten nach den Kriterien des pädagogischen Nutzens und ihrer Notwendigkeit. Auch sollte in die Überlegungen eingehen, wie oft zum Beispiel Feste und andere soziale Ereignisse von den Mitarbeiterinnen der Kita vorbereitet werden, wie viele Kolleginnen gegebenenfalls dafür notwendig sind und in welchem Maß die Eltern der Kinder bereit wären, sich an solchen Aufgaben zu beteiligen. In jedem Fall sollte geprüft werden, ob das Event-Konzept des Vorjahres auch in diesem Jahr noch brauchbar ist und ob die Dekorationen in jedem Jahr neu angefertigt werden müssen. Die Erfahrungen in den Kindertagesstätten der Erprobungsprojekte weisen darauf hin, dass zum Beispiel die beliebte jahreszeitliche Umgestaltung und Ausschmückung einer Kita übers Jahr gesehen beträchtliche Arbeitszeiten binden kann, die dann für ernsthafte pädagogische Aufgaben fehlen.

Eine solche grundlegende Überprüfung der bisherigen Arbeitsroutinen führt in der Regel zur Aufdeckung beträchtlicher Zeitressourcen, die für den besonders in den Anfangsmonaten erheblichen Zeitaufwand für die Umstellung auf die Arbeit nach dem *infans*-Konzept genutzt werden können und sollten. Der Beginn der Arbeit mit dem *infans*-Konzept ist dabei zeitlich insbesondere durch die notwendigen Umstrukturierungen in der Einrichtung, die Umgestaltung der Räume, die Einrichtung von Bildungsinseln, die Beschaffung der Ordner für jedes Kind, gegebenenfalls der Schränke für die Ordner und die notwendigen Absprachen im Team beansprucht. Sind diese Dinge erst einmal geregelt, wird vieles leichter und geht selbstverständlich auch schneller.

Darüber hinaus beansprucht im ersten Jahr die gemeinsame Arbeit an den Erziehungszielen eine nicht unbeträchtliche Zeit, wobei dieser Aufwand insofern zukünftige Arbeit entlastet, als die von den Erziehungszielen abgeleiteten Handlungsziele für die Arbeit mit dem Individuellen Curriculum auf lange Sicht zur Verfügung stehen. Insgesamt erfordert die Arbeit mit dem *infans*-Konzept ab dem zweiten Jahr nicht wesentlich mehr Zeit als unter den alten Bedingungen. Allerdings wird die Arbeitszeit für andere Dinge verwendet als zuvor.

Es kann also darauf vertraut werden, dass der anfangs notwendige Zeitaufwand im Laufe des ersten Jahres und danach deutlich abnimmt. Es hat sich in allen Einrichtungen in den Erprobungsprojekten gezeigt, dass die wachsende Vertrautheit mit dem Konzept nach der Einarbeitungs- oder Erprobungsphase zu einer deutlichen Verringerung des ursprünglichen Zeitaufwandes führt und in Teambesprechungen von 90 Minuten Dauer Beobachtungen von drei bis vier Kindern fachlich reflektiert werden können. Zu Beginn wird man froh sein, wenn in eineinhalb Stunden wenigstens die Unterlagen eines Kindes einigermaßen vollständig und mit Konsequenzen für die praktische Arbeit bearbeitet werden konnten. Auch die Durchführung der täglichen Beobachtungen und das Führen der Portfolios geht mit der Zeit sehr viel schneller von der Hand, als dies am Anfang möglich zu sein schien. Dennoch müssen auch Kita-Teams mit viel Konzept-Erfahrung ihr Zeitmanagement im Auge behalten.

Zu einem effizienten Zeitmanagement kann ein geeignetes Controlling-System durchaus beitragen, weil auf diese Weise ein aktueller Überblick über den Stand der Arbeit für jede Erzieherin und für jedes Kind zur Verfügung steht und auf Irritationen in den Arbeitsabläufen zeitnah reagiert werden kann. Keine »lernende Organisation« – und jede Kindertageseinrichtung sollte es anstreben, diesen Stand der Qualitätsentwicklung zu erreichen – kann ohne ein solches Instrument auskommen. Die ursprüngliche Wortbedeutung kommt aus dem Französischen – »contre rouler« – und meint dort »gegensteuern« und nicht Kontrolle, wie es die vereinfachte deutsche Übersetzung nahe legt.

Es gibt jedoch vermutlich kein System, das für alle Einrichtungen in gleicher Weise geeignet ist. Ähnlich wie das *infans*-Konzept selbst sollten auch die Hilfsinstrumente und -methoden, die für eine angemessene Organisation der Arbeitsabläufe in einer Kindertageseinrichtung notwendig sind, den Bedingungen dort angepasst werden. Das kann durchaus dazu führen, dass zum Beispiel einige Erzieherinnen nach festen Zeitplänen ihre Beobachtungen durchführen, während andere besser arbeiten können, wenn sie die Beobachtungszeiten variabel handhaben. Wichtig ist, dass die Beobachtungen durchgeführt und ausgewertet werden, das »Wie« der Planung und Organisation kann flexibel gehandhabt werden. In diesem Sinne sollten auch die methodischen Anregungen des Moduls 5 verstanden werden, die auf die notwendige Schaffung von angemessenen Rahmenbedingungen für die pädagogische Arbeit hinweisen und für ihre Realisierung Vorschläge enthalten.

Die Ist-Analyse

Am Beginn jeder Qualitätsentwicklung steht die Einschätzung der eigenen Arbeit (Tietze/Viernickel 2002). Auch ein Kita-Team, das seine Arbeit zukünftig am *infans*-Konzept ausrichten will, sollte in einem ersten Schritt seine Ausgangslage prüfen. Den Kindertagesstätten steht dafür auf der beiliegenden CD (Instrumente und Materialien) ein Instrument zur Analyse des räumlichen und materiellen Angebots der Kindertagesstätte zur Verfügung. Damit wurde zunächst der besonderen Bedeutung Rechnung getragen, die dem »Raum als drittem Erzieher« analog zur Reggio-Pädagogik auch im *infans*-Konzept zukommt.

Die Ist-Analyse soll also helfen, den Stand der Ausstattung der Einrichtung zu beurteilen, um gegebenenfalls vorhandene Lücken darin schließen zu können.

Möglichkeiten prüfen und Ausstattung ergänzen

Es ist sinnvoll, noch vor der Ausstattung der Räume mit neuen Materialien die architektonischen Gegebenheiten der Kindertagesstätte zu prüfen und zu klären, welche Möglichkeiten das vorhandene Mobiliar bietet. Hier sind Einfallsreichtum und Kreativität gefragt. Denn in den meisten Fällen wird ein Kita-Team wohl mit den gegebenen Ressourcen erst einmal auskommen müssen.

Die Umgestaltung der Räume

Auf der Basis der Ist-Analyse sollte der Umgestaltung der Räume von Beginn an große Aufmerksamkeit gewidmet werden. Die Ausstattung der Räume entscheidet mit darüber, welche Erfahrungen den Kindern für ihre Bildungs- und Konstruktionsprozesse überhaupt zugänglich sind. Dabei sollten insbesondere die für unsere Kultur wichtigen Symbolsysteme (Buchstaben, Zahlen, Texte, grafische Darstellungen wie Konstruktionszeichnungen, Architekturpläne, Ausschnitte von Partituren komplexer Werke der Musik, Kunstdrucke und ähnliches) in den Räumen der Kindertagesstätte präsent sein. Aber auch Orte der Ruhe, die frei von Störungen sind, Räume für weit ausgreifende Bewegungen, die auch die Ausdifferenzierung grobmotorischer Fähigkeiten erlauben, und Werkstoffe und Materialien, die den Gestaltungswillen der Kinder herausfordern, gehören zu einer komplexen Bildungsumgebung. Ebenso Dinge, Materialien und Instrumente, die bei den Kindern Fragen wecken und sie neugierig machen auf technische und naturwissenschaftliche Phänomene wie zum Beispiel Waagen, Lupen, Mikroskope, Maßstäbe (Laewen/Andres 2002/2007).

Es kann auch schon begonnen werden, Bereiche einzurichten, in denen sich die Kinder mit spezifischen Inhalten und Methoden (Forschung, Musik, Bewegung, Sprache und anderes) auseinandersetzen können. Anhaltspunkte können dem Instrument »Bildungsbereiche/Zugangsformen« entnommen werden. Sie verweisen auf inhaltlich strukturierte Bereiche, die im *infans*-Konzept als »Bildungsinseln« bezeichnet werden.

Selbstverständlich ist die Gestaltung der Räume nie wirklich abgeschlossen. Es werden immer nur Zwischenstände erreicht. So begründen später die vom Team erarbeiteten Erziehungs- und Handlungsziele weitere Umgestaltungen (vgl. Modul 1), und Erkenntnisse über Interessen und Themen von Kindern führen zu weiteren Modifizierungen.

Materialien zum Aufbau des Portfolio-Systems

Auch das Portfoliosystem muss aufgebaut werden. Ein Ordner für jedes Kind wird benötigt, ebenso geschützte Räume, in denen die Portfolios untergebracht werden können. Beobachtungsbögen müssen schon in der Erprobungsphase in ausreichender Menge vorliegen. Das Arbeitsblatt 3 zum Modul 5 auf der beiliegenden CD enthält eine Übersicht über die Materialien und Arbeitsschritte.

Information der Eltern

Wenn nicht bereits ein ausführlicher Elternabend zu den Inhalten des *infans*-Konzepts stattgefunden hat, werden die Eltern jetzt über die anstehenden Veränderungen informiert. Dabei werden, wie schon in Modul 2 beschrieben, alle Instrumente und das Portfolio-System vorgestellt und die Philosophie des Konzepts verdeutlicht. Insbesondere die Bedeutung der Interessen und Themen, also des Wollens der Kinder, für die Pädagogik (vgl. Einleitung und Modul 2) sollte in diesem Zusammenhang Inhalt des Gesprächs mit den Müttern und Vätern sein. Wichtig ist, dass alle Eltern in einer offenen Atmosphäre ihre Fragen einbringen und Bedenken äußern können.

In einem zweiten Programmpunkt werden die Eltern über die geplante Erarbeitung von Erziehungszielen informiert und zugleich eingeladen, ihre eigenen Ziele in den späteren Prozess einzubringen. Ein Leitfaden zur Vorbereitung eines Konzept-Elternabends ist als Arbeitsblatt 4 der beiliegenden CD beigefügt.

Verantwortung und Organisation

Bevor ein Team mit der Erprobung der Beobachtungsinstrumente beginnt, müssen Zuständigkeiten festgelegt, Zeiten und Kooperationen verabredet werden (siehe Arbeitsblatt 4 auf der beiliegenden CD):

?

- Wer ist verantwortlich für die Führung welcher Portfolios?
- Wann werden Beobachtungen im Team ausgewertet? Festlegung eines regelmäßigen Termins von etwa zweistündiger Dauer (mindestens einmal wöchentlich).
- Für den Anfang: Festlegung der Kooperation von mindestens zwei, besser drei Kolleginnen für den fachlichen Austausch zu Beobachtungen zwischen den Teamsitzungen.

Erarbeitung von Erziehungszielen

Die Erziehungs- und Handlungsziele begründen im *infans*-Konzept neben den Interessen und Themen der Kinder das Handeln der Erzieherinnen. Neben den Beobachtungen sind sie für eine fundierte pädagogische Planung also unerlässlich. Da die Erarbeitung von Erziehungszielen relativ viel Zeit in Anspruch nimmt, sollte die Reflexion der persönlichen Ziele mit zu den ersten Schritten der Umsetzung des Konzepts gehören (zum Verfahren siehe Modul 1).

Das Gruppensystem

Die Überprüfung des Gruppensystems ist insofern von Bedeutung, als die Erfahrungen gezeigt haben, dass ein System geschlossener Gruppen es eher schwierig macht, mit dem *infans*-Konzept zu arbeiten. Falls nicht bereits nach einem offenen Konzept gearbeitet wird, sollte geprüft werden, welche Formen der offenen oder teiloffenen Arbeit für die Einrichtung geeignet sein könnten. Dabei muss (und sollte) nicht jede Gruppenstruktur aufgegeben werden – Stammgruppen können durchaus beibehalten werden –, aber allein die Einrichtung von Bildungsinseln verlangt die gemeinsame Nutzung von Ressourcen, wenn der Aufwand nicht zu groß werden soll.

Die Erprobungsphase

Wie bereits mehrfach erwähnt, bedeutet die Umstellung der pädagogischen Arbeit auf das *infans*-Konzept für jede Einrichtung eine sehr große Herausforderung. Es sollten deshalb keine übertriebenen Erwartungen an die Geschwindigkeit gestellt werden, mit der ein solcher Prozess vorangetrieben werden kann. Die Erfahrungen zeigen, dass sechs bis zehn Monate benötigt werden, bis die neuen Verfahrensweisen soweit beherrscht werden und in eine neue Ablaufstruktur integriert sind, dass so etwas wie eine neue Normalität entstehen kann. Es werden insgesamt eineinhalb bis zwei Jahre vergehen, bis eine Einrichtung das hohe Niveau erreicht hat, das bei einiger Übung und gelingenden Weiterentwicklungen der eigenen Praxis schließlich möglich sein wird und das den hohen Erwartungen an die Qualität der Arbeit weitgehend entspricht. Es handelt sich eben nicht um das Abarbeiten einer Rezeptsammlung oder die Integration einiger neuer Verfahrensweisen in ein bestehendes System, sondern um den Neuaufbau eines grundsätzlich anderen pädagogischen Gebäudes.

Die ersten Monate werden deshalb für die Erzieherinnen Übungszeit sein, in der sie allmählich Sicherheit im Gebrauch der einzelnen Instrumente, im Deuten der Handlungen der Kinder und in der Auswertung ihrer Beobachtungen gewinnen. Dies gelingt selbstverständlich nur, wenn jede Erzieherin auch tatsächlich jeden Tag beobachtet und nach und nach Erfahrung mit den verschiedenen Beobachtungsbögen sammelt.

Zugleich muss jedes Team eigene Lösungen für die Umsetzung des Konzepts finden, die zu den Personen, zum Haus und den sonstigen Randbedingungen der täglichen Arbeit passen. Es macht keinen Sinn, das *infans*-Konzept nur »abzuarbeiten«. Seine Kernbereiche müssen angeeignet werden, ganz im Sinne der Bildungsprozesse, die auch die Kinder prinzipiell nutzen, um sich »die Welt anzueignen«.

Die Reaktionen der Kinder auf die neuen Verhältnisse erfolgen sehr viel schneller. Sie verstehen rasch, dass sich ihre Position in der Kindertageseinrichtung verändert hat, dass ihnen als Personen sehr viel mehr Aufmerksamkeit gewidmet wird und dass das, was sie tun, eine neue Bedeutung für die Erzieherinnen gewinnt. Aus unserer Erfahrung mit den Kindertageseinrichtungen der Erprobungsprojekte wissen wir, dass sich die Atmosphäre im Haus innerhalb weniger Wochen sehr positiv verändern kann, auch wenn die neuen Formen der Pädagogik von den Erzieherinnen noch nicht perfekt beherrscht werden. Also: Nicht trödeln, aber sich die Zeit nehmen, die notwendig ist, und nicht zusätzlichen Stress durch zu hohe Erwartungen erzeugen.

Entwurf eines Controllingsystems

Es ist sinnvoll, bereits während der Erprobungsphase über die Einrichtung eines Controlling-Systems nachzudenken, ein Modell auszuwählen und erste Erfahrungen damit zu sammeln. So können Probleme der Umsetzung zum Beispiel bei der Beobachtung und der Auswertung im Team frühzeitig erkannt und Lösungen angegangen werden.

Das Controlling[37] bezieht sich auf die Visionen und Ziele einer Einrichtung. Es erwächst aus den gemeinsamen Aufgaben, die zum Beispiel im Leitbild oder in den

---

37 Methoden und Mittel des Controlling finden sich in Stübinger/Apfelbacher/Reiners-Kröncke 2000, S. 109-130; Schmitz/Lamberti 2000

Erziehungszielen formuliert wurden. Das Controlling dient der Überprüfung, inwieweit gesetzte Ziele tatsächlich erreicht wurden. Dabei können zugleich gegebenenfalls notwendige Alternativen zu bisherigen Verfahrensweisen diskutiert werden. Gemeinsam wird die Diskrepanz zwischen den Zielen und der tatsächlichem Arbeit betrachtet, und darauf basierend werden gegebenenfalls Veränderungen vollzogen.

Es sollte jeder Erzieherin klar werden, warum neue Aufgaben und Tätigkeiten aufgrund der Konzept-Ziele wichtiger sind und alte aufgegeben werden müssen. Dieser Prozess muss gemeinsam getragen werden. Veränderungen können nur erfolgreich verlaufen, wenn die Einsicht des möglichst gesamten Teams erreicht wird. Dabei sollte immer auf vorhandene Ressourcen der Mitarbeiterinnen und der Einrichtung geachtet werden, durch deren Nutzung die aufgetretenen Probleme behoben werden können.

Methoden des Controllings helfen bei der notwendigen Neugestaltung der Einrichtung. Sie dienen der Koordination und Strukturierung der täglichen Abläufe. Ziel ist es letzten Endes, jeder Erzieherin zu helfen, ihre eigene Tätigkeit selbstständig reflektieren und notfalls auch verändern zu können. Controlling ist dennoch ein Prozess, der vom gesamten Team getragen werden muss.

Dies bedeutet auch, dass für die Mitarbeiterinnen die Leitungstätigkeit transparent sein muss. Die Leitung übernimmt Aufgaben für das Team, und deshalb ist es im Sinne der Einrichtung, wenn auch ihre Tätigkeit überprüft wird. Das gesamte Team achtet so darauf, ob die Leitung ihre Aufgabe erfüllt, und kann mit der Leitung über gegebenenfalls notwendige Veränderungen nachdenken.

Innerhalb des *infans*-Konzepts könnte zum Beispiel gemeinsam überprüft werden, inwieweit die vereinbarten Erziehungsziele tatsächlich umgesetzt oder ob die Portfolios wie vereinbart geführt werden. Bei auftretenden Problemen steht die Leitung beratend zur Seite, weist auf Missverständnisse hin und unterbreitet eventuell Verbesserungsvorschläge.

In einem solchen Prozess spielen die Erfahrungen der Erzieherinnen eine wichtige Rolle und müssen besondere Berücksichtigung finden. Nur aufgrund ihres Praxiswissens können Probleme erkannt und Handlungsalternativen entwickelt werden. Gemeinsam kann überlegt werden, welche Veränderungen sinnvoll sind, damit zum Beispiel die Beobachtung der Bildungsprozesse der Kinder leichter gelingt. Auch hier gilt: Wie eine solche Unterstützung und Hilfe gestaltet wird, hängt von der Situation der jeweiligen Einrichtung ab. (Siehe hierzu auch Controlling-Beispiele von Michael Wagner in den Materialien zum Modul 5 und das Kapitel zu den Kernelementen des *infans*-Konzepts im nachfolgenden Text.)

Kontinuität

Nach Abschluss der Erprobungsphase kann davon ausgegangen werden, dass das Team Sicherheit im Umgang mit dem Konzept gewonnen hat und eine hinreichend hohe Kompetenz in der Anwendung seiner Elemente vorhanden ist. Die Zeit- und Organisationsfragen, die am Anfang so drängend waren, sollten nun gelöst sein und Raum lassen für eigenständige Weiterentwicklungen des Konzepts. Voraussetzung ist die kontinuierliche Weiterbildung der Erzieherinnen, um mit den sich entwickelnden Fachkenntnissen mithalten zu können. Dazu gehört auch der kontinuierliche Austausch mit Teams aus anderen Einrichtungen und externen Fachleuten.

Die Personalfluktuation verringert sich nach internationaler Erfahrung in Einrichtungen, die auf hohem Niveau arbeiten. Dennoch wird es immer einmal wieder notwendig sein, neue Kolleginnen in das Konzept einzuführen und sie in der ersten Zeit zu unterstützen. Der Aufwand dafür wird sich in dem Maße verringern, in dem das Konzept Verbreitung findet und in der Ausbildung von Fachkräften der Frühpädagogik berücksichtigt wird. Allerdings zeigt die Erfahrung, dass die erfolgreichen Kindertageseinrichtungen eine wichtige Informationsquelle sind, was sie schnell zu einer Art Wallfahrtsort für pädagogisch Interessierte werden lässt, ähnlich wie dies in Reggio geschehen ist. Mit dieser zusätzlichen Funktion als »Konsultationseinrichtung«, wie eine solche Einrichtung in Brandenburg in Anlehnung an frühere Traditionen in den neuen Bundesländern genannt wird, ist eine Reihe von organisatorischen Fragen verbunden, auf die dann auch Antworten gefunden werden müssen. Die Einführung eines »Besuchs-Managements« ist auf jeden Fall notwendig.

Das *infans*-Konzept ist, wie schon mehrfach betont, keine Sammlung von abzuarbeitenden Handlungsanleitungen, sondern sollte eine lebendige Grundlage für die frühpädagogische Arbeit in Kindertageseinrichtungen bieten. Sie bedarf der Weiterentwicklung durch die Kolleginnen, die damit in ihrer täglichen Arbeit umgehen. Aber das ist nur möglich, wenn die Erfahrungen damit in einem andauernden Prozess innerhalb der Einrichtung und mit externen Fachkräften ebenso wie mit Eltern und dem Träger reflektiert werden. In vielen Fällen wird es auch notwendig sein, auf sich artikulierende Fragen im Gemeinwesen und seitens der Medien sinnvolle Antworten zu geben. In der Zeit der Erprobung des *infans*-Konzepts auf seine Praxisfähigkeit konnte ein erheblicher Teil dieser Diskurse zwischen den Einrichtungen und *infans* geführt werden, sehr zum Vorteil für beide Seiten. Wir streben deshalb an, diese Option auch zukünftig offen zu halten.

Kontinuierliche Kooperation mit den Eltern

Die kontinuierliche Einbindung der Eltern in die Aktivitäten der Einrichtung ist ein wichtiger Teil des *infans*-Konzepts. Dazu gehört als einer der ersten Schritte die Einbeziehung der Eltern in die Formulierung der Erziehungsziele, die für die pädagogische Arbeit der Kindertagesstätte verbindlich sind. Die Beteiligung der Eltern an diesem Prozess ist eine große Chance, die Beziehungen zwischen der Kita und den Familien der Kinder auf eine tragfähige Grundlage zu stellen. Später sind es dann die Fotodokumentationen, die fachlich kommentiert, die pädagogische Arbeit in der Kita und ihre Wirkungen für die Eltern transparent machen, und die Portfolios der Kinder, in denen die Eltern jederzeit Informationen über die Interessen und Themen ihres Kindes, über seine sozialen Beziehungen und über die Bemühungen der Einrichtung finden können, die Bildungsprozesse des Kindes zu ermöglichen, zu unterstützen und herauszufordern.

Beide Beteiligungsangebote der Einrichtung an die Eltern führen in aller Regel zu weiteren Veränderungen im Umgang miteinander. Die Klärung der Ziele der pädagogischen Arbeit in der Kindertageseinrichtung und die kontinuierliche Information über das Vorgehen in dieser Sache erleichtern es den Eltern, Veränderungen im Tagesablauf und in den Beteiligungsmöglichkeiten nachzuvollziehen und zu akzeptieren. Eine Folge war in Kindertagesstätten des *infans*-Projektverbundes zum Beispiel, dass Eltern Feste und Gemeinschaftsunternehmungen organisiert und vorbereitet haben. Tätigkeiten also, die ansonsten die Zeit der Erzieherinnen für Dokumentationen, Auswertungen von Beobachtungen und fachliche Planung eingeschränkt hätten. Auch ihre besonderen beruflichen Kompetenzen haben Mütter und Väter in die Kita eingebracht und den Kindern Einblicke in ihre fachlichen Disziplinen gegeben (zum Beispiel Chemie) oder ihnen Zugang zu den Orten ihrer beruflichen Tätigkeiten ermöglicht (Klinikum, Werkstatt, Bibliothek). Es eröffnet sich insgesamt ein weites Feld des Bezugs zum Gemeinwesen, der über die Eltern hergestellt und in die Bildungsarbeit der Kindertageseinrichtung integriert werden kann.

Ein erster bedeutsamer Schritt aus der engeren Umgebung der Kita hinaus kann also über die Eltern der Kinder vermittelt werden, wenn diese über die Arbeit der Einrichtung informiert sind und den eigenen Beitrag dazu gut einschätzen können. Das Verständnis der Bedeutung des eigenen Beteiligtseins an der Bildungsarbeit der Einrichtung macht vielleicht einen der Unterschiede zu schon bisher gängigen Praktiken in den Kindertageseinrichtungen aus, wenn diese ihren Zugang zum regionalen Umfeld organisiert haben. Es spricht überhaupt nichts dagegen, auf solche bereits vorliegenden Erfahrungen zurückzugreifen und sie weiter zu pflegen, wobei aus unserer Sicht der Fokus darauf gelegt werden sollte, diese Aktivitäten in Prozesse einzubinden, die innerhalb der Kita im Rahmen von zugemuteten Themen und auf der Grundlage von Interessen der Kinder Gegenstand der alltäglichen Arbeit sind.

Qualifizierung des Personals

In der Arbeitswelt aller modernen Wissensgesellschaften wird vorausgesetzt, dass die Arbeitnehmerinnen und Arbeitnehmer Bereitschaft zur eigenen Weiterbildung und zu lebenslangem Lernen mitbringen. Diesen gesellschaftlichen Erwartungen müssen sich grundsätzlich auch Mitarbeiterinnen von Kindertagesstätten stellen. Qualifikationen besitzen eine nur begrenzte »Haltbarkeit« und müssen deshalb ständig erneuert und aktualisiert werden. Aus diesem Grund ist eine regelmäßige Weiterbildung ein Muss, nur so kann das erforderliche Qualifikationsniveau erreicht und jede Kollegin den gegenwärtigen und zukünftigen Anforderungen ihres Berufes gerecht werden. Dazu ist in der einschlägigen Fachliteratur das Notwendige gesagt worden (vgl. u. a. Colberg-Schrader/Krug 2000; Irskens 2004).

Dies gilt natürlich insbesondere für pädagogische Fachkräfte, die in einem Haus arbeiten, das sich als Bildungseinrichtung versteht. Entscheiden sich die Teams dieser Kindertagesstätten dafür, ihren Bildungsauftrag, der nicht zuletzt auch über die Bildungs- und Erziehungspläne der Bundesländer erheblich erweitert wurde, mit dem *infans*-Konzept umzusetzen, so geht mit dieser Entscheidung immer auch die Herausforderung einher, die Kompetenzen, die im Team vorhanden sind, zu prüfen, notwendige Weiterqualifizierungen zu benennen und entsprechende Fortbildungen zu belegen. Mit anderen Worten: Eine so grundlegende Veränderung der täglichen Praxis stellt hohe Anforderungen an die Bereitschaft der Fachkräfte, sich weiterzuqualifizieren.

Bei aller Notwendigkeit einer Weiterqualifizierung verfügen die Mitarbeiterinnen jeder Kindertagesstätte natürlich bereits über Ressourcen und Kompetenzen. Sie bilden das Fundament der pädagogischen Arbeit einer Kindertageseinrichtung und stellen den Ausgangspunkt der Qualitätsentwicklung dar. Vorhandene Kompetenzen brachliegen zu lassen und nicht sinnvoll zu nutzen wäre deshalb ebenso eine Verschwendung von Potenzialen. Was im *infans*-Konzept die Förderung der Bildungsprozesse der Kinder bestimmt, gilt auch für die Erzieherinnen. Die speziellen Interessen, Leidenschaften und Kompetenzen sollten erkannt und bei entstehenden Anforderungen genutzt werden. Zugleich bilden diese individuellen Stärken aber auch den Ausgangspunkt für die Weiterqualifizierung aller Teammitglieder.

Die Themen der Fortbildung dürfen dabei aber ebenso wenig allein durch die persönlichen Interessen und Vorlieben der Mitarbeiterinnen bestimmt werden, wie sie durch die Leitung von oben vorgegeben werden sollten. Vielmehr müssen alle Mitarbeiterinnen des Teams gemeinsam mit der Leitung über weiterführende Fortbildungsthemen und -veranstaltungen entscheiden.

Ein solcher Prozess zur systematisch und kontinuierlich geplanten Weiterqualifizierung des Teams und der einzelnen Mitarbeiterinnen könnte durch folgende Fragen strukturiert werden:

?

- Was können wir schon gut? Welche Kompetenzen sind in unserem Team derzeit vorhanden? Welche Bedeutung haben diese Qualifikationen für die gelingende Umsetzung des *infans*-Konzepts?
- Welche Kenntnisse und Fertigkeiten fehlen uns noch, um die Bildungsprozesse der Jungen und Mädchen herausfordern und gut unterstützen zu können? Welche Qualifikationen brauchen wir noch in unserem Team, um den Kindern in den verschiedenen Bildungsbereichen ein kompetentes Gegenüber sein zu können?
- Könnten uns Moderationstechniken und Methoden helfen, unsere fachlichen Teamdiskurse, die Organisation unseres Alltags und unsere Planung effektiver zu gestalten? Verfügen wir im Team über ausreichende Kenntnisse im Qualitätsmanagement?

Erst wenn solche Fragen geklärt sind, sollte systematisch nach Fort- und Weiterbildungsangeboten gesucht werden.

Wenn zum Beispiel bei der Klärung der Erziehungsziele deutlich wird, welche Wissenslücken bestehen (eventuell im naturwissenschaftlich-mathematischen Bereich) und welche Kenntnisse benötigt werden, um die angestrebten Ziele zu erreichen, dann müssen Fortbildungen entsprechend ausgewählt werden. Dies erfordert eine Koordination, die von der Leitung in Zusammenarbeit mit den Kolleginnen geleistet werden muss. Im Team wird entschieden, welche Weiterbildung sinnvoll ist und von wem sie zum Beispiel im Fall eines Inhouse-Seminars durchgeführt werden sollte, um die Entwicklung der Einrichtung zu unterstützen. Eine solche gemeinsam getragene Entscheidung hat auch den Vorteil, dass der Transfer des neuen Wissens in das Team besser gelingt, wenn jede Mitarbeiterin von den Gründen und der Notwendigkeit der Weiterbildung überzeugt und an den Ergebnissen interessiert ist.

Damit die Weiterbildung nutzbringend in die tägliche Arbeit einfließt, muss das neu erworbene Wissen umgesetzt und den anderen Teammitgliedern zur Verfügung gestellt werden. Das Erlernte muss vom gesamten Team aufgegriffen und in die alltägliche Arbeit integriert werden. Nur dies führt zu dauerhaften und innovativen Veränderungen. Erst dadurch wird es möglich, dass eine Einrichtung in Zukunft die notwendigen Lernprozesse selbstständig und selbst organisiert leisten kann (Irskens 2004).

Ziel ist es, die Qualifizierung der Mitarbeiterinnen unter Beachtung ihrer Interessen zu fördern, ohne die Qualitätsentwicklung der Kindertagesstätte aus dem Auge zu verlieren. Fortbildung kann dann als erfolgreich angesehen werden, wenn sie die Interessen der Kindertageseinrichtung mit den Chancen der persönlichen Weiterbildung der Mitarbeiterinnen verknüpft. Sie erhöht so die Motivation, die Zufriedenheit und die Kompetenzen der Mitarbeiterinnen und ist zugleich auch eine längerfristig bedarfs- und zukunftsorientierte Maßnahme für die Weiterentwicklung der Einrichtung (Klebingat 2000; Schlummer 2000; Schwannecke 1999), vorausgesetzt, eine hohe Personalfluktuation macht das Erreichte nicht wieder zunichte.

Ebenso wie die Kooperation im Team braucht auch die systematische Planung der Weiterqualifizierung eine Atmosphäre der Offenheit und des Vertrauens. In einer Umgebung, in der sich alle der gelingenden Umsetzung des Bildungsauftrags verpflichtet fühlen und die Mitarbeiterinnen gelernt haben, anerkennend und sachlich kritisch zugleich miteinander umzugehen, in einer Umgebung, in der Fehler und eigene Bildungswege erlaubt sind, wird – so ist zu erwarten – die Bereitschaft, sich weiterzuqualifizieren, nicht als Eingeständnis von Schwächen verstanden werden, sondern als eine bedeutsame personale Kompetenz.

Die Leitung hat in diesem Zusammenhang eine besondere Rolle. Als wesentlicher Teil der Personalentwicklung gehört die Verbesserung der Qualifikationen der Mitarbeiterinnen und des Gesamtteams zu ihren zentralen Aufgabenbereichen. Bezogen auf die Umsetzung des *infans*-Konzepts, hält sie die inhaltlichen Kernaussagen des Konzepts präsent und fungiert als »Gedächtnis des Teams«. Zugleich obliegt es ihr, die Mitarbeiterinnen mit Erwartungen an die Qualität ihrer Arbeit zu konfrontieren und in Gesprächen mit den einzelnen Fachkräften Unterstützungsbedarf und -möglichkeiten zu klären.

Selbstverständlich wird die Qualifikation der pädagogischen Fachkräfte in den Kindertagesstätten nicht nur durch die Teilnahme an Fortbildungen oder längerfristige Weiterbildungen unterstützt, auch wenn sich dieses Kapitel auf diesen Aspekt der Qualifizierung konzentriert. Ebenso wichtig sind Fachberatungen, Coaching oder Supervision für die Weiterqualifikation der Mitarbeiterinnen und Teams von Kindertagesstätten oder Angebote von Transferinstituten. Im Kapitel zu den äußeren Rahmenbedingungen wird darauf noch einmal Bezug genommen werden.

Kooperation im Team weiterentwickeln und sichern

Eine wesentliche Bedingung für die gelingende Umsetzung des *infans*-Konzepts ist die Kooperation im Team. Idealerweise fühlen sich alle Mitarbeiterinnen der Kindertagesstätte gemeinsam mit der Leitung verantwortlich für die erfolgreiche Umsetzung der anstehenden Aufgaben. Jede Kollegin trägt ihren Kompetenzen und Fähigkeiten entsprechend dazu bei, dass die gemeinsame Sache gelingt und die Umsetzung des Erziehungs- und Bildungskonzepts lebendig bleibt und nicht zur Pflichtübung verkommt. Eine solche gemeinsame Verantwortung findet nicht zuletzt darin ihren Ausdruck, dass die einzelnen Kolleginnen einander in den täglichen Aufgaben unterstützen und sich an gemeinsam getroffene Verabredungen halten.

Offenheit und eine vertrauensvolle Atmosphäre sind dabei wesentliche Voraussetzungen für das Gelingen. Dies gilt insbesondere für den fachlichen Diskurs im Team.

So werden die Erziehungsziele der Kindertagesstätte mit hoher Wahrscheinlichkeit nur dann authentisch von den einzelnen Mitarbeiterinnen im pädagogischen Handeln mitgetragen, wenn in der Phase der Formulierung und Reflexion dieser Ziele jede Mitarbeiterin ihre eigenen Anliegen und Erfahrungen einbringen kann und damit ernst genommen wird. Auch in jedem Diskurs zu Beobachtungen oder bei der Entwicklung von Individuellen Curricula trägt diese Form der wechselseitigen Anerkennung wesentlich zum Erfolg bei.

Das heißt jedoch ausdrücklich nicht, dass alle eingebrachten Erziehungsziele, Erfahrungen und Interpretationen unkritisch übernommen werden sollen. Die Reflexion der eingebrachten Beiträge sollte aber immer sachlich sein und sich an fachlichen Kriterien orientieren. Eine vertrauensvolle Zusammenarbeit zeichnet sich also ausdrücklich nicht durch eine harmonisierende Atmosphäre aus. Vielmehr müssen Konflikte angesprochen und ausgetragen werden. Die Mitarbeiterinnen müssen Entscheidungen kritisch hinterfragen und Veränderungen durch Diskurs herbeiführen können. So wie jedes Kind in der Einrichtung Wertschätzung erfährt, so sollten auch die Kolleginnen respektvoll und anerkennend miteinander umgehen.

Konkreten Ausdruck findet diese Haltung darin, dass während der Teambesprechungen jede Kollegin zu Wort kommen kann und ihre Äußerungen zunächst einmal so stehen bleiben, wie sie gesagt worden sind. Es hieße, geradezu auf den Reichtum der unterschiedlichen Perspektiven, die im Team möglich sind, zu verzichten, wenn sogleich der Kampf um die eigene Meinung einsetzen würde. Erst die Berücksichtigung der verschiedenen Interpretationen, die zum Beispiel zu einer Beobachtung eines Kindes eingebracht werden, lässt das Bedeutungsspektrum erkennen, das für das Kind eine Rolle gespielt haben könnte. Erst wenn die Breite der aus dem Team heraus vorgetragenen Positionen für alle erkennbar ist, kann darüber eine Diskussion beginnen, die schließlich auch zu (fachlichen) Bewertungen der Argumente und Ansichten führen kann.

Für die Qualität der pädagogischen Arbeit im Rahmen des Konzepts hängt also sehr viel davon ab, ob jede Erzieherin auf die Berufs- und Lebenserfahrungen ihrer Kolleginnen, auf deren Einfallsreichtum und Fachkenntnisse zugreifen kann und ob es ihr ein Klima der Offenheit und des Vertrauens im Team erlaubt, sich ohne Furcht vor einem Irrtum jederzeit an Kolleginnen – oder die Leitung – wenden zu können. Das sind hohe Ansprüche an die sozialen und fachlichen Kompetenzen in einem Team, die mehr erfordern als bloße Höflichkeit im Umgang miteinander. Dabei kommt es auch weniger darauf an, ob die Beziehungen im Team von Sympathie getragen werden (obwohl das helfen kann) oder ob man sich häufig zu privaten Gelegenheiten trifft. Im Zentrum der Anforderung steht etwas anderes.

Es geht weder um Sympathie noch um Freundschaft zwischen den Kolleginnen, sondern um die Einsicht, dass die Pädagogik in den ersten Lebensjahren eine besondere

Herausforderung der Fähigkeit von Erwachsenen einschließt, die Bildungsprozesse jedes einzelnen Kindes wahrnehmen, interpretieren und mit sinnvollen pädagogischen Interventionen darauf antworten zu können. Darüber hinaus müssen Entscheidungen getroffen und begründet werden, welche Aspekte der gesellschaftlichen Realität an die Kinder in diesen ersten Jahren herangetragen werden sollten, wenn sie auf ein Leben in einer zukünftigen und anspruchsvollen Gesellschaft vorbereitet werden sollen und nicht nur auf die nächste Stufe des Bildungssystems, die Grundschule.

Diese Art von Arbeit kann auf hohem Niveau nur von einem Team von Fachkräften geleistet werden, in dem jede einzelne Mitarbeiterin einerseits über hohe fachliche Qualifikationen verfügt und andererseits willens und in der Lage ist, ihre fachliche Qualifikation und darüber hinaus ihre Lebenserfahrung und ihren Witz in eine gemeinschaftliche Anstrengung einzubringen, die mit der Lösung einer so anspruchsvollen Aufgabe zwangsläufig verbunden ist. Frühpädagogik in Kindertageseinrichtungen ist keine Arbeit für einzelne Fachkräfte, sondern kann nur in kooperativer Anstrengung bewältigt werden.[38] Kooperation bedeutet vor diesem Hintergrund in einem sehr praktischen Sinn, dass alle Kolleginnen bereit sind, ihr Wissen, ihre Erfahrungen und ihre Kompetenzen den anderen Mitgliedern des Teams zum Beispiel im Rahmen kollegialer Beratung zur Verfügung zu stellen und selbst daran mitzuwirken, dass die Kommunikation im Team intakt bleibt.

Wenn in diesem Sinn jede einzelne Erzieherin ihre fachlichen und persönlichen Kompetenzen in den Diskurs einbringt und Konkurrenzen in den Hintergrund treten, dann berichten Teams von wachsender »Leidenschaft« und verstärktem Interesse und Forschergeist. Solche Einrichtungen sind lernende Organisationen[39], die im Prozess eigene Fragen entwickeln, nicht auf Zielvorgaben von außen warten, sondern selbst an der Weiterentwicklung ihrer Arbeit und des Konzept interessiert sind und in regem fachlichen Austausch stehen.

Nun kann eine solche vertrauensvolle Atmosphäre nicht in jeder Kindertagesstätte, die sich entschlossen hat, mit dem *infans*-Konzept zu arbeiten, vorausgesetzt werden. Hier ist – wie an vielen anderen Punkten – Geduld angesagt und die Bereitschaft, sich auf einen manchmal beschwerlichen Prozess einzulassen. Auch wenn sich die einzelnen Kolleginnen der eigenen Verantwortung für den Gesamtprozess bewusst sind, bedarf es der Übung, sich selbst und die eigenen Vorstellungen in Entscheidungsprozesse einzubringen. Zugleich aber wachsen mit jedem erfolgreich eingebrachten Beitrag das Selbstvertrauen und der Mut, auch zukünftig mitzugestalten.

---

38 Es ist zu hoffen, dass die Lehrerinnen und Lehrer an den Grundschulen erkennen, dass die gleiche Aussage auch für ihre Tätigkeit gilt.

39 Allen, die sich mit der Entwicklung einer lernenden Organisation vertiefend befassen wollen, sei die Veröffentlichung von Peter M. Senge empfohlen (Senge 1999; Senge et al. 2008).

Die Leitung kann mit einem demokratischen und dialogischen Führungsstil die Kooperation im Team unterstützen und befördern. Entscheidungen sollten also im Team gemeinsam diskutiert und getroffen und nicht von oben vorgegeben werden. Das heißt auch, dass die Leitung bei kontroversen Diskussionen ihre eigenen Ansichten nicht mit Hilfe ihrer Amtsautorität durchzusetzen versucht und selbst kritik- und konfliktfähig ist.

Damit in den Diskursen alle Teilnehmerinnen auf demselben Wissensstand stehen, sollten alle relevanten Informationen für alle Mitarbeiterinnen frei zugänglich und problemlos erreichbar sein. In aller Regel wird es notwendig sein, Verfahren zu entwickeln, die den Informationsaustausch im Team auch außerhalb der Teambesprechungen und kollegialen Beratungen ermöglichen, sei es durch die Einrichtung eines festen Platzes, an dem Beobachtungsnotizen oder andere Mitteilungen abgelegt und von den Kolleginnen eingesehen werden können, oder durch kurze Termine (zum Beispiel vor Dienstbeginn), an denen die wichtigsten Informationen ausgetauscht werden können.

Vor allem in größeren Einrichtungen bedarf es eines Info-Systems, das den Fluss der Informationen und den Austausch des Wissens sichert, damit die Abstimmung der täglichen Arbeit gelingt. Zugleich sollten die Mitarbeiterinnen der Kindertagesstätte für die Reflexion und Planung der eigenen Arbeit auf eine gut sortierte Fachbibliothek zugreifen können, die von allen jederzeit genutzt werden kann.

Im Zentrum der Kooperation im Team, wie sie hier gemeint ist, steht also die (Heraus-)Forderung, die Ressourcen, die jede einzelne Kollegin einzubringen vermag, wahrzunehmen.

Qualitätsmessung und -entwicklung mit den Kernelementen des *infans*-Konzepts

Die im Modul 5 beschriebenen Rahmenbedingungen, die organisatorischen Voraussetzungen und die Vernetzung im Gemeinwesen zielen ebenso wie die in den vorangegangenen Modulen beschriebenen Handlungsschritte darauf ab, in Kindertageseinrichtungen eine neue und dem Stand der gesellschaftlichen Entwicklung angemessene Pädagogik der frühen Jahre zu gestalten. Dieser Kontext sollte immer im Auge behalten werden.

In diesem Zusammenhang ist es vielleicht eine der wichtigsten Herausforderungen, einerseits den Überblick über die Handlungsvielfalt des Konzepts zu behalten, andererseits die Voraussetzungen für eine Überprüfbarkeit des Vorgehens zu schaffen, eine Orientierung, die es erlaubt, zu jeder Zeit festzustellen, ob der aktuelle Weg noch übereinstimmt mit der Landkarte, auf der er beschrieben war. Diesem Zweck dient eine Beschreibung von Kernelementen des *infans*-Konzepts, die in Zukunft zu einem Instrument der (zunächst internen) Evaluation ausgebaut werden sollen.

Mit Hilfe der in den Kernelementen zusammengefassten Aussagen kann in einer Kindertageseinrichtung in regelmäßigen Abständen überprüft werden, ob der einmal eingeschlagene Kurs noch stimmt und ob die besonderen Lösungen, die in jeder Einrichtung für die verschiedenen Aufgaben gefunden werden, mit dem Konzept vereinbar sind. Dabei gehen wir von vornherein davon aus, dass jede Kindertageseinrichtung sich das Konzept »anverwandeln« muss, also etwas Eigenes auf der Grundlage des Konzepts konstruieren muss, um den lebendigen Geist, der jeder Pädagogik zugrunde liegen sollte, nicht in einem Käfig aus starren Regeln verelenden zu lassen. Die Kernelemente sollen insofern eher als Leuchtfeuer dienen, an denen sich der Kurs einer Kindertagesstätte orientieren sollte, und nicht als eine Sammlung von Rezepten, die abgearbeitet werden müssten.

Idealerweise stehen die Kernelemente des *infans*-Konzepts dabei nicht neben bereits vorhandenen Qualitätsmanagementsystemen, die von Trägern und Kindertagesstätten für die Qualitätssicherung und -entwicklung genutzt werden. Vielmehr sollten sie in die in den Qualitätshandbüchern formulierten Qualitätsmerkmale integriert werden.

Die Kernelemente des *infans*-Konzepts[40]

1. In der Kindertageseinrichtung sind die Begriffe Bildung, Erziehung und Betreuung dem *infans*-Konzept entsprechend klar definiert und als Grundlage für die pädagogische Arbeit verfügbar.

2. Die pädagogische Arbeit in der Kindertageseinrichtung ist erkennbar am Wohlergehen jedes einzelnen Kindes orientiert.

3. Für jedes Kind existiert ein Portfolio, in dem die Informationen zu seinen Bildungsprozessen kontinuierlich zusammengeführt werden. Dazu gehören die Aufzeichnungen zu den Beobachtungen, ihre Auswertung, fachlich kommentierte Fotos und fachlich kommentierte Werke der Kinder. Das Portfolio dient als Grundlage für die Arbeit der Erzieherin und ist für die Eltern des Kindes jederzeit einsehbar.

4. In der Kindertageseinrichtung sind Erziehungsziele für jeden Bildungsbereich formuliert, begründet und für die pädagogische Arbeit als Handlungsziele konkretisiert worden. Dabei wurden die Ziele der Erzieherinnen, der Eltern, des Trägers, des Gemeinwesens und der Bildungs- und Erziehungspläne systematisch berücksichtigt.

---

40 Die Kernelemente des infans-Konzepts finden Sie auch auf der beiliegenden CD.

5. Themen und Interessen jedes Kindes werden in der täglichen Arbeit wahrgenommen, dokumentiert, interpretiert und als zentraler Teil des pädagogischen Handelns aufgegriffen. Um Interessen und Themen der Kinder erkennen zu können, werden mindestens die von *infans* angebotenen Beobachtungs-, Dokumentations- und Auswertungsverfahren systematisch und kontinuierlich benutzt.

6. In regelmäßigen Abständen werden die im Portfolio eines Kindes enthaltenen Unterlagen aus einem größeren zusammenhängenden Zeitraum zusammenfassend ausgewertet und für die Erstellung Individueller Curricula genutzt.

7. Die pädagogische Arbeit in der Kita wird für ihre Außendarstellung dokumentiert und für Eltern, Besucher und allgemein für das Gemeinwesen transparent gemacht.

8. Der Gestaltung der Räume im weitesten Sinn und der materiellen Ausstattung wird eine erhebliche Bedeutung beigemessen, die durch eine an den Erziehungszielen der Kita orientierte Strukturierung der Einrichtung konkretisiert wird. Die *infans*-Ausstattungskriterien sind grundsätzlich erfüllt.

9. Das Team der Kita hat »etwas Eigenes« aus dem frühpädagogischen Konzept gemacht, hat es sich anverwandelt. Die fachlichen und persönlichen Ressourcen des Teams werden ausschöpfend genutzt.

10. In der Kita ist ein verbindliches organisatorisches Konzept geschaffen worden, das über ein Ressourcen- und Zeitmanagement die administrativen Voraussetzungen für die pädagogische Arbeit sichert.

11. Der Träger unterstützt die Arbeit der Kita unter Ausschöpfung seiner Ressourcen.

12. Die Arbeit nach dem *infans*-Konzept wird – gegebenenfalls unter Verwendung der aktuellen Version des von *infans* angebotenen Evaluationsinstruments – intern evaluiert und in ein fachlich ausgewiesenes QE- und QS-System integriert.

Äußere Rahmenbedingungen – Stolpersteine und Bedingungen des Gelingens

Wenngleich in der Welt der Pädagogik die gebündelten Anstrengungen und fachlichen Kompetenzen eines hoch motivierten Teams Berge versetzen können, muss zugegeben werden, dass die äußeren Rahmenbedingungen den Erfolg mehr oder weniger wahrscheinlich machen. Alle Merkmale spielen hier eine Rolle, die im Zusammenhang mit der Strukturqualität von Kindertageseinrichtungen in der Literatur genannt werden (vgl. dazu u. a. Tietze et al. 1998). An dieser Stelle soll auf der Grundlage der Erfahrungen aus der Praxiserprobung des *infans*-Konzepts auf eine Reihe von Bedingungen hingewiesen werden, die sich in diesem Zusammenhang als besonders auffällig erwiesen haben.

Dazu gehören unter anderem der Personalschlüssel, das Vorhandensein einer angemessenen Verfügungszeit und das Ausmaß der Personalfluktuation. Aber auch die Größe der Einrichtung, die Zahl der Teilzeitkräfte oder das Raumangebot können die Arbeit mit dem *infans*-Konzept erleichtern oder erschweren. In (fast) allen diesen Punkten kann der Träger der Einrichtung Einfluss auf die Bedingungen nehmen, so dass ihm in dieser Beziehung eine zentrale Rolle zufällt. Die Frage, ob und wie weitgehend der Träger die Arbeit der pädagogischen Fachkräfte unterstützt, gewinnt damit eine entscheidende Bedeutung.

Im Folgenden soll auf einige der Bedingungen genauer eingegangen werden, wobei kein Anspruch auf Vollständigkeit erhoben wird. Dabei soll in knapper Form eine Gesprächsgrundlage angeboten werden, die gegebenenfalls für ein Aushandeln von möglichen Veränderungen in den Bedingungen zwischen Träger und Kindertageseinrichtung hilfreich sein kann.

Freistellung der Leitung

Sehr deutlich zeichnet sich ab, dass der Leitung bei der Umsetzung des *infans*-Konzepts in einer Kindertagesstätte eine Schlüsselfunktion zukommt. In der Konzept-Erprobung ließen sich deutliche Zusammenhänge erkennen zwischen dem Stundenanteil, der einer Leitung für die Planung, die Begleitung, das Controlling des Prozesses und die Personalentwicklung zur Verfügung steht, und der Qualität des Prozessverlaufs in der jeweiligen Kindertagesstätte. Leitungspersonen benötigen neben ihrer organisatorischen Tätigkeit einen erheblichen Zeitanteil für die Unterstützung des Veränderungsprozesses in ihrer Kindertageseinrichtung. Um dieser zentralen Aufgabe gerecht werden zu können, sollten sie freigestellt werden vom Gruppendienst und von unmittelbaren Aufgaben der Erziehung und Betreuung in der Kindergruppe.

Personalfluktuation

In einigen der Projektkindertagesstätten führte die Personalfluktuation zu Integrationsproblemen für die neuen Mitarbeiterinnen, da inzwischen der Kenntnisstand und die daraus resultierenden professionellen Kompetenzen der Kolleginnen, die von Beginn des Projektes an einbezogen waren, einen Stand erreicht hatten, der nicht in kurzer Zeit einzuholen war. Auch wenn Fortbildungsveranstaltungen für neue Mitarbeiterinnen der Kindertagesstätten angeboten werden, lassen sich damit die daraus folgenden Verzögerungen in der Weiterentwicklung und Implementierung des Konzepts nicht völlig verhindern. Hier liegt ein grundsätzliches Problem für jede weitreichende und erfolgreiche Qualifizierung des pädagogischen Personals, wenn die Aus- und Weiterbildungsinstitutionen nicht auf gleichem Niveau mitziehen. Zumindest für eine Übergangszeit müssen Wege gefunden werden, diese Irritationen durch intelligente Nutzung vorhandener Ressourcen zu minimieren.

Ein hoffnungsvoller Aspekt in diesem Zusammenhang wurde aus einigen Projekteinrichtungen berichtet, in denen Personalwechsel und Krankenstand seit Projektbeginn zurückgegangen sind. Ursächlich dafür könnte die engere Kommunikation des Teams sein, die durch die Arbeit mit der neuen pädagogischen Methodik erforderlich wird. Derselbe Grund kann jedoch zunächst auch dazu führen, dass bislang durch die geringeren Anforderungen verdeckte Kommunikationsprobleme in den Teams aufbrechen. Das kann zum Weggang einiger Mitarbeiterinnen in andere Einrichtungen führen, die im Gegenzug durch Einstellung neuer, besser zum Team passender Mitarbeiterinnen behoben werden müssen. Insgesamt gesehen sind die mit einer relativ hohen Personalfluktuation verbundenen Probleme nicht zufriedenstellend gelöst.

Teilzeitkräfte

Kindertagesstätten sind ein typisches Frauenarbeitsfeld. Das führt nicht nur zu einer relativ hohen Fluktuation aufgrund der Entscheidung vieler Frauen, nach der Geburt ihrer Kinder eine längere Familienphase einzulegen, sondern auch zu einem hohen Bedarf der Mütter an Teilzeitarbeitsplätzen. Am Beispiel der Erprobung des *infans*-Konzepts zeigt sich nun, dass es zu erheblichen Problemen in einem Team führen kann, die Kriterien einer guten pädagogischen Arbeit zu erfüllen, zum Beispiel den regelmäßigen fachlichen Diskurs im Gesamtteam zu gewährleisten, wenn die Mehrzahl der Mitarbeiterinnen halbtags arbeitet.

Im Rahmen des Erprobungsprojekts war zu beobachten, dass die unter sozialen Gesichtspunkten sinnvolle Erhöhung der Zahl der Teilzeitstellen in möglichst vielen Berufs- und Tätigkeitsfeldern auch im Bereich der Frühpädagogik in dem Maße zum Problem werden kann, in dem sich die Qualität der Arbeitsanforderungen anderen hoch qualifizierten Arbeitsfeldern annähert. Insbesondere die notwendige Kommunikation im Team führt zu überproportionalen Zeitanteilen, wenn die Mitarbeiterinnen insgesamt nur halbtags arbeiten oder gar noch geringere Wochenarbeitszeiten vorliegen. Auch der Zusammenhang der Bildungsprozesse der Kinder kann nur schwer im Blick behalten werden, wenn Erzieherinnen lediglich den halben Tag zur Verfügung haben. Das geht in der Regel besser, wenn die Einrichtung selbst nur halbtags geöffnet ist. In Ganztagseinrichtungen können halbtags tätige Erzieherinnen den erhöhten Anforderungen an die Qualität ihrer Arbeit aber nur schwer gerecht werden.

Sind Erzieherinnen gar nur an einem Tag oder an zwei Tagen in der Kindertagsstätte, ist es nicht möglich, sie in die systematische Beobachtung und Dokumentation von Bildungsprozessen einzelner Kinder einzubinden. Auch die Mitarbeiterinnen selbst berichten, dass ihnen »etwas fehlt«, wenn sie nach drei Tagen und einem Wochenende wieder in die Kindergruppe kommen: Sie haben den Anschluss verloren. Wir empfehlen deshalb, diese Fachkräfte eher für besondere Aktivitäten und Angebote einzusetzen. Selbstverständlich können sie dennoch etwas zu den Portfolio-Dokumentationen beitragen, indem sie ihre Beobachtungen notieren und den verantwortlichen Kolleginnen zur Verfügung stellen. Es ist jedoch leicht zu erkennen, dass auch ein größeres Team nur eine geringe Zahl solcher Stellen sinnvoll integrieren kann.

Im Rahmen der Erprobungsprojekte konnten keine wirklich zufrieden stellenden Lösungen für die beiden konkurrierenden und in gleicher Weise wichtigen Perspektiven auf die Teilzeitarbeit gefunden werden.

Unterstützung durch den Träger

Eine unabdingbare Voraussetzung für die gelingende Umsetzung des *infans*-Konzepts in einer Kindertageseinrichtung ist das Einverständnis des Trägers und die Übereinstimmung seiner Ziele mit den Bildungs- und Erziehungsvorstellungen des Konzepts. Am Träger vorbei kann kein Kita-Team mit dem hier vorgestellten Konzept erfolgreich arbeiten. Umgekehrt zeigt die Erfahrung aus der Erprobungsphase des Konzepts, dass es den Kindertagesstätten insbesondere in schwierigen Phasen der Aneignung neuen Wissens und der Umstrukturierung hilft, wenn der Träger der frühen Bildung einen hohen Stellenwert beimisst, interessiert an der Weiterentwicklung seiner Kindertageseinrichtungen und vom Bildungs- und Erziehungsverständnis des *infans*-Konzepts überzeugt ist. Allen interessierten Fachkräften und Teams ist also dringend anzuraten, die grundsätzliche Kompatibilität der Träger-Leitziele mit dem *infans*-Konzept abzuklären.

Neben dieser grundsätzlichen Voraussetzung hat die Haltung, die ein Träger seinen Mitarbeiterinnen entgegenbringt, eine nicht unwesentliche Auswirkung auf den Einsatz, den Leitung und Mitarbeiterinnen für die Qualitätsentwicklung zu erbringen bereit sind. Weiß ein Träger das Engagement seiner Fachkräfte zu schätzen, bringt er ihnen Vertrauen und Anerkennung entgegen, so gehen damit meist erweiterte Handlungsspielräume der pädagogischen Fachkräfte einher und können Lösungen gefunden werden, die in einem strikten Top-Down-System nur schwer oder gar nicht möglich sind. Als Beispiel seien hier flexible Arbeitszeitmodelle genannt und die Verwaltung eines Teils des Budgets durch die Einrichtung selbst.

Wie das Projekt zur »Trägerqualität« im Rahmen der »Nationalen Qualitätsinitiative im System der Tageseinrichtungen für Kinder« aufzeigt, ist die Qualität eines Trägers unter anderem daran zu messen, welche Unterstützung er für seine Kindertagesstätten in den Aufgabendimensionen Konzeptionsentwicklung, Personalmanagement, Vernetzung und Kooperation und der Bau- und Sachausstattung bereitstellt (Fthenakis/Hanssen/Oberhuemer/Schreyer 2003). In den Projekten zur Erprobung des *infans*-Konzepts in Baden-Württemberg und Brandenburg zeigte sich, dass schon die Entscheidung des Trägers für oder gegen vergleichsweise geringe Investitionen die Implementierung des Konzepts in einer Kindertagesstätte befördern oder stark behindern kann. Wenn das Team einer Kindertagesstätte sich beispielsweise – wie in Einzelfällen berichtet – darum sorgen muss, ob eine ausreichende Anzahl von Beobachtungsinstrumenten kopiert oder gedruckt werden kann, also schon für das grundlegend notwendige Material zu wenig Mittel zu Verfügung gestellt werden, hat das Auswirkungen auf den Prozess der Umsetzung des neuen Konzepts.

Neben den Formblättern zur Beobachtung bedarf es einer den neuen fachlichen Aufgaben einer Erzieherin angemessenen technischen Ausstattung der Kindertagesstätte. Dazu gehören mindestens je eine digitale Foto- und Videokamera und ein nicht nur für die Leitung zugänglicher PC. Besser wäre ein zusätzlicher zweiter Computer, der ausschließlich den Mitarbeiterinnen zum Beispiel für die Dokumentationen zur Verfügung steht, und ein Internetanschluss zur fachlichen Kommunikation und Vernetzung im Gemeinwesen und darüber hinaus.

Ebenso sollten Träger Ressourcen für die Beschaffung von relevanter Fachliteratur und Fachzeitschriften zur Verfügung stellen, um die Umsetzung des Bildungs- und Erziehungsauftrags auf hohem Niveau zu unterstützen. Für die Qualifizierung der Mitarbeiterinnen und im Kontext der Reflexion der Beobachtungen und der Entwicklung von Individuellen Curricula ist der Zugriff auf eine gut ausgestattete Fachbibliothek unabdingbar notwendig.

Probleme gibt es nicht selten wegen fehlender Personalräume. Oder aber vorhandene Räume bieten nicht ausreichend Platz für das gesamte Team. So muss häufig der fachliche Diskurs nach Schließung der Kita in den Gruppenräumen stattfinden. Wenn nicht zumindest ein kleiner Arbeitsraum für die Erzieherinnen zur Verfügung steht, erschwert dies auch die Arbeit der Fachkräfte an den Portfolios oder an den Fotodokumentationen, und eine flexible Nutzung zeitlicher Freiräume ist kaum möglich. Braucht es doch manchmal Platz und Ruhe, die umfangreichen Aufzeichnungen, Notizen, Materialien und Fotos zu sichten und zu ordnen, um zum Beispiel eine Auswahl für eine Foto-Dokumentation zu treffen oder eine längere Bildungsgeschichte aufzuschreiben.

Mit den veränderten Aufgaben von Erzieherinnen gehen also neue Anforderungen an die bauliche Konzeption von Kindertagesstätten einher. Werden Häuser neu geplant, sollten diese Bedarfe der Fachkräfte mitbedacht werden. In bereits bestehenden Häusern wäre es wünschenswert, bei längerfristig geringerer Kinderzahl oder Umstrukturierung der Kindertagesstätte gegebenenfalls frei werdende Räume für diesen Zweck zur Verfügung zu stellen.

Eine besondere Verantwortung hat der Träger für die Qualifizierung seiner Mitarbeiterinnen. Wollen Kita-Teams das *infans*-Konzepts auf hohem fachlichen Niveau umsetzen, sind Qualifikationen im Bereich des Qualitätsmanagements und der Organisationsentwicklung ebenso gefragt wie fachspezifische Kenntnisse, zum Beispiel zum Spracherwerb von Kindern oder dem mathematisch-naturwissenschaftlichen Denken, der Bewegungskultur oder der musikalischen Welt. Es liegt in der Verantwortung des Trägers, dafür Fortbildungs- und Beratungsressourcen zur Verfügung zu stellen.

Dass der fachlichen Weiterentwicklung dabei nicht nur externe Fortbildungsangebote dienen, zeigt die Erfahrung aus den Erprobungsprojekten sehr deutlich. Hatten Teams die Möglichkeit, nicht nur einzelne Erzieherinnen an Fortbildungen teilnehmen zu lassen, sondern darüber hinaus jährliche Inhouse-Fortbildungen oder Konzepttage, orientiert am aktuellen fachlichen Bedarf, zu gestalten, so wurde dies von den teilnehmenden Teams als gewinnbringend und weiterführend erlebt. Fehlen solche Möglichkeiten und bleiben für die fachliche Verständigung ausschließlich abendliche Stunden nach der Schließung der Einrichtung, haben es Kita-Teams weitaus schwerer, bestimmte Handlungsschritte des Konzepts, zum Beispiel die Formulierung und Reflexion von Erziehungszielen, zu realisieren.

Neben der Fortbildung kommen der Beratung und Supervision als unterstützende Maßnahmen eine besondere Bedeutung zu. Wenn sich eine Kindertageseinrichtung auf neue Wege begibt, sich großen Herausforderungen stellt und die Kraft des gesamten Teams für das Gelingen des Vorhabens benötigt, können zum Beispiel Kontroversen im Team auftreten oder unbearbeitete Konflikte den Erfolg stark behindern. Obwohl Beratung und Supervision nicht nur auf solche Fälle beschränkt sein sollten, sind sie in diesem Zusammenhang doch häufig dringend notwendig, um die Basis für die eigentliche inhaltliche Arbeit zu schaffen. Die Trägerqualität wird sich also unmittelbar auch daran messen lassen, ob solche Unterstützung zur Verfügung steht.

Vernetzung und Kooperation im Gemeinwesen

Kindertageseinrichtungen sind – wie jeder weiß – keine Inseln im Ozean der Glückseligkeit, sondern durch vielfältige Beziehungen mit der Welt des »wirklichen Lebens« verbunden. Über das unvermeidliche Maß an Einbindung in das regionale Umfeld hinaus, das allein durch die bloße Existenz einer Kindertageseinrichtung gegeben ist, sollten diese Beziehungen jedoch aktiv ausgebaut, erweitert und in die Arbeit integriert sein. Einen Teil dieser Bezüge hat die Einrichtung selbst in der Hand, ein anderer Teil bedarf der Mitwirkung des Trägers oder externer Unterstützungssysteme.

Ein erster bedeutsamer Schritt aus der engeren Umgebung der Kita hinaus erfolgt, wie schon gezeigt, über die Eltern der Kinder, wenn diese über die Arbeit der Einrichtung informiert sind und den eigenen Beitrag dazu gut einschätzen können. Nun ist es in einigen Kindertagesstätten auch bislang schon gängige Praxis, dass Mütter und Väter in Kindertagesstätten Zugänge zum regionalen Umfeld organisieren. Solche bereits vorliegenden Erfahrungen sollten genutzt und Kooperationen weiter gepflegt werden. Den Unterschied gegenüber bisher gängigen Praktiken macht aber nach unserer Beobachtung das Verständnis aus, das Eltern von der Bedeutung des eigenen Beteiligtseins an der Bildungsarbeit der Kita haben. Dieses Verstehen der Eltern ermöglicht es den Erzieherinnen, die Kompetenzen und Angebote von Müttern und Vätern nicht wahllos in den Alltag zu integrieren, sondern diese Aktivitäten in Prozesse einzubinden, die innerhalb der Kita im Rahmen von zugemuteten Themen und auf der Grundlage von Interessen der Kinder Gegenstand der alltäglichen Arbeit sind.

Jenseits der Kontakte, die Eltern organisieren können und wollen, hat die Einrichtung selbstverständlich eigene Möglichkeiten des Zugriffs auf die bildungsrelevanten Ressourcen ihres Umfelds. Dazu gehören die Bibliotheken und Museen, die Theater und historischen Gebäude, aber auch die Schulen und Hochschulen, das Rathaus und die Verkehrs- und Versorgungseinrichtungen, die Büros und Werkstätten der Umgebung. Wenn einige Kinder ein besonderes Interesse an Malerei zeigen, dann kann eine Exkursion in die Gemäldegalerie für sie eine bereichernde Erfahrung sein. Interessieren sich Kinder für Autos, dann mag der Besuch einer Produktionsstätte ihnen helfen, ihre Vorstellungen und Entwürfe zu diesem Thema auszudifferenzieren und schließlich mit Hilfe grafischer Darstellungen zu formulieren. Ist das Team einer Einrichtung zu dem Schluss gekommen, dass die Hauptkirche der Stadt den Kindern als Thema zugemutet werden sollte, können der Weg zur Turmspitze, die Wasserspeier an der Außenfassade oder die bildlichen und figürlichen Darstellungen von Engeln die Kinder zu eigenen Konstruktionen inspirieren, die dann Grundlage für erweiterte Orts-kenntnisse und eine Ausstellung von Bildern zu den verschiedenen Erlebnissen mit dieser neuen Erfahrung werden.

Man könnte sagen, dass die Arbeit mit dem *infans*-Konzept solche Bezüge zum regionalen Umfeld erforderlich macht, da Exkursionen, die an die Interessen der Kinder anknüpfen, den Mädchen und Jungen helfen, ihre Ressourcen auf höchstmöglichem Niveau zu entfalten. Neben den Eltern und der Kita selbst kann hier natürlich der Träger helfen, Kontakte herzustellen und sie systematisch auszubauen. Damit dies gelingen kann, sollte die Einrichtung auch ihren Träger über die Inhalte ihrer Arbeit auf dem Laufenden halten und gegebenenfalls seine räumlichen Kapazitäten nutzen, um dort Ausstellungen mit Fotodokumentationen zu initiieren, wofür im Übrigen auch schon die Eingangsbereiche von Rathäusern und Banken genutzt worden sind. Insgesamt fällt dem Träger auch im Bereich der Verknüpfung der Aktivitäten seiner Kindertageseinrichtungen mit dem Gemeinwesen eine wichtige Rolle zu.

Trägerübergreifend bedarf es darüber hinaus gut ausgebauter Praxisunterstützungs-systeme, auf die Einrichtungen zurückgreifen können, um die Grundlagen ihrer Arbeit und ihre Methodik weiterentwickeln zu können. Insbesondere sollte der Anschluss zur Forschungsebene hergestellt und aufrechterhalten werden. Es darf nicht länger unterhalb des internationalen Wissensstandes und daran vorbei gearbeitet werden. Bereits Anfang des Jahres 2002 hat der damalige Bundespräsident Rau den Abschluss-bericht des »Forum Bildung« vorgestellt, in dem die Einrichtung von Transferstruk-turen dringend empfohlen wird. Sie sollen dafür sorgen, dass die Arbeitsergebnisse der einschlägigen europäischen und außereuropäischen Forschung in Ausbildung und Praxis zur Verfügung stehen. Über diese Strukturen könnte dann auch der Weiterbil-dungsbedarf der Einrichtungen zum Beispiel auf dem Gebiet der Naturwissenschaften, der Mathematik oder der Nutzung moderner Mediensysteme zumindest teilweise und auf hohem Niveau abgedeckt werden. Es sind zurzeit an den Universitäten Entwicklun-gen zu beobachten, die sich mit der Aufbereitung wissenschaftlichen Wissens für praktische Zwecke auch im pädagogischen Bereich befassen und wenn nicht den Kindern, so doch den Erzieherinnen einen (oft verschütteten) Zugang etwa zur Mathematik eröffnen können.

Als ein Optimum der Möglichkeiten erscheint uns die Verknüpfung solcher kooperati-ven und an Transferstrukturen angebundene Vorhaben mit der Arbeit von Fortbil-dungssystemen, die – wie etwa in Stuttgart oder in Brandenburg auf Landesebene geschehen – den prozessorientierten Bedarf bei den Kindertageseinrichtungen abfra-gen und entsprechend geeignete Angebote bereithalten.

Die Verknüpfung mit dem Gemeinwesen, allgemein gesprochen die Verknüpfung nach außen, hängt also nicht allein von den Möglichkeiten ab, die eine Kita aus eige-ner Kraft aktivieren kann, sondern auch von der Unterstützung, die sie durch den

Träger erfährt oder eben durch Systeme, die solche Funktionen übernehmen. Es wäre sehr sinnvoll, wenn sich Kontakte, die hergestellt wurden, auch dauerhaft nutzen ließen, denn erst dann könnte von echten Netzwerken gesprochen werden.

Zum Übergang in die Grundschule

Eine systematische Beziehung sollten Kindertagesstätten zu der nachfolgenden Bildungseinrichtung unterhalten, der Grundschule. Bei der Annäherung dieser beiden bisher sowohl in der Ausbildung als auch im Selbstverständnis strikt getrennten Institutionen gilt es, eine Reihe von Hindernissen zu überwinden. Dazu gehört das Statusgefälle zwischen Erzieherinnen und Lehrerinnen, das manchmal, aber glücklicherweise nicht immer und überall, eine Kontaktaufnahme behindert. Auch muss von der Grundschule verstanden werden, dass die Bildungsarbeit der Kindertageseinrichtung nicht als Vorbereitung auf den eigentlichen Beginn von Bildung in der Schule verstanden werden kann, sondern eigenständige Aufgaben in den vorschulischen Lebensjahren der Kinder zu erfüllen hat. Das schließt bedeutend komplexere Bildungs- und Entwicklungsprozesse ein, als sie durch die Fähigkeit zum Stillsitzen oder zum Binden der Schnürsenkel repräsentiert werden.

Nicht selten jedoch zeigten sich im Verlauf der Erprobungsprojekte Grundschullehrerinnen beeindruckt von der Arbeitsweise der Projekteinrichtungen und verstanden diese für sie neue oder zumindest ungewohnte Herangehensweise als bereichernd. Man darf hoffen, dass die weitere Entwicklung in dem Maße zu einer Annäherung führen wird, in dem die Kindertageseinrichtungen in ihrer Arbeit erfolgreich sind und ihrerseits die Grundschulen vor Herausforderungen stellen, die diese nur im Zuge von Reformen ihrer eigenen pädagogischen Arbeit bestehen können. Ohnehin steht sie auf der Agenda der Anpassung des Bildungssystems der Bundesrepublik an europäische Standards.

Zum Übergang von der Kindertageseinrichtung in die Grundschule enthält das *infans*-Konzept keine Verfahrensvorschläge, wenngleich einer Zusammenarbeit beider Institutionen in dieser Frage eine hohe Bedeutung beigemessen wird. Wir gehen jedoch davon aus, dass eine fachlich begründete Konzeption des Übergangs von beiden Seiten ausgearbeitet und getragen werden muss und nicht nur Aufgabe der Kindertageseinrichtung sein kann. Voraussetzung wäre also ein kooperatives Vorgehen, in dessen Verlauf beide Seiten ihr Bildungsverständnis offenlegen und soweit angleichen, dass für die Kinder (und ihre Familien) der Schritt in die neue Bildungsumgebung eher unterstützt als belastet wird.

Eine besondere Bedeutung ist aus unserer Sicht dem Konzept »Gemeinsamer Orientierungsrahmen für die Bildung in Kindergarten und Grundschule« zuzumessen, das im Auftrag des Ministeriums für Bildung, Jugend und Sport des Landes Brandenburg

erarbeitet und 2010 in 2. überarbeiteter Auflage vorgelegt wurde (MBJS 2010). Darin wird ein Bildungsverständnis vorgeschlagen, das dem des *infans*-Konzepts sehr nahe kommt und auf der Grundlage eines gemeinsamen Kindbildes zu einer verbesserten Abstimmung der Bildungsarbeit zwischen den beiden Bereichen führen soll. Zusätzlich wurde eine Arbeitsstelle eingerichtet, die bei der Realisierung des Orientierungsrahmens im Elementar- und Primarbereich unterstützend tätig ist. Es darf deshalb davon ausgegangen werden, dass auch in der Politik die Notwendigkeiten im Zusammenhang mit einer Reform des Bildungssystems ernst genommen und bearbeitet werden.

Es läge dabei auch im Interesse der Schule, die bereits vorhandenen Kompetenzen der Kinder aktiv aufzugreifen und mit ihrem Lehrangebot an deren aktuellen Interessen anzusetzen. In der neueren Diskussion der Schulbildung wird dabei die Bedeutung einer Interessenorientierung des Lehrangebots ausdrücklich hervorgehoben. In jedem Fall sollte vermieden werden, Druck auf die Kindertageseinrichtungen auszuüben, sich auf die Normen einer in ihren Standards hinter der aktuellen Fachdiskussion zurückgebliebenen Grundschule auszurichten.

Hier kann die Politik sicher günstige Bedingungen schaffen, die einen solchen Prozess zu unterstützen und zu beschleunigen vermögen, was im Übrigen in den letzten Jahren auch in Baden-Württemberg bereits in Angriff genommen wurde. Dafür stehen unter anderem die Empfehlungen »Kooperation zwischen Tageseinrichtungen für Kinder und Grundschulen« des Ministeriums für Kultus, Jugend und Sport. Der Orientierungsplan bietet in dieser Hinsicht wichtige Hinweise an, wo Schule sich um eine Reformulierung ihres Bildungsverstehens zu bemühen hätte. In der Praxis aber dürfte der Weg hin zu einer nicht nur formalen Kooperation zwischen Kindertageseinrichtungen und Grundschulen nicht immer leicht sein und einige Zeit in Anspruch nehmen. Die Erfahrungen aus der Erprobungsphase zeigen, dass die Grundschulen unterschiedlich auf die »neuen« Kinder reagieren. In einer Befragung im Auftrag des Jugendamtes Stuttgart, wo die Erprobung des *infans*-Konzepts im Rahmen des Prozesses »Einstein in der Kita« durchgeführt wurde, kann man lesen:

»Besonders gut kämen sie (die Kinder aus den Erprobungseinrichtungen, H. L.) dagegen mit Hausaufgaben und anderen selbstständig zu erledigenden Aufträgen klar, vor allem solchen, die eigene Recherche, Materialsuche und kreative Antworten erfordern. Dies bestätigen die Lehrerinnen: ›Unterschiedliche Wissensquellen können sich Einsteinkinder selbstständiger erschließen Außerdem widmen sie sich ihren Aufgaben mit größerer Ausdauer.‹ Sie seien äußerst neugierig und motiviert, im Unterricht besonders ideenreich und aktiv. Ihre Auffassungsgabe sei hoch, sie hinterfragten viel und suchten in allen Aufgaben den Alltagsbezug. Außerdem akzeptierten sie Regeln gut, seien einsichtig und besonders teamfähig. Gruppenarbeit führe bei ihnen zu besten Ergebnissen. Müssen sie dagegen einzeln und still an ihrem Platz arbeiten, seien sie unruhiger als andere Kinder.

Eltern, Lehrerinnen und Hortleiter bewerten das Einsteinprojekt als gute Schulvorbereitung. Es komme den neuen Bildungsplänen und der angestrebten Öffnung für neue Unterrichtsformen entgegen. Wünschenswert sei es, dass alle Kinder eine solche Bildungseinrichtung durchlaufen und die Schule mit ähnlichen Erfahrungen beginnen.« (Jugendamt Stuttgart 2005)

Die an der Erprobung beteiligten Einrichtungen berichteten jedoch auch andere Reaktionen von Grundschullehrerinnen. Dabei wurden insbesondere eine fehlende Bereitschaft der Kinder beklagt, sich rigide gehandhabten Ordnungsvorstellungen zu unterwerfen (Stillsitzen, Stillschweigen, Ordnung des Materials und ähnliches) und tradierte Lehrformen wie Frontalunterricht und Übungen ohne Alltagsbezug und Gestaltungsmöglichkeiten zu akzeptieren.

Sehr viel wird wohl auch zukünftig davon abhängen, wie im Einzelfall das Fachpersonal beider Seiten miteinander ins Gespräch kommt und zu Verständigungen über den jeweiligen Bildungs- und Erziehungsauftrag und Verfahrensweisen gelangen kann. Für die Möglichkeit des Gelingens solcher Vorhaben haben sich im Laufe der Erprobungsprojekte zum *infans*-Konzept attraktive und weiterführende Beispiele ergeben. Die tiefgreifenden Veränderungen, die eine Arbeit mit dem *infans*-Konzept in der Kindergartenpraxis mit sich bringt, sind von einer Reihe von Grundschulen mit Anerkennung registriert worden, so dass sich eine wechselseitig respektvolle Zusammenarbeit entwickeln konnte. Das in den Kindertageseinrichtungen in den Portfolios dokumentierte Material zu den Bildungsprozessen der Kinder wurde in diesen Fällen von den Grundschulen durchweg als wertvoll erachtet.

An dieser Schnittstelle sollte die zunehmende Erfahrung mit kooperativen Strategien zwischen beiden Seiten zu Erweiterungen der Konzeption führen, die dann, so wie wir das für den Kindertagesstättenbereich in Anspruch nehmen, empirisch gesichert und mit nachhaltiger Wirkung als mögliche Verfahrensweisen sowohl den Kindertageseinrichtungen als auch den Grundschulen vorgeschlagen werden können.

Exkurs[41]:
Die Rolle der Leitung im Licht moderner Management-Konzepte und ihre Bedeutung für das *infans*-Konzept

---

41 Dieser Beitrag enthält die überarbeitete Fassung einer Auftragsarbeit für infans, die Helge Wasmuth im Rahmen seines Praktikums am Institut verfasst hat.

Einleitung

Die Umstellung der pädagogischen Arbeit auf das *infans*-Konzept betrifft die Kindertageseinrichtung in ihrer Gesamtheit. Die Veränderungen beziehen sich nicht nur auf einzelne Bereiche der Einrichtung, sondern wirken sich auch auf Aspekte aus, die vielleicht nicht auf den ersten Blick in einem Zusammenhang damit zu stehen scheinen. Die folgenden Überlegungen beziehen sich auf ein verändertes Rollen- und Aufgabenverständnis der Leitung von Kindertageseinrichtungen. Denn der Leitung kommt bei der Bewältigung der mit der Umsetzung des *infans*-Konzepts einhergehenden Herausforderungen eine entscheidende Bedeutung zu. Aus dem veränderten Leitungsverständnis wiederum ergeben sich Konsequenzen für die Teams und jede einzelne Erzieherin in der Kindertageseinrichtung. Auch diese werden im Folgenden dargestellt.

Zur besonderen Rolle der Leitung von Kindertageseinrichtungen

Die Sonderrolle der Leitung liegt schon in ihrer Position begründet. Auf der einen Seite muss sie den Erwartungen des Trägers entsprechen, der sie in der Regel bewusst eingesetzt und mit besonderen Befugnissen ausgestattet hat. Zum anderen ist sie aber auch den Kolleginnen beziehungsweise den Kindern und Eltern verpflichtet, die möglicherweise mit vollkommen gegensätzlichen Erwartungen an sie herantreten. In ihrer sozusagen klassischen Rolle vertritt sie die Einrichtung gegenüber dem Träger und übernimmt Aufgaben für das Team. Die Leitung erfährt somit Druck von oben und unten, sie befindet sich in einer »Sandwich-Position«, die besonders konfliktträchtig ist und ein hohes Maß an persönlicher Frustrationstoleranz verlangt (Puch/Westermeyer 1999).

Der folgende Text konzentriert sich auf das Verhältnis zwischen Leitung und Mitarbeiterinnen. Dabei wird davon ausgegangen, dass ein Träger, der seine Einrichtungen bei der Entwicklung zur Bildungseinrichtung im Sinne des *infans*-Konzepts unterstützen will, die folgenden Überlegungen berücksichtigen wird.

Die Leitung von sozialen Einrichtungen wird oft als problematisch und heikel empfunden. Rollen wie Chefin oder Kontrolleurin sind nicht gefragt, da sie sich mit dem heutigen Selbstverständnis von sozialer Arbeit nicht vereinbaren lassen. Dies gilt auch für den Bereich der frühkindlichen Erziehung, und deshalb wird in vielen Kindertageseinrichtungen Leitung oftmals nicht explizit und direkt ausgeführt (vgl. Jakubeit 2004). Unbestreitbar bleibt aber, dass die Leitung eine besondere Stellung einnimmt. Sie ist eben nicht Gleiche unter Gleichen, auch wenn dies vielleicht oft so postuliert und gewünscht wird. Es gilt, traditionelle Vorstellungen von Leitung zu hinterfragen und über ein modernes Leitungsverständnis nachzudenken, das nicht nur als zeitgemäß erscheint, sondern auch mit den im *infans*-Konzept vertretenen Standpunkten in Einklang steht. Möglicherweise benötigen die sich als Bildungseinrichtung verstehenden Kindertageseinrichtungen eine grundlegende Änderung der Leitungs-struktur, der Leitungskultur und des Leitungsverhaltens.

Modelle der Leitung von Kindertageseinrichtungen

Bei der Entwicklung eines neuen Leitungsverständnisses ist es hilfreich, sich der Begriffe »Führung« und »Leitung« bewusst zu werden und sich verschiedene Modell-vorstellungen von Leitung vor Augen zu halten. Auch wenn solche idealtypischen For-men in der Praxis kaum zu finden sein dürften, können die daraus entstehenden Überlegungen dennoch fruchtbare Prozesse anstoßen.

Zu den Begriffen »Führung« und »Leitung«

In der wissenschaftlichen Literatur wird prinzipiell zwischen »Führen« und »Leiten« einer Einrichtung unterschieden (vgl. Neubauer 1996). Dabei gibt es eine Vielzahl von Definitionen von »Führung«, die je nach gewähltem Standpunkt unterschiedlich aus-fallen, im Kern aber als ähnlich angesehen werden können (vgl. Puch/Westermeyer 1999). Unter Führung wird demnach die zielorientierte Beeinflussung des Verhaltens von Mitarbeiterinnen zur Erfüllung gemeinsamer Aufgaben in einer strukturierten Arbeitssituation verstanden (Neubauer 1996).

Dabei müssen die folgenden Führungsziele berücksichtigt werden: die Effizienz und Qualität der erbrachten Leistung, die Arbeitsmotivation und -zufriedenheit der Mit-arbeiterinnen und der Erhalt der Einrichtung (Puch/Westermeyer 1999). Zum Errei-chen dieser Ziele sind verschiedene Führungsverhalten denkbar, auf die hier nicht näher eingegangen werden soll.[42] Es kann aber davon ausgegangen werden, dass ein Führungsstil nicht durchgängig beibehalten wird, sondern über verschiedene Situationen hinweg variabel ist.

Eine Führungsrolle kann übernommen werden, indem eine Person diese Position von anderen Menschen zugeteilt bekommt. Geschieht dies ohne Mandat beziehungsweise formale Regelungen, spricht man von einem »informellen Führer« (Neubauer 1996, Puch/Westermeyer 1999). In sozialen Organisationen kommt es allerdings häufig vor, dass bei der Besetzung von Führungspositionen aus einer Reihe von Bewerbern aus-gewählt wird, ohne dass die Mitarbeiterinnen einen direkten Einfluss auf diese Wahl ausüben können. Die Führungsperson wird den unterstellten Kolleginnen »vorge-setzt«, und dabei handelt es sich um einen formellen Akt. Ein solcher »formeller Füh-rer« wird als Vorgesetzter oder Leiter bezeichnet. Der Begriff »Leiten« beinhaltet dann zunächst einfach nur das formelle Führen einer Einrichtung.

---

42 Vereinfacht lassen sich ein »autoritärer« und »demokratischer« Führungsstil sowie ein »aufgaben- und leistungs-orientiertes« und ein »persönlichkeitsorientiertes« Führungsverhalten unterscheiden (vgl. Neubauer 1996, S. 76/77).

Die Aufgaben, Rechte und Pflichten der Leitung sind dabei durch zum Teil äußerst komplexe Hierarchien, Regelungen und Verpflichtungen festgelegt; zur Durchsetzung ihres Führungsanspruchs ist sie mit formalen und personalen Machtressourcen ausgestattet (»Amtsautorität« und »personale Autorität«). Zwar kann sich die Leitung auf beide Möglichkeiten zur Einflussmaßnahme stützen, es hat sich aber erwiesen, dass ein häufiger Gebrauch von formaler Macht wenig sinnvoll ist, da diese sich schnell abnutzt, unflexibel in der Anwendung ist und außerdem die Gefahr besteht, dass zu immer stärkeren Maßnahmen gegriffen werden muss.

Das patriarchalische Modell und das Teammodell

Die Begriffe »Leitung« und »Führung« sagen somit eigentlich noch nichts über den praktizierten Leitungsstil einer Einrichtung aus. Grundsätzlich sind mehrere Modelle unterschiedlicher Ausprägung denkbar, die zum Teil völlig gegensätzliche Leitungsvorstellungen beschreiben.[43]

Einrichtungen können nach einem hierarchischen oder patriarchalischen Organisationsstrukturmodell aufgebaut sein (Bader 1999). In einer solchen Kindertageseinrichtung würde ausschließlich die Spitze der Einrichtung, also im klassischen Sinn die »Leitung«, über die Entscheidungs- und Kontrollbefugnis verfügen. Innerhalb der eigenen Kindertageseinrichtung wäre sie gegenüber niemandem verantwortlich, sie müsste nur dem Träger Rechenschaft ablegen. Die Kommunikation würde überwiegend in eine Richtung erfolgen, die Informationswege wären lang, und der Charakter der Kommunikation wäre der eines »Anweisens von oben«. Dementsprechend müsste man sich auch die Rolle der Mitarbeiterinnen vorstellen: Sie wären Ausführende und könnten nur wenig selbst entscheiden, ihre Arbeitsabläufe wären genau festgelegt und ihre Zuständigkeiten klar definiert. Die Kreativität und die besonderen Kompetenzen der Erzieherinnen wären in einer solchen Einrichtung nur wenig gefragt, Selbstverantwortung wäre kaum vorhanden und die Identifikation mit der Arbeit nur sehr gering. Eine solche Einrichtung besäße zwar eine große Stabilität, aber auch eine ebenso große Inflexibilität und könnte sich deshalb nur schwer an veränderte Bedingungen anpassen (ebd.).

---

43 Die Beschreibungen der beiden folgenden Modelle sind sicherlich einseitige Zuspitzungen, die sich in reiner Form so in der Praxis nicht finden lassen. Bader stellt diesen beiden noch ein drittes Organisationsmodell gegenüber, das entwicklungsorientierte Organisationsstrukturmodell, das sich ihrer Ansicht nach in zahlreichen sozialen Einrichtungen finden lässt (vgl. 1999, S. 48ff.). Hier sollen aber nur die ersten beiden Organisationsmodelle vorgestellt werden, da sich an ihnen die unterschiedlichen Vorstellungen von Führung verdeutlichen lassen.

Das Teammodell

Einen Kontrast zu diesem auf Amtsautorität[44] beruhenden Organisationsstrukturmodell bildet das so genannte Teammodell (Bader 1999). Eine solche Einrichtung würde sich durch flache Hierarchien auszeichnen, und auf formale Strukturen würde nur wenig Wert gelegt werden. Die Funktion der Leitung bestände eher darin, Sprecher aller Kolleginnen zu sein, und ihre Aufgabe wäre es, zu moderieren und zu koordinieren. Bei diesem Modell wird die Wichtigkeit des gegenseitigen Respekts und der gegenseitigen Achtung betont, Selbstbestimmung und Selbstorganisation besitzen einen hohen Stellenwert, und Entscheidungen werden im gemeinsamen Diskussionsprozess getroffen. Identifikation und Motivation auf Seiten der Mitarbeiterinnen wären sehr groß, und dies würde sich positiv auf die Arbeitsleistung auswirken. Die speziellen Kompetenzen und Interessen der einzelnen Erzieherinnen kämen stärker zum Tragen, Kreativität und Innovation würde dadurch gefördert. Durch den kontinuierlichen Diskussionsprozess ließe sich Expertenwissen verallgemeinern, und es könnten Synergieeffekte erreicht werden. Einer solchen Einrichtung fiele es leichter, schneller und innovativer auf neue Anforderungen der Umgebung zu reagieren.

Ein solches Modell enthält jedoch ebenfalls schwerwiegende Probleme. So ist zum Beispiel ein relativ hoher Zeitaufwand notwendig, um zu einer Entscheidungsfindung zu gelangen. Trotz des unterschiedlichen Kenntnisstandes und unterschiedlicher Kompetenzen redet und entscheidet jede bei allem mit, was zu fachlich unzureichenden Kompromissen und Lösungen führen kann. Aufgrund der eher unklaren Führungsstrukturen sind die getroffenen Entscheidungen nicht sehr verlässlich, und es kann lange dauern, bis sie auch tatsächlich umgesetzt werden. Zusätzlich sind eine große Bereitschaft aller Mitarbeiterinnen zur Übernahme von Verantwortung und eine gut funktionierende Kommunikationsstruktur notwendig.

Wie sollten Einrichtungen der Zukunft geführt werden?

Es dürfte klar sein, dass weder das patriarchalische Modell noch das Teammodell sich in der beschriebenen einseitig ausgeprägten Form in der heutigen Praxis finden lassen und auch nicht als Ziel angestrebt werden sollten. Dennoch können diese idealtypischen Überlegungen bei der Antwort auf die Frage helfen, wie eine Kindertageseinrichtung geleitet werden muss, die den gesellschaftlichen Erwartungen und den Anforderungen des *infans*-Konzepts gerecht werden will.

Ein Bildungs- und Erziehungsverständnis, das die Selbstbildung der Kinder betont, sie in ihrer Individualität ernst nimmt und ihre aktive Teilhabe an den täglichen Ent-

---

44 Eine Leitung kann im patriarchalischen Modell natürlich auch über fachliche und personale Autorität verfügen, sie muss dies aber nicht

scheidungs- und Gestaltungsprozessen fordert, muss sich auf die gesamte Kultur einer Einrichtung auswirken. In einer sich als Gesamtsystem begreifenden Kindertageseinrichtung müssen solche Vorstellungen zu einer Veränderung in allen Teilen der Einrichtung und nicht nur im Erzieherinnen-Kind-Verhältnis führen. Dabei stellt sich die Frage, ob ein Führungs- und Leitungsbegriff, der sich im traditionellen Sinn als gezielte Beeinflussung des Verhaltens der Kolleginnen versteht, überhaupt noch zeitgemäß beziehungsweise mit dem *infans*-Konzept vereinbar ist.

Eher geeignet erscheint ein innovatives und flexibles Leitungsmodell, das die Mitverantwortung aller Beteiligten sichert. Die Leitung von Kindertageseinrichtungen der Zukunft erfordert Kenntnisse und Fähigkeiten, die nicht von einer Person allein eingebracht werden können. Teamarbeit ist dringend notwendig (vgl. Jakubeit 2004). Die vom patriarchalischen Modell vertretene Vorstellung, dass auf der einen Seite eine alles regelnde und entscheidende Leitung und auf der anderen Seite Mitarbeiterinnen im Sinne von Untergebenen stehen, hat sich wohl eher überlebt und ist gerade in sozialen Einrichtungen vermutlich ungeeignet. Das gesamte Team einer Einrichtung muss sich bewusst sein, was es und wie es seine Ziele erreichen will. Verantwortung für eine solche gemeinsame Sache wird aber nur übernehmen, wer auch an der Führung teilhaben darf. Die Gewinnung der Mitarbeiterinnen für eine Führungsgemeinschaft wird so zu einer zentralen Aufgabe, die ein neues Führungsparadigma erfordert.

Nun müssen deshalb bestehende Leitungsstrukturen nicht gleich vollständig abgeschafft und eine dem Teammodell entsprechende Einrichtungsstruktur eingeführt werden. Gerade hochkomplexe und hoch differenzierte Aufgaben und Tätigkeiten, die die tägliche Arbeit in Kindertageseinrichtungen prägen, brauchen eine klare Strukturierung und Aufgabenzuteilung. Ein komplexes und demokratisches System gewinnt seine hohe Leistungsfähigkeit nur, indem die verschiedenen Potenziale der Menschen genutzt werden. Für das notwendige Miteinander braucht es aber weiterhin Absprachen und Koordination. Hierin dürfte in Zukunft in zunehmendem Maße der Aufgabenbereich der Leitung liegen. Sie ist also keineswegs überflüssig, sondern nach wie vor unverzichtbar, und muss deshalb jede nur mögliche Unterstützung und Wertschätzung bekommen.

Ein neues Aufgabenverständnis von Leitung

Die Aufgaben der Leitung scheinen sich also zu verändern und werden zukünftig eher als Koordination und nicht als klassische Führung verstanden werden. Die Leitung trägt aber unverändert zur erfolgreichen Gestaltung der täglichen Arbeit bei, indem sie durch ihre Tätigkeit die notwendigen Freiräume schafft, in denen die Mitarbeiterinnen eigenverantwortlich handeln können. Sie wird so zumindest auch zu einem Berater und Unterstützer und versteht sich dabei als »Dienstleistung für Mitarbeiter« (Puch/Westermeyer 1999, S. 210).

Dies setzt ein dementsprechendes Menschenbild auf Seiten der Leitung voraus. Eine Leitung, die ihre Mitarbeiterinnen als verantwortungsscheu, wenig ehrgeizig und lernunwillig ansieht, würde wohl eher Kontrollen und strenge Vorschriften einführen, da ihrer Ansicht nach nur so erfolgreiche Arbeitsleistungen erzielt werden können. Oftmals zeigen dann die Erzieherinnen aufgrund des restriktiven Verhaltens der Leitung tatsächlich weniger Engagement und Verantwortungsbewusstsein, und dies bestätigt wiederum die Meinung der Leitung. Werden die Kolleginnen dagegen zumindest bis zum Erweis des Gegenteils als verantwortungsbereite und engagierte Menschen angesehen, dann wird ihnen mehr Handlungsspielraum und Selbstkontrolle zugestanden. Sie verhalten sich dementsprechend, und somit ist ein positiver Kreislauf in Gang gesetzt.

Pointiert gesagt bedeutet dies, dass im Rahmen des *infans*-Konzepts die Leitung nicht die Aufgabe hat, Mitarbeiterinnen zu motivieren und ihnen Verantwortung zu geben. Vielmehr tut sie alles dafür, dass die als vorhanden unterstellte Selbstverantwortung auf Seiten der Kolleginnen wahrgenommen und entfaltet werden kann (vgl. Puch/Westermeyer 1999). Es wäre also Aufgabe der Leitung, die Erzieherinnen in ihrem eigenverantwortlichen und selbstständigen Handeln zu unterstützen und sie dazu herauszufordern.

Was bedeutet das neue Aufgabenverständnis für die Praxis

Werden solche Überlegungen in die Praxis umgesetzt, kann dies zu einschneidenden Veränderungen führen. Die Leitung ist dann für die Strukturierung, Koordination und Optimierung von Prozessen und Verfahren verantwortlich, nicht aber für eine Führung im Sinn von zielorientierter Beeinflussung des Verhaltens der Mitarbeiterinnen. Konsequent gedacht bedeutet dies, dass die Leitungskräfte nicht mehr die alleinige Verantwortung tragen müssen. Stattdessen muss jede Erzieherin in der Lage sein, den immer komplexer werdenden Anforderungen zu genügen und entsprechend ihren Kompetenzen Verantwortung für die gemeinsame Gestaltung der täglichen Arbeit zu übernehmen.

Dies begründet sich auch aus der Aufgabe der Kindertageseinrichtung, die Kinder in ihren Bildungsprozessen zu unterstützen. Die täglichen Interaktionen mit den Kindern müssen von jeder Erzieherin selbstständig und selbstverantwortlich gestaltet werden. Die Handlungen und Gespräche lassen sich im Detail nicht im Voraus planen und festlegen. Eine Erzieherin, die nur auf Anweisung von oben und ohne Eigenverantwortung handelt, würde diese Prozesse nicht angemessen gestalten können, vorhandenes Potenzial ginge so verloren. Auch aus diesem Grund sollten die Mitarbeiterinnen in der Wahrnehmung und Ausübung selbstständigen Handelns unterstützt werden.

Leitung als formelle Führung einer Kindertageseinrichtung kann sich somit nicht länger als zielorientierte Beeinflussung des Verhaltens von Mitarbeiterinnen verstehen. Sie sieht ihre Aufgabe vielmehr darin, die Mitwirkung sämtlicher Teammitglieder entsprechend ihren Fähigkeiten und Kenntnissen an der Entwicklung einer Kindertageseinrichtung zu ermöglichen.

Delegation von Verantwortung und Aufgaben

Die Leitung einer Einrichtung muss also bereit sein, Verantwortung zu teilen. Die Verantwortung für die Einrichtung muss gemeinsam getragen werden.

Die Delegation von Verantwortung und Aufgaben sollte von Seiten der Leitung nicht als Beschneidung von Kompetenzen betrachtet werden. Sie fördert vielmehr das Erreichen der angestrebten Ziele. Dies erfordert klare Absprachen über die Zuteilung und Abgrenzung der einzelnen Aufgaben, Befugnisse und Verantwortlichkeiten der Erzieherinnen, aber auch der Leitung. Jede Mitarbeiterin erhält so einen klar umgrenzten Tätigkeitsbereich mit entsprechenden Kompetenzen, innerhalb dessen sie verpflichtet ist, selbstständig zu handeln und zu entscheiden. Diese Absprachen zu koordinieren ist Aufgabe der Leitung.

In der Praxis haben sich Mitarbeiterinnengespräche bewährt, in denen die Leitung gemeinsam mit den Erzieherinnen Zielvereinbarungen trifft. In solchen Gesprächen findet ein Dialog über die angestrebten Ziele statt. Es wird konsequent auf Zielvereinbarung und nicht auf Zielvorgabe gesetzt, die Ziele werden gemeinsam ermittelt und vereinbart. Die Leitung gibt somit nicht vor, welche Ziele wie erreicht werden sollen, sondern unterstützt einen Prozess, in dem gemeinsam über erreichbare Ziele nachgedacht und dann dementsprechend gehandelt wird. Die Mitarbeiterin ist im Rahmen der vereinbarten Ziele in der Wahl ihrer Mittel relativ frei. Sie trägt somit die Handlungsverantwortung, und in den von ihr verantworteten Aufgabenbereich sollte die Leitung prinzipiell nicht eingreifen (vgl. Puch/Westermeyer 1999).

Auf der anderen Seite bedeutet dies aber auch, dass die Kolleginnen wirklich die Verantwortung für ihre Tätigkeit übernehmen, die gegebenen Freiräume nutzen und eigenständig ausfüllen müssen (vgl. Philipps 1999). Es bringt nichts, wenn die Leitung bereit ist, Verantwortung abzugeben, aber auf der anderen Seite niemand da ist, der sie übernimmt. Deshalb muss die Leitung darauf achten, wie viel sie ihrem Team zumuten kann, was andere Mitarbeiterinnen übernehmen können und was sie auch weiterhin selbst erledigen muss. Die Kolleginnen sollten weder unter- noch überfordert werden, und dazu bedarf es einer zutreffenden Einschätzung der Kompetenzen jeder Mitarbeiterin, die nur möglich ist, wenn auch weiterhin der enge Kontakt und die Interaktion gesucht werden. Eine Leitung lässt deshalb auch nach der Delegation die Kolleginnen nicht mit ihren neuen Aufgaben allein, sondern steht unterstützend und beratend zur Seite. Sie ist das Gedächtnis des Teams im Hinblick auf getroffene Vereinbarungen.

Wie umfangreich diese Form der Hilfe sein muss, hängt von der jeweils speziellen Situation in der Einrichtung ab, und eine Verständigung darüber muss jederzeit vor Ort und innerhalb des Teams stattfinden können. In einigen Kindertageseinrichtungen wird es möglich sein, mehr Verantwortung und Aufgaben zu delegieren, während in anderen Einrichtungen die Mitarbeiterinnen noch klarere Vorgaben brauchen. Die Leitung muss erkennen, wie weit ihr Team schon ist, und sich dementsprechend verhalten. Sie muss ein Gespür für die Bedürfnisse der Mitarbeiterinnen entwickeln. Wo eigenverantwortliches Verhalten deutlich wird, sollte sich die Leitung zurücknehmen, während sie bei Unsicherheit oder Überforderung helfen muss (Hatlappa-Eichstädt 1999; Lill 1998).

Die Aufgaben der Leitung beim Zeitmanagement in der Kindertagesstätte

Die Leitung sollte zunächst einmal darauf achten, dass sie selbst die nötige Zeit zur Verfügung hat, vor allem, wenn sie nicht freigestellt und selbst für eine Anzahl von Portfolios verantwortlich ist. Dies kann durch verschiedene Mittel der Selbstentlastung gelingen. Möglichkeiten sind zum Beispiel eine konsequente Übertragung von Verantwortung und Aufgaben, Techniken der Rationalisierung und Strukturierung (beispielsweise bei der Bearbeitung von Informationen, der Einteilung von Arbeitsphasen oder bei Sitzungen) sowie die Vermeidung oder Minimierung von Störquellen. Neben dem flexiblen Jahresarbeitszeitmodell von Cramer (2003) mit den dazugehörenden Instrumenten helfen sie dabei, die notwendige Zeit zu organisieren.

Aufgabe der Leitung ist es zusätzlich, darauf zu achten, dass den Mitarbeiterinnen genügend Zeit für die Erarbeitung der Erziehungsziele und für die Beobachtung, Diskussion, Auswertung und Dokumentation zur Verfügung steht. Dies muss bei der Dienstplangestaltung – die im Sinne der Aufgabendelegation nicht zwingend Aufgabe der Leitung ist, sondern auch von den Mitarbeiterinnen selbst übernommen werden kann – berücksichtigt werden, indem genügend Zeit dafür in den Dienstplänen ausgewiesen wird. Die Erziehungsziele und die Beobachtung und Dokumentation der Bildungsprozesse sind wichtige Elemente des *infans*-Konzepts, und eine verbale Wertschätzung allein reicht nicht aus. Sie muss in der Bereitstellung der nötigen Zeitressourcen ihren Niederschlag finden.

Zeit kann des Weiteren gewonnen werden, wenn auf eine zügige und strukturierte Durchführung der Diskussion der Beobachtungen geachtet wird. Damit dies möglich wird, müssen festgelegte Zeiten und Abläufe eingehalten und dürfen Diskussionen nicht endlos geführt werden. Dies kann durch eine Moderation der Besprechungen erreicht werden, die nicht unbedingt von der Leitung, sondern auch von einer Kollegin übernommen werden kann. Wichtig ist dabei, dass getroffene Vereinbarungen eingehalten werden und einmal Beschlossenes auch tatsächlich umgesetzt wird. Dafür Sorge zu tragen ist Aufgabe der Leitung.

Damit die knappen Ressourcen und zeitlichen Spielräume sinnvoll genutzt werden, muss also eine Konzentration auf die spezifischen und bedeutsamen Leistungen der Einrichtung stattfinden (Bullinger 1996). Dies bedeutet, dass sowohl von der Leitung als auch von den Mitarbeiterinnen Prioritäten gesetzt werden müssen (vgl. Stübinger/Apfelbacher/Reiners-Kröncke 2000). Jeder Mitarbeiterin sollte klar sein, welche Leistungen aufgrund der Ziele und des Auftrags der Kindertageseinrichtung als Bildungseinrichtung wirklich wichtig sind. Alle Tätigkeits- und Zeitstrukturen müssen deshalb auf ihre Kompatibilität mit dem *infans*-Konzept überprüft und gegebenenfalls verändert werden, denn dadurch lassen sich Zeitressourcen gewinnen. Gerade die Leitung muss immer wieder darauf hinweisen, welche Ziele man sich gesteckt hat (nämlich die Unterstützung der Bildungsprozesse der Kinder) und warum es aus diesem Grund sinnvoll und notwendig ist, dass es zu einer Umstrukturierung der Zeitabläufe und zur Aufgabe von vielleicht lieb gewonnen Traditionen kommt.

Hier spielen auch die erarbeiteten Erziehungsziele eine wichtige Rolle. Die Leitung fungiert als »Gedächtnis der Erzieherinnen«, das immer wieder die Wichtigkeit der neuen Aufgaben deutlich macht und daran erinnert, dass alte Verhaltensweisen ja nicht ersatzlos abgeschafft, sondern durch neue, wichtigere Tätigkeiten ersetzt wurden. Sie liefert so gute Argumente und wirkt dadurch unterstützend, vor allem wenn die Mitarbeiterinnen mit Unsicherheiten und Zweifeln, zum Beispiel von Seiten der Eltern, konfrontiert werden.

Leitung und Controlling

Die Unterstützung der Kolleginnen durch die Leitung steht in einem engen Zusammenhang mit einem Thema, das in vielen Bereichen der sozialen Arbeit und auch in Kindertageseinrichtungen negativ besetzt ist und oft falsch verstanden wird, nichtsdestotrotz aber wichtig für das Gelingen der Arbeit ist: das Controlling.

Controlling wird häufig mit restriktiver Kontrolle gleichgesetzt, und oftmals herrschen Misstrauen und Angst vor jeglicher Form von Kontrolle. Gerade dies beruht aber auf einem Missverständnis (Fischer 2001; Stübinger/Apfelbacher/Reiners-Kröncke 2000). Methoden des Controlling führen nicht zwangsläufig zu einem patriarchalischen Organisationsstrukturmodell und setzen auch keineswegs ein negatives Menschenbild voraus.

Controlling definiert sich vielmehr als Planung, Messung, Bewertung und gegebenenfalls Korrektur der täglichen Handlungen (Fischer 2001; Schmitz/Lamberti 2000). Controlling beruht deshalb gerade nicht auf mangelndem Vertrauen. Durch Controllingmaßnahmen soll nicht die Arbeit der Erzieherinnen von der ihnen vorgesetzten Leitung »überwacht« und gemaßregelt werden. Vielmehr dient es der Unterstützung ihrer Arbeit und als Hilfe. Dabei bedarf es eines gewissen Fingerspitzengefühls. Damit es nicht zu Irritationen oder Ängsten kommt, muss auf einige Verhaltensweisen geachtet werden, die eigentlich grundsätzlich in der täglichen Arbeit, im Fall des Controlling aber ganz besonders berücksichtigt werden müssen: Offenheit, Sachlichkeit, Beschränkung auf das Wesentliche, Klarheit in den Vorgaben und ein taktvoller Umgang spielen hier eine wesentliche Rolle.

Welche Qualifizierung benötigt die Leitung?

Auch die Leitung einer Kindertageseinrichtung benötigt ständig neue und aktualisierte Kenntnisse und Fähigkeiten. Neben pädagogisch-fachlichen sind auch in einem immer stärker werdenden Maße betriebswirtschaftlich-ökonomische Kompetenzen gefordert. Verschiedene Autoren zählen eine Vielzahl von Schlüsselqualifikationen beziehungsweise -kompetenzen[44] auf, über die eine Einrichtungsleitung heute verfügen muss und die sich verkürzt wie folgt zusammenfassen lassen: Fachkompetenz, Managementkompetenz, soziale Kompetenz und personale Kompetenz (Puch/Westermeyer 1999).

Damit die Leitung ihre unterschiedlichen Verantwortungen erfolgreich wahrnehmen kann, bedarf es deshalb neben einer qualifizierten Ausbildung (zum Beispiel als Diplomsozialpädagogin) auch einer systematischen Fort- und Weiterbildung (Knauer 1999; Wehrmann 2004). Durch Nachqualifizierungen wird nicht nur das fachliche Wissen ergänzt, es werden auch Methoden und Mittel des Managements erlernt, mit denen sich die Leitung auf ihre Tätigkeit vorbereiten oder die Ausübung verbessern kann.

Fazit

Es wurde eingangs betont, dass die Umstellung der Arbeit einer Kindertageseinrichtung auf das *infans*-Konzept nicht nur einzelne Aspekte der pädagogischen Arbeit, sondern die Einrichtung in ihrer Gesamtheit betrifft. Dies wird zu Umstrukturierungen und nachhaltigen Veränderungen in der alltäglichen Arbeit und der institutionellen Struktur der Kindertageseinrichtungen führen müssen. Es ist davon auszugehen, dass es die optimale Struktur in Zukunft nicht mehr geben wird, da die Kindertageseinrichtungen wohl weiterhin mit sich wandelnden Erwartungen und erweitertem Fachwissen konfrontiert werden dürften. Aus diesem Grund ist eine permanente Wandlungsfähigkeit notwendig, damit flexibel und innovativ auf Veränderungen reagiert werden kann.

---

44 Schlüsselqualifikationen finden sich in KiTa spezial 3/1999, S. 11, 12 u. 34; bei Lill 1998, S. 202/203; bei Schreiber 2001, S. 296

Diese Herausforderung wird nur zu bewältigen sein, wenn sie vom gesamten Team einer Einrichtung gemeinsam angenommen wird. Der Versuch, die zukünftigen Wege und Ziele durch das Handeln einer einzigen Person zu bestimmen und zu lenken, wird vermutlich scheitern. Das ganze Team mit all seinen Ressourcen muss an diesem Prozess mitwirken, nur dann kann der Weg zu einer Bildungseinrichtung erfolgreich beschritten werden. Dies zu ermöglichen und zu koordinieren stellt eine zentrale Aufgabe der Leitungstätigkeit dar.

In Zukunft werden sich die Kindertageseinrichtungen und deren Leitung in einem zunehmend stärkeren Maße mit den widersprüchlichen Anforderungen von Stabilität und Flexibilität auseinandersetzen müssen. Auf der einen Seite müssen vor dem beschriebenen Hintergrund sich wandelnder Erwartungen notwendige Veränderungen in der Einrichtung bewältigt, auf der anderen Seite muss aber auch für eine Stabilität der angebotenen Leistung und des eigenen Profils gesorgt werden. In einem solchen Wandlungsprozess gehört der Umgang mit Unsicherheiten und Unerwartetem zur Normalität. Veränderungen führen zu einem Verlust von Sicherheit auf Seiten der Mitarbeiterinnen, aber auch der Leitung, und dies verlangsamt gegebenenfalls die notwendigen Umstrukturierungen (Jakubeit 2004). Dies zu akzeptieren muss von allen Beteiligten gelernt werden.

Die Leitung sieht sich dabei mit einer schwierigen Aufgabe konfrontiert: Sie muss die grundsätzlich widersprüchlichen Prozesse zu koordinieren versuchen und dabei die Balance zwischen notwendiger Disziplin und erforderlicher Autonomie, zwischen festgelegten Regeln und spontaner Reaktion, zwischen Kontrolle und Chaos finden.
Dieses Spannungsverhältnis produktiv zu nutzen ist nicht einfach und braucht Absprachen und Strukturen, in die alle Mitarbeiterinnen ihre Fähigkeiten und Kenntnisse einbringen können. Dies stellt sicherlich eine große Herausforderung, aber auch eine Chance für die Kindertageseinrichtungen und deren Leitungen dar.

Es sei an dieser Stelle nur kurz darauf verwiesen, dass Leitung diesen Anforderungen besser gerecht werden kann, wenn vom Träger ein angemessener Stundenanteil für die Leitungsaufgaben zur Verfügung gestellt wird, wie die Erfahrungen aus dem Erprobungsprojekt sehr deutlich zeigen. Im Kapitel »Bedingungen des Gelingens und Vernetzung nach außen« (Modul 5) wird dazu noch mehr zu sagen sein.

Was sind aus Leitungssicht die Aufgaben, die bei der Umsetzung des *infans*-Konzepts der Leitung zukommen? Welche Bedingungen für das Gelingen können Leitungen schaffen?

Im Rahmen des Badischen Teilprojekts »Bildungsstätte Kindertageseinrichtung« haben wir zu dieser Frage ein Interview mit der Leiterin Claudia Frey und dem damaligen stellvertretenden Leiter Michael Wagner der Kindertagesstätte Rieselfeld in Freiburg geführt. Hier ihre zentralen Aussagen:

Die Leitung der Kindertageseinrichtung

- muss selbst vom Bildungs- und Erziehungskonzept überzeugt sein;
- schafft den organisatorischen Rahmen für die Umsetzung der einzelnen Handlungsschritte;
- achtet darauf, dass das Bildungsthema im Fokus bleibt;
- ist das »Gedächtnis« des Teams;
- erkennt die Stärken der Mitarbeiterinnen und nutzt sie für die Personalentwicklung;
- konfrontiert das Team mit Erwartungen und klärt Unterstützungsbedarf;
- stellt Erfolg in Aussicht (Anerkennung als Bildungseinrichtung im Gemeinwesen);
- lässt sich auf einen längeren Prozess ein und hat Geduld;
- verknüpft das Bildungs- und Erziehungskonzept gegebenenfalls mit dem Qualitätsmanagementsystem;
- Leiterin und Stellvertreter sind selbst ein Team und lassen sich nebeneinander bestehen.

Anhang

Literatur- und Quellenverzeichnis

Andres, B./Laewen, H.-J.: Das *infans*-Konzept der Frühpädagogik. In: Pesch, L. (Hrsg.): Elementare Bildung – Handlungskonzept und Instrumente. Bd. 2. verlag das netz, Weimar/Berlin 2005

Bieri, P.: Was Sprache mit uns macht. In: Zeitmagazin Nr. 44, 2007

Blossfeld, H.-P: Globalisierung und die Veränderung sozialer Ungleichheiten in modernen Gesellschaften. Eine Zusammenfassung der Ergebnisse des GLOBALIFE-Projekts (together with Sandra Buchholz, Dirk Hofäcker, Heather Hofmeister, Karin Kurz and Melinda Mills), in: Kölner Zeitschrift für Soziologie und Sozialpsychologie, 59 (2007), S. 667-691

Comenius, J. A.: Pampaedia. Heidelberg 1960

Danner, H.: Methoden der geisteswissenschaftlichen Pädagogik. Reinhardt UTB 947, München 2006

Dilthey, W.: Einleitung in die Geisteswissenschaften. Versuch einer Grundlegung für das Studium der Gesellschaft und der Geschichte. Gesammelte Schriften, Bd. 1. Stuttgart/Göttingen 1959

Diskowski, D.: Ist Akademisierung selbstverständlich Professionalisierung? In: TPS, 4, 2011. S. 48-52

Diskowski, D.: Zur Umsetzung von Bildungsplänen. In: Zukunftshandbuch Kindertageseinrichtungen. Walhalla-Verlag, Regensburg/Berlin 2006

Frey, C.: Die Rolle der Leitung bei der Einführung und Umsetzung des *infans*-Handlungskonzepts. Abschlussarbeit zum Aufbau-Zertifikatskurs für Multiplikator(inn)en des *infans*-Konzepts der Frühpädagogik. 2009

Fröhlich-Gildhoff, K./Weltzien, D.: Bericht über den Fachtag »Praxisforschung an der EH Freiburg. In: KiTa aktuell, 12/2010, S. 252

Gadamer, H.-G.: Wahrheit und Methode – Grundzüge einer philosophischen Hermeneutik. Tübingen 1990

Gardner, H.: Der ungeschulte Kopf. Wie Kinder denken. Stuttgart 1996

Gardner, H.: Abschied vom IQ. Die Rahmentheorie der vielfachen Intelligenzen. Stuttgart 2001

Gardner, H./Feldman, D. H./Krechevsky, M: Project Spectrum. Early Learning Activities. Volume 2. New York 1998

Gronlund, G./Engel, B.: Focused Portfolios. A Complete Assessment for the Young Child. Redleaf Press 2001

Gudjons, H.: Pädagogisches Grundwissen. Bad Heilbrunn 1997

Hartkemeyer, F./Hartkemeyer, M.: Die Kunst des Dialogs Kreative Kommunikation entdecken. Erfahrungen, Anregungen, Übungen. Stuttgart 2005

Hebenstreit-Müller, S./Lepenies, A. (Hrsg.): Early Excellence: Der positive Blick auf Kinder, Eltern und Erzieherinnen. Neue Studien zu einem Erfolgsmodell. Berlin 2007

Heckman, J.: Interview in Wirtschaftswoche Nr. 44 vom 26.10.2000, S. 23-24

Hoehnisch, N/Niggemeyer, E.: Mathe-Kings – Junge Kinder fassen Mathematik an. verlag das netz, Weimar/Berlin 2004

Internetlink: www.brandenburg.de-media-1234-val_grenz.pdf

Kater, E.: Wirklich Exzellent! Eindrücke aus der englischen Vorschulszene. In: Welt des Kindes, Heft 4/2003, S. 40

Kazemi-Veisari, E.: Kinder verstehen lernen. Wie Beobachten zu Achtung führt. TPS Profil. Seelze-Velber 2004

Keil, S./Süssmuth, R.: Qualifizierung von Erzieherinnen für Elternarbeit vom Elementarbereich aus. Schriftenreihe des Bundesministers für Jugend, Familie, Frauen und Gesundheit. Band 191. Stuttgart 1986

Krapp, A.: Interesse. In: Rost (Hrsg.): Handwörterbuch der Pädagogischen Psychologie. Weinheim 2001, S. 286-294

Krappmann, L./Oswald, H.: Alltag der Schulkinder. Beobachtungen und Analysen von Interaktionen und Sozialbeziehungen. Weinheim/München 1995

Küspert, P./Schneider, W.: Hören, lauschen, lernen. Sprachspiele für Kinder im Vorschulalter. Göttingen 2002

Laevers, F.: Die Leuvener Engagiertheits-Skala für Kinder (LES-K). Centre for Experiential Education. Belgien 1997

Laewen, H.-J.: Zum Verhalten und Wohlbefinden von Krippenkindern – Bezüge zur mütterlichen Lebenssituation und der Qualität der Beziehung von Erzieherin und Mutter. Psychologie in Erziehung und Unterricht 1/1994, S. 1-13

Laewen, H.-J./Andres, B. (Hrsg.): Bildung und Erziehung in der frühen Kindheit. Bausteine zum Bildungsauftrag von Kindertageseinrichtungen. Berlin/Düsseldorf/Mannheim 2007a. 1. Auflage 2002

Laewen, H.-J./Andres, B.(Hrsg.): Forscher, Künstler, Konstrukteure. Werkstattbuch zum Bildungsauftrag von Kindertageseinrichtungen. Berlin/Düsseldorf/Mannheim 2007b. 1. Auflage 2002

Laewen, H.-J./Andres, B./Hédervári, É.: Die ersten Tage – ein Modell zur Eingewöhnung in Krippe und Tagespflege. Cornelsen Verlag 2011

Laewen, H.-J./Andres, B.: Das infans-Konzept der Frühpädagogik. In: Neuß, N. (Hrsg.): Bildung und Lerngeschichten im Kindergarten. Konzepte-Methoden-Beispiele. Berlin/Düsseldorf/Mannheim 2007, S. 73-100

Landeshauptstadt Stuttgart: Einstein in der Arbeit mit Schulkindern – Konzeption zur Weiterentwicklung der pädagogischen Arbeit in Kindertageseinrichtungen mit Kindern im Schulalter. Stuttgart 2008

Lepenies, A.: Kein Kind kommt allein – Eltern in der Kita. In: Hebenstreit-Müller, S./Kühnel, B. (Hrsg.): Integrative Familienarbeit in Kitas. Berlin 2005, S. 11-25

Leu, H.-R.: Bildungs- und Lerngeschichten. Ein Weg zur Qualifizierung des Bildungsauftrages im Elementarbereich. In: Deutsches Jugendinstitut: Diskurs 2. 2002

Leu, H.-R./Flämig, K./Frankenstein, Y./Koch, S./Pack, I./Schneider, K./Schweiger, M. (DJI): Bildungs- und Lerngeschichten. Bildungsprozesse in früher Kindheit beobachten, dokumentieren und unterstützen. verlag das netz, Weimar/Berlin 2007

Liegle, L.: Bildung und Erziehung in früher Kindheit. Stuttgart 2006, S. 44

Michaelis, R./Haas, R.: Meilensteine der frühkindlichen Entwicklung. Entscheidungshilfen für die Praxis. In: Schlack, H.G./Largo, R.H./Michaelis, R./Neuhäuser, G./Ohrt, B.(Hrsg.): Praktische Entwicklungsneurologie. München 1994, S. 93-102

Ministerium für Bildung, Jugend und Sport des Landes Brandenburg (Hrsg.): Der Übergang von der Kindertagesstätte in die Grundschule. Dokumentation der Referate und der Diskussion der Fachkonferenz am 27. und 28. 11. 1995 in Potsdam. Berlin/Potsdam 1996

Ministerium für Bildung, Jugend und Sport des Landes Brandenburg: Gemeinsamer Rahmen der Länder für die frühe Bildung in Kindertageseinrichtungen. In: Kitadebatte 1/2004, S. 40

Mollenhauer, K.: Vergessene Zusammenhänge – Über Kultur und Erziehung. München 1983

Musiol, M. (2002): Biografizität als Bildungserfahrung. In: Laewen H.-J./Andres, B. (Hrsg.): Bildung und Erziehung in der frühen Kindheit. Weinheim/Berlin/Basel, S. 300-328

Negt, O.: Was sollen unsere Kinder und Jugendlichen lernen? Vortrag, gehalten auf der Fachtagung der Spitzenverbände der Jugendhilfe und des BMFSFJ am 20.11.2002; veröffentlicht in GEW Dokumente 2003/04/03

Oevermann, U.: Fallrekonstruktion und Strukturgeneralisierung. Frankfurt/M. 1981 (Download-Datei: http//www.rz-uni-frankfurt.de/-hermeneu)

Oevermann, U./Allert, T./Konau, E./Krambeck, J.: Die Methodologie einer »objektiven Hermeneutik« und ihre allgemeine forschungslogische Bedeutung in den Sozialwissenschaften. In: Soeffner, H.-G. (Hrsg.): Interpretative Verfahren in den Sozial- und Textwissenschaften. J. B. Metzler 1979

Preiß, G.: »Guten morgen, liebe Zahlen!« – Die Gestaltung einer mathematischen Bildung im Kindergarten. In: Staatsinstitut für Frühpädagogik (Hrsg.): Bildung, Erziehung, Betreuung. 9. Jahrgang, Heft 1-2/2004

Rittelmeyer, Ch./Parmentier, M.: Einführung in die pädagogische Hermeneutik. 3. Auflage. Darmstadt 2007

Schäfer, G. E.: Bildung beginnt mit der Geburt. Weinheim 2005

Schäfer, G. E./Strätz, R. (Wissenschaftliche Leitung und Hrsg. der Arbeitsgruppe Professionalisierung der frühkindlichen Bildung): Beobachtung und Dokumentation in der Praxis. Arbeitshilfen zur professionellen Bildungsarbeit in Kindertageseinrichtungen nach den Bildungsvereinbarungen NRW. Videofilm und Handbuch. Kronach 2005

Senge, P. M.: Die fünfte Disziplin. Kunst und Praxis der lernenden Organisation. Stuttgart 1999

Senge, P. M./Kleiner, A./Smith, B./Roberts, Ch./Ros, R.: Das Fieldbook zur Fünften Disziplin. Stuttgart 2008

Spitzer, M.: Argumente. In: Kahl, R.: Treibhäuser der Zukunft. Archiv der Zukunft. 2006, S. 98

Stadt Stuttgart: Einstein in der Kindertageseinrichtung – Von der Betreuungseinrichtung zur Bildungseinrichtung. Stuttgart 2005

Tarnai, Ch.: Erziehungsziele. In: Rost, D. H. (Hrsg.): Handwörterbuch Pädagogische Psychologie. 2001, S. 146-152

Tietze, W. (Hrsg.): Wie gut sind unsere Kindergärten? Eine Untersuchung zur pädagogischen Qualität in deutschen Kindergärten. Neuwied/Kriftel/Berlin 1998

Tietze, W./Bolz, M./Schlecht, D./Beisler, N.: Bildungsfokussierte Qualitätskriterien in Brandenburger Kindertagesstätten, Abschlussbericht. 2005

Tietze, W./Rossmann, H.-G./Grenner, K.: Kinder von 4 – 8 Jahren. Zur Qualität der Erziehung und Bildung in Kindergarten, Grundschule und Familie. Weinheim/Basel 2005

Thürmer-Rohr, C.: Dialog und dialogisches Denken. Unveröffentlichtes Manuskript. Berlin 1997

Tomasello, M.: Die kulturelle Entwicklung des menschlichen Denkens. Stw 1827. Frankfurt/M. 2002

Viernickel, S./Völkel, P.: Beobachten und Dokumentieren im pädagogischen Alltag. Freiburg 2005

Völkel, P.: Geteilte Bedeutung – Soziale Konstruktion. In: Laewen, H.-J./Andres, B. (Hrsg.): Bildung und Erziehung in der frühen Kindheit. Weinheim/Berlin/Basel 2002, S. 159-207

Wagner, M.: Der Dialog als Methode im *infans*-Konzept. Abschlussarbeit zum Aufbau-Zertifikatskurs zum *infans*-Konzept. Berlin 2009

Wernet, A.: Einführung in die Interpretationstechnik der Objektiven Hermeneutik. 3. Auflage, Wiesbaden 2009

Weitz S./Weitz, U. (Hrsg.): Der Stuttgarter Bauzaun. Phantasie des Protests. Tübingen 2010

Whalley, M.: Involving Parents in their Childrens Learning. London 2001

Wünsche, M.: Erziehungsziele als Richtschnur gemeinsamen Handelns. Von den individuellen Werten der einzelnen Fachkraft in Kitas zu einem transparenten Teamprozess. In: tps 9/2010, S. 25-27

Wünsche, M./Schnetter, U./König, E.: Ko-Konstruktion auf verschiedenen Ebenen oder Von der Begegnung einer Kita und einer Hochschule. In: Kita aktuell Baden-Württemberg, 9/2009, S. 172-177

Youniss, J.: Soziale Konstruktion und psychische Entwicklung. Herausgegeben von Lothar Krappmann und Hans Oswald. Frankfurt/M. 1994

Zeitung »Der Tagesspiegel«, Nr. 19962 vom 13. 7. 2008, S. 7

Ziesche, U./Gebauer-Jorzick, S.: Werkstatthandbuch zur Qualitätsentwicklung in Kindertagesstätten. Neuwied 2002

Verzeichnis der Arbeitsblätter, Materialien und Instrumente auf der CD

1. Arbeitsblätter und Materialien

Modul 1

Modul 2

Modul 3

Modul 4

Materialien 1:   Portfolio-Registervorschlag: Einteilung eines Portfolios nach Instrumenten

Materialien 2:   Portfolio-Registervorschlag: Chronologischen Einteilun nach Individuellen Curricula

Modul 5

Materialien 1   Leitfaden zur Umstellung der pädagogischen Arbeit auf das *infans*-Konzept

Materialien 2:   Individuelle Analyse der Erzieherinnen-Arbeitszeit

Materialien 3:   Anwesenheitszeiten der Kinder

Materialien 4:   Controlling zu den täglichen Beobachtungen mit dem Bogen Bildungsinteressen/Bildungsthemen

Materialien 5:   Kontinuität entsteht durch Transparenz – das Controllingsystem der Kindertagestätte Rieselfeld

Materialien 6:   Die Kernelemente des *infans*-Konzepts

Materialien 7:   Instrument zur internen Evaluation des Raum- und Materialangebotes für Kinder zwischen drei und sechs Jahren in Kindertagesein richtungen, Manual/Erläuterung zur Handhabung

2. Die Instrumente des *infans*-Konzepts

- Bildungsbereiche und Zugangsformen für Kinder von drei und vier Jahren
- Bildungsbereiche und Zugangsformen für Kinder ab fünf Jahren
- Bevorzugte Tätigkeiten/Interessen des Kindes
- Bildungsinteressen/Bildungsthemen
- Freunde und Beziehungen zu anderen Kindern
- Bildungsgeschichten des Kindes aus seiner Familie
- Soziografische Beobachtung
- Übersicht Individuelles Curriculum
- Validierte Grenzsteine der Entwicklung
- Instrument zur internen Evaluation des Raum- und Materialangebotes für Kinder zwischen drei und sechs Jahren

Bildnachweis

Die Zeichnungen und Bilder in diesem Buch entstanden u.a. in den Kindertagesein-richtungen:
- Haus für Kinder am Hirzberg, Leitung: Maria Matzenmiller, Freiburg i.B.;
- Kindertagesstätte Rieselfeld, Leitung: Claudia Frey, Freiburg i.B.
- Kita »Haus der kleinen Strolche«, Leitung: Andrea Nöske, Woltersdorf
- Tageseinrichtung für Kinder Kolpingstrasse, Leitung: Sabine Pfeffer, Stuttgart

Titelbild:
Maria Matzenmiller

Fotos:
Maria Matzenmiller, Claudia Frey, Andrea Nöske, Hans-Joachim Laewen, Beate Andres, Marion Kuhnle, KiTa Nordstadt

Wir bedanken uns für die Unterstützung bei der Suche nach Bildern bei
Marion Kuhnle, KiTa Nordstadt; Renate Engler und Harald Metzger, Pforzheim.

Danksagung und Ausblick

Dieses Buch hätten wir ohne die engagierte Arbeit sehr vieler Menschen so nicht schreiben können. In den Jahren der Erprobung des *infans*-Konzepts und in der nachfolgenden Phase der Implementierung haben sich Erzieherinnen, Leiterinnen, Fachberaterinnen und Multiplikatorinnen an einem intensiven Dialog über die Philosophie und die Handlungsschritte des Konzepts beteiligt. Ihr hoher Einsatz für ein grundlegendes neues Verstehen und Handeln in der Kita-Pädagogik und ihr kritisches Mitdenken in den Phasen der Erprobung und Implementierung des Konzepts haben unsere eigenen Überlegungen maßgeblich vorangebracht.

Aus dem Zusammenspiel von Praxis und Reflexion der Praxiserfahrungen resultierte eine kontinuierliche Weiterentwicklung des Konzepts, die bis heute andauert. Wir danken allen, die sich an dieser anspruchsvollen Kooperation beteiligt haben. Neben den pädagogischen Fachkräften gehören dazu auch die Träger von zahlreichen Einrichtungen, die ein solches Vorgehen erst ermöglicht haben.

Seit dem Abschluss des Erprobungsprojekts zum Jahresende 2005 haben sich aktuell mehr als 1.000 Kita-Teams entschieden, das *infans*-Konzept in ihren Häusern umzusetzen. Im Zentrum der gemeinsamen Arbeit standen und stehen eine veränderte Perspektive auf Kinder und ihre frühen Bildungsprozesse, auf die sehr großen Leistungen, die Kinder in diese Prozesse einbringen, und die Frage, wie Frühpädagogik die Herausforderung bestehen kann, vor die sie die neu gewonnene Einsicht in die Komplexität der frühen Bildungsprozesse stellt.

Dazu ist, so will es uns scheinen, die Kooperation von Politik, Verwaltung, Ausbildungsinstitutionen, Unterstützungssystemen und Kindertageseinrichtungen wichtig. Ohne einen solchen Bezugsrahmen könnte der Versuch, die pädagogische Arbeit in Kindertageseinrichtungen in der Bundesrepublik Deutschland auf ein angemessenes Niveau zu bringen, die Einrichtungen überlasten. Der Erfolg eines Konzepts, wie es in diesem Text beschrieben wird, kann deshalb nur so groß sein, wie die Rahmenbedingungen es zulassen, wenngleich innerhalb der gegebenen Bedingungen teilweise noch breite Spielräume bestehen.

Das *infans*-Konzept der Frühpädagogik soll dazu beitragen, diese Spielräume zu nutzen und die Notwendigkeit einer Verbesserung der Rahmenbedingungen zu begründen.

Beate Andres und Hans-Joachim Laewen

Das Autorenteam

Beate Andres

Erziehungswissenschaftlerin, Gründungsmitglied von *infans* (Institut für angewandte Sozialisationsforschung/Frühe Kindheit e.V.), Ko-Autorin des Berliner Eingewöhnungsmodells für Kinder in Krippen und Tagespflegestellen, wissenschaftliche Mitarbeiterin im Bundesmodellprojekt »Zum Bildungsauftrag von Kindertageseinrichtungen«. Gemeinsam mit Hans-Joachim Laewen entwickelte sie das *infans*-Konzept der Frühpädagogik und war mit ihm an der Erprobung und Implementierung des Konzepts ebenso beteiligt wie an der Ausbildung von Multiplikatorinnen und Multiplikatoren.

Hans-Joachim Laewen

Dipl. Soz., 1976 bis 1987 in verschiedenen Forschungsprojekten des Instituts für Kleinkindpädagogik der Freien Universität Berlin tätig. 1988 Gründung des Instituts für angewandte Sozialisationsforschung/Frühe Kindheit e.V. (*infans*). Beiträge zur Entwicklung eines inzwischen weit verbreiteten Eingewöhnungskonzepts für Kinder in Krippen und Tagespflegestellen. Von 1997 bis 2000 Leitung des Bundesmodellprojekts »Zum Bildungsauftrag von Kindertageseinrichtungen«. Seit 2001 Entwicklung, Erprobung und Praxiseinführung eines umfassenden Konzepts der Frühpädagogik. Veröffentlichung zahlreicher teils wissenschaftlicher, teils praxisbezogener Fachartikel und Bücher. Tätigkeit in verschiedenen Fachkommissionen und Beiräten.